커맹아웃

책으로 세상을 깜짝 놀라게 만들 리마커블한 저자를 찾습니다!

나도 한번 책을 써볼까, 하고 생각하신 적이 있나요?
글을 잘 쓰지 못해도, 출판에 대해서 잘 몰라도, 귀한 경험과 멋진 아이디어 또는
남들이 미처 생각하지 못한 기획이 있다면 당신이 바로 리마커블한 저자입니다.
간단한 자기소개와 책에 대한 생각을 4best2go@gmail.com으로 보내주십시오.
틀에 박힌 출간제안서가 아닐수록 좋습니다. 우리는 리마커블해야 하니까요.
– 잊을 수 없는 책, 리마커블 Remarkab!e

커뮹아웃

커뮤니케이션 바보들의 **7**가지 **착각**

박영근 지음

리커블

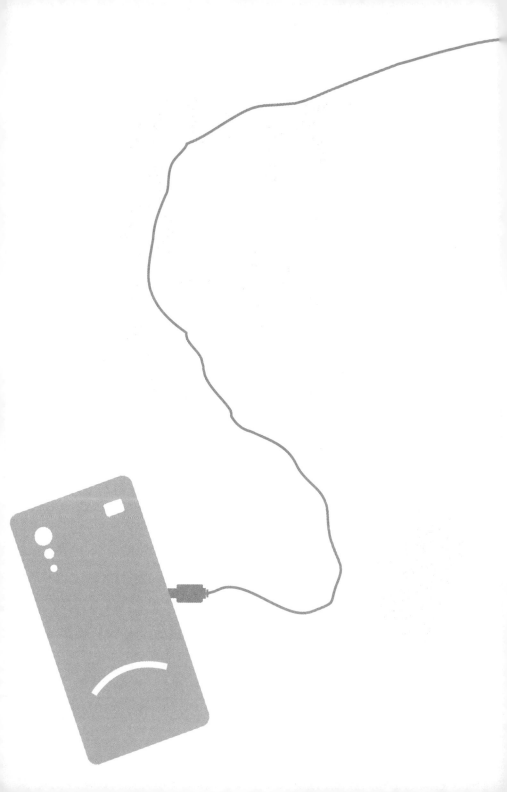

차례

왜 우리는 커뮤공화국이 되었나?

10여 년 전에 『말 통하는 세상에 살고 싶다』는 책을 두 권으로 낸 일이 있습니다. 과분하게도 한국간행물윤리위원회에서 추천도서로도 선정해 주었습니다. 그 후 다시는 소통에 관해 책을 낼 일이 없으리라 생각했습니다. 그러나 그건 제 착각이었습니다. 대학 강단을 떠나, 기업과 다양한 단체의 강단에 서면서 불통不通으로 가슴 아파하는 분들을 많이 만났습니다. 제 책과 강의가 어느 정도 도움이 되긴 하지만 결정적인 해결책이 되지 못한다는 사실을 알게 되었습니다. 부끄러웠습니다. 책임감도 느꼈습니다. 그래서 열심히 공부했습니다.

　이 책은 소통에 관한 폭넓은 교양도서가 아닙니다. 감히 말씀드리지만, 속 깊은 이론서이자 실용서입니다. 이론과 실용이라는 상반된 두 단어를 한꺼번에 쓰게 된 이유가 있습니다. 이번에야말로 불통 문제 해결에 실제로 사용되어야 한다는 분명한 목표가 있기 때문입니다. 그런 만큼 이 책은 틀림없는 실용서라고 할 수 있습니다.

그렇다고 이 책이 소통의 스킬skill만을 다루었을 거라고 예단하지는 마세요. 구체적인 스킬을 소개한 책은 이미 많습니다. 그런데도 '대한민국이 커뮤니케이션에 깜깜한 커맹 천국이 된 이유는 무엇일까?'라는 의문에서 다시 시작한 작업이 이 책입니다.

저는 불통의 해결책을 찾고자 대한민국 사회를 파헤쳤습니다. 진단이 나왔습니다. 불통은 말재주가 없어 생긴 단순한 오해가 아니었습니다. 간단한 스킬로 치유될 수 없을 만큼 불통의 뿌리는 깊었습니다. 증세만 치료해 봤자 곧 재발하는 중병이었습니다. 근본 원인은 진정한 소통이 무엇인지 제대로 알지 못한 데 있었습니다. 하루빨리 본격적인 수술을 시작해야 할 위급한 상황이라고 저는 판단했습니다.

가장 큰 문제는 불통 환자들 스스로 소통에 관해 무지하다는 사실을 인식하지 못한다는 점입니다. 그들은 나름대로 일가견들을 가지고 있습니다. 심각한 착각인 줄 모른 채, 자기가 소통을 잘한다고 믿고 있습니다. 자신의 소통 방식에 의심도 별로 하지 않습니다. 선무당이 사람 잡는 식으로, 오히려 자신만만합니다. 쉽게 물러날 태세가 아니고, 어지간한 설득도 통하지 않습니다. 확실한 증거를 들이대지 않으면 꿈쩍도 안 합니다.

제가 소통의 이론을 본격적으로 소개하게 된 것은 그런 이유였습니다. 이 책이 실용서인 동시에 이론서가 된 사연 또한 마찬가지입니다. 이론서라고 하지만, 되도록 구어체로 풀어써서 읽기에 큰 어려움은 없을 것입니다. 쉽게 이해할 수 있도록 다양한 예도 들었습니다. 꼭 필요한 경우가 아니면 전문용어 사용을 아꼈습니다.

어느덧 대한민국은 지옥이라 부를 만큼 답답한 커맹 천국이 되었습니다. 그 근본적인 원인이 소통에 대한 무지라고 하면 쉽게 동의하지 못할 것입니다. 마치 시각장애인이 코끼리 만지는 이야기와 같습니다. 코끼리 귀를 가장 먼저 만진 시각장애인이 "코끼리는 부채다!"라고 소리 칩니다. 다른 사람들은 "무슨 말도 안 되는 소리냐?"며 비웃습니다. 각자 자신이 만진 부분만을 근거로 다른 주장을 펼치며 소리 지르며 싸울 것입니다. 고집불통이 바로 이런 모습 아니겠습니까?

부분적으로 아는 것이 위험한 이유는 무지, 그 자체 때문이 아닙니다. 전체를 알고 있다는 착각이 더 심각합니다. 그런 착각에서 빠져나오지 못하면 내가 모르는 부분도 있을 거라는 생각을 할 수 없겠죠. 그러면 배우려 하지도 않을 것이고, 자기가 모르는 이야기는 모두 쓸데없는 잔소리로 치부하게 됩니다. 무지無知에서 출발해 막지莫知에 이르게 되는 이치가 그렇습니다.

요즘 사회적인 물의를 빚는 갑질이야말로 무지막지한 커맹의 대표라고 할 수 있습니다. 제대로 배우지 못했다는 비난을 피하기 어렵습니다. 예전에는 밥상머리 교육이라는 것이 있었지만, 요즘에는 함께 밥을 먹는 것조차 어려울 만큼 우리의 일상은 분주해졌습니다. 수많은 커맹은 그런 환경 속에서 자라났는지도 모릅니다.

요즘 사람들은 소통에 많은 시간과 정성을 기울입니다. 참석하는 모임도 많고 소셜네트워크서비스[SNS]를 통해 끊임없이 소식을 주고받느라 목 디스크를 걱정할 지경이죠. 한두 다리 건너다 보면 생면부지의 외국인이 말을 걸어오기도 하고 유명인사의 친구가 되기도 합니다. 그러면 마치 대단한 인맥이라도 생긴 양 목에 힘을 주는 사람도 종종 있습니다. 이런 열심에도 불구하고, 말 통하는 가정과 직장을 찾기가 점점 더 어려워지는 이유는 무엇일까요?

OECD가 발표한 「2015년 삶의 질」 보고서에 따르면 한국인이 평가한 삶의 만족도는 10점 만점에 5.80점으로 OECD 평균(6.58점)보다 낮습니다. 한국인이 삶에 대해 만족도가 낮다는 사실은 사회 연계와 건강 만족도, 안전 등에서도 고스란히 드러납니다. 특히 '사회 연계 지원' 부문에서 OECD 34개 회원국 가운데 우리나라가 꼴찌를 차지했습니다. 어려울 때 의지할 친구나 친척이 없다는 의미입니다. 한마디로 '외롭고 불안한' 사회라는 말이지요.

정조 때 문장가인 유한준俞漢雋은 당대의 수장가였던 김광국金光國의 화첩 『석농화원石農畵苑』 발문跋文에서 이런 말을 했습니다. "알면 곧 참으로 사랑하게 되고, 사랑하면 참으로 보게 되고, 볼 줄 알게 되면 모으게 되니 그것은 한갓 모으는 것이 아니다(知則爲眞愛 愛則爲眞看 看則畜之而非徒畜也)."

그림을 모아도 알고 모아야 한다는 뜻입니다. 사람도 마찬가지이죠. 주위에 사람이 많다는 것이 곧 소통을 잘한다는 것을 의미하지는 않습니다. 많은 사람과 소통하는 것이 결코 잘못된 일은 아닙니다만, 평생 얼굴 한 번 볼까 말까 한 사람들 때문에 날마다 얼굴을 맞대는 가족이나 직장 동료들과 화목하지 못한다면 뭔가 잘못된 것 아닐까요? 모임에서 각자 스마트폰 들여다보느라 대화가 끊어지는 경우를 생각해 보세요. 소통은 지금 여기, 함께한 사람들로부터 차근차근 관계를 넓혀가는 과정입니다. 시간, 공간, 그리고 인간이 하나가 되어야 비로소 소통이 시작될 수 있습니다.

저는 이 책에서 대한민국의 소통을 어렵게 하는 대표적인 착각 일곱 가지를 뽑았습니다. 이른바 '커맹들의 일곱 가지 착각'입니다.

1. 소통이 스킬인 줄 안다
2. 세상 사람들 모두 자기 같은 줄 안다
3. 혼자만 말 못하고 억울하게 사는 줄 안다
4. 이해는 곧 동의인 줄 안다
5. 설명만 잘하면 알아들을 줄 안다
6. 칭찬은 무조건 좋은 줄 안다
7. 소통만 잘하면 모든 갈등이 해소되는 줄 안다

이 가운데 여러분 생각과 일치하는 것이 몇 개나 되나요? 커맹으로 판명이 나는 데 몇 가지가 일치해야 하는지 아마도 궁금할 것입니다.

그러나 너무 서두르지 마세요. 먼저, 이 착각들에 관한 이야기를 차근차근 읽어 주세요. 그 답은 에필로그에서 드리겠습니다. 여기에서는 이 착각들이 굳어진 경위를 간단히 살펴보겠습니다.

　이 일곱 가지 착각은 대부분 고속 경제성장을 자랑하던 대한민국 산업사회의 유산입니다. 우리에게는 '빨리빨리'를 입에 달고 살던 시대가 있었습니다. '안 되면 되게 하라'며 수단과 방법을 가리지 않는 성공 지상주의 시대였습니다. 인간적인 배려 같은 것은 뒷전으로 밀리는 게 당연했습니다. 게다가 그 시대는 심각한 후유증까지 남겼습니다.

　서울 서대문구의 한 공립 고등학교에서 다섯 명의 남자 교사가 교사와 학생 등 130여 명을 상습적으로 성추행한 사건이 있었습니다. 문제는, 징계를 받은 가해 교사 중 한 명이 입시 전문가였던 것입니다. 동급생들이 피해 여학생에게, "네가 꾹 참았으면 좋았잖아! 내가 수시 떨어지면 네가 책임져!" 등의 협박성 발언을 했다고 합니다.

　대학입시 앞에서는 친구도 우정도 없습니다. 그런 학생들이 대학생이 되면 취업 앞에서, 직장인이 되고 나서는 진급 앞에서, 어떤 모습을 보일지 상상조차 하고 싶지 않습니다. 참으로 무정無情하다 못해 비정非情한 세상 아닌가요? 아무리 상관없는 남이라지만, 어찌 그런 말을 할 수 있을까요? 일류 대학생으로, 출세한 사회인으로 인정받고 싶은 욕심만 가득한 채, 가슴속에 인정人情이 자리할 곳은 없는 것 같습니다. 사리사욕 앞에서 옳고 그름 따위는 전혀 문제가 되지 않아 보입니다.

　『대학大學』의 「정심正心」 장에 이런 구절이 있습니다. "마음이 없으면 보아도 보이지 않고, 들어도 들리지 않고, 먹어도 그 맛을 모른다(心在不焉 視而不見 聽而不聞 食而不知其味)."

제 살길 외에는 아무것도 보지 못한다는 말입니다. 그런 사람에게 친구의 울음소리가 들릴까요? 문제는 바로 병든 마음입니다.

이제는 본격적인 정보사회입니다. 새롭고 놀라운 혁신이 아니면 성공하기 어려운 시대가 되었습니다. 함께 머리를 맞대야만 성공할 수 있습니다. 강력한 리더십과 군말 없이 따르는 직원들이면 어떤 신화라도 뚝딱 만들어 낼 수 있던 시대는 지나갔습니다. 그러나 우리나라 기업의 소통은 아직 산업사회를 벗어나지 못한 것으로 보입니다. 정보사회에서 태어나 자란 젊은 직원들이 몹시 힘들어합니다. 회사에서 아랫사람 부리듯, 가정에서 자녀들을 대했다가는 왕따 되기 쉬운 세상입니다.

소통은 단순히 인간관계만을 의미하지 않습니다. 사람과 돈은 둘 중 하나를 택해야 하는 택일의 문제가 아닙니다. '돈이 먼저냐, 사람이 먼저냐' 하는 우선순위의 문제이며, 가치관의 문제입니다. 산업사회는 돈을 먼저 내세우는 관리자의 시대였습니다. 그러나 이제는 사람을 먼저 챙겨야 할 리더의 시대입니다.

대한민국의 가치관은 시대정신에 합당하다고 생각하나요? 아닙니다. 뒤집혔습니다. 단순히 뒤집힌 정도가 아닙니다. 여태 '한강의 기적'이라는 신화에서 깨어나지 못한 채 아직도 돈밖에 모르고 사는 사람이 수두룩합니다. 그런 이들에게 사람은 안중에 없습니다. 먹고살기 위해 잠시 미뤄 두기로 했던 사람을 아예 잊어버리고 사는 것입니다. 1인당 국민총소득GNI 2만 달러를 넘어선 후 10여 년째 제자리걸음만 하는 원인이 여기에 있습니다.

돈을 버는 것은 사람이고, 돈을 버는 이유 또한 사람답게 살기 위해서입니다. 그런데 대한민국은 돈을 벌고 성공했다지만 전혀 행복하지 않습니다. 사람이 회복되어야 합니다. 상황이 어렵다고 해서 "돈, 돈, 돈!" 하며 들볶고 있지만, 그런다고 해결될 문제가 아닙니다. 이제는 방향을 바꿔서 잃어버린 사람을 되찾아 제자리를 찾아 주어야 합니다. 그래야 전진할 수 있습니다. 사람을 앞장세우고 돌아가는 이 길이 사실은 지름길입니다.

이 시대는 구성원 모두가 머리와 가슴을 맞대고 신명 나게 일할 수 있도록 이끌 리더가 필요합니다. 이 책에 적은 소통의 원칙은 정보사회가 요구하는 리더십의 원칙이자 성공 전략이기도 합니다.

커뮤의 일곱 가지 착각을 다음 3단계에 따라 차례로 논의하겠습니다. 먼저 '왜 착각인가?'를 말씀드리고 이어서 '대안'을 제시하겠습니다. 끝으로 '삶의 현장'으로 들어가 대안을 실천할 때 마주치게 될 현실적인 어려움과 해결 방안을 살펴보겠습니다. 착각의 내용과 원인을 살펴보는 1단계는 간단합니다. 착각이라는 사실은 비교적 쉽게 입증되기 때문입니다.

일곱 가지 착각이 모두 100% 틀린 것은 아닙니다. 옳은 부분이 있습니다. 예를 들어, 원활한 소통을 위해 스킬은 부분적으로 필요합니다. 그러나 스킬이 차지하는 비중은 그리 크지 않습니다. 스킬보다 훨씬 중요한 부분에 대해 알지 못하므로 '소통은 곧 스킬'이라는 편협한 생각에 빠져드는 것입니다. 우리 사회에서 그런 착각은 고도성장 시절의 성공 경험을 거치면서 믿음으로 굳어졌고, 시대착오적인 착각이 되었습니다.

대안을 소개하는 2단계도 그리 어려운 과제는 아닙니다. 착각을 바로잡고 부족한 부분을 보완하여 균형을 잡으면 해결됩니다. 문제는 대안을 받아들여 실천하는 3단계입니다. 1단계와 2단계가 머리로 판단하는 내용이라면, 3단계 실천은 가슴으로 하는 것이기에 그렇습니다. 이성적인 판단에 감성적인 결단이 보태질 때만 사람은 움직입니다. 그래서 감성을 영어로는, 행동이 나온다는 뜻으로 '이모션emotion'이라고 합니다.

실천 단계에서는 부부 사이의 대화, 자녀 교육, 리더십 등 다양한 삶의 현장의 이야기를 들려주고자 힘썼습니다. 2단계에서 제시한 대안을 오늘 우리 사회에서 행동으로 옮길 때 마주치게 될 어려움과 극복 방안, 그 뒤에 얻게 될 성과까지 폭넓게 살펴볼 것입니다.

이 책을 덮는 순간 불통의 문제가 완전히 해결될 것이라는 믿음은 사양합니다. 타는 목마름을 해결해 줄 시원한 물가로 인도하는 데까지가 제 몫입니다. 선택과 결단은 여러분의 몫입니다. 말을 물가로 데려갈 수는 있지만 마시게 할 수는 없다 하지 않습니까?

소통과 공부는 공통점이 있습니다. 둘 다 끝이 없는 과정이라는 사실이 그렇습니다. 그러니 소통에 대한 공부야 오죽하겠습니까?

저 역시 다시는 소통에 관한 책을 쓰지 않을 것 같다는 착각에 빠지지 않겠다고 다짐해 봅니다. 불통이라는 괴물과는 이제 겨우 2라운드를 마쳤을 뿐입니다. 불통은 그리 쉽게 쓰러질 놈이 아니란 걸 잘 알고 있습니다. 저는 계속 공격할 것입니다. 여러분도 이 싸움에 저와 함께 동참해 주시기를 마음으로 바랍니다.

어쭙잖은 원고의 가치를 알아주시고 선뜻 출판을 결정해 주신 리마커블 김일희 대표, 거칠고 투박한 글을 끈질긴 인내심으로 매끄럽게 편집해 주신 오경희 편집자, 원문의 뜻을 잘 살려 표지를 만들어 주신 최인경 디자이너에게 감사의 인사를 드립니다. 마지막으로, 교육 현장에서 많은 피드백으로 소통의 깊은 의미를 궁리하게 해 주신 많은 수강생분들에게도 고마움의 인사를 드립니다.

과천 아담재我談齋에서,

박영근

커맹들의 일곱 가지 착각

소통이 대한민국의 국가적인 문젯거리로 거론된 것은 어제오늘의 일이 아닙니다. 불통의 폐해를 지적하며 원활한 소통을 강조하는 이야기는 지겹도록 많이 들었습니다. 그런데도 상황은 나아지기는커녕 점점 더 심각해지는 것 같습니다.

가슴 아픈 기억이지만, 대구 지하철 참사를 떠올려 보겠습니다. 참여정부 시절에 일어난 사고였지요. 당시 문화부 장관은 영화감독 출신 이창동 씨였습니다. 이 장관은 대구 지하철 참사 며칠 뒤 인터넷에 장관 취임사를 발표하며 이 사고에 대해 언급했습니다. 잘 쓴 글이라는 생각에 저는 그 글을 다운받아 보관했습니다.

> 따지고 보면 그날 사고가 나던 대구 지하철은 처음부터 끝까지 모든 소통이 막혀 있었습니다. 자신이 이 사회와 전혀 소통하지 못하고 있다고 생각한 한

사내는 플라스틱 휘발유 통을 들고 소통 대신 파괴를 선택합니다. 1079호, 1080호의 기관실과 조종실 사이에도 의사소통이 막혀 있었고, 객차에 있던 무고한 시민들은 한마디의 경고도 듣지 못한 채 운명의 시간 직전까지 그냥 앉아 있었습니다. 사고 발생 후 대구시 당국과 희생자 가족들 사이에는 어떤 대화도 통하지 않았습니다.

– 이창동 문화부 장관 인터넷 취임사 중에서(2003. 3. 15)

그로부터 약 2년 뒤 저는 이 글을 다시 꺼냈습니다. 그리고 다음과 같이 고쳐 써 보았습니다.

따지고 보면 그날 사고가 나던 연천 최전방 GP는 처음부터 끝까지 모든 소통이 막혀 있었습니다. 자신이 부대원들과 전혀 소통하지 못하고 있다고 생각한 한 병사는 수류탄을 들고 소통 대신 파괴를 선택합니다. GP와 GOP 사이에도 의사소통이 막혀 있었고, 내무반에 있던 무고한 병사들은 한마디의 경고도 듣지 못한 채 운명의 시간 직전까지 그냥 누워 잠들어 있었습니다. 사고 발생 후 군 당국과 희생자 가족들 사이에는 어떤 대화도 통하지 않았습니다.

2005년 6월 19일 연천 최전방 GP에서 일어난 총기 난사 사건을 기억하시나요? 시간, 공간, 사람만 다를 뿐 나머지는 대구 지하철 참사 때와 토씨 하나 고칠 필요가 없었습니다. 그런데 너무나 어처구니없게도, 너무나 안타깝게도 저는 그 글을 10여 년 만에 다시 꺼내 이렇게 바꿔 쓰게 되었습니다.

> 따지고 보면 그날 사고가 나던 세월호 침몰 사고는 처음부터 끝까지 모든 소통이 막혀 있었습니다. 무책임한 선장은 어린 항해사에게 배를 맡겼고, 사고가 나자 승객과의 소통 대신 도피를 선택합니다. 세월호와 재난 구조 당국 사이에도 의사소통이 막혀 있었고, 객실에 있던 꽃다운 학생과 승객들은 한마디 경고도 듣지 못한 채 운명의 시간 직전까지 그냥 앉아 있었습니다. 사고 발생 후 정부 당국과 희생자 가족들 사이에는 어떤 대화도 통하지 않았습니다.

아찔하지 않으십니까? 그뿐만이 아닙니다. 삼풍백화점 붕괴 사고 때도 마찬가지였습니다. 백화점 사장을 비롯해 임원진들은 고객들에게 대피하라는 말 한마디 없이 자기들만 몸을 피해 500명 이상이 희생되었습니다. 한국전쟁 이후 가장 많은 피해자가 이때 발생했습니다.

최근 우리나라를 강타한 메르스 사태 때는 또 어땠나요? 관련 정보 공개를 거부한 보건 당국은 비밀주의로 일관하면서 책임 떠넘기기에 바빴고, 정부와 지방자치단체는 불통과 불화의 모습만을 보여주었습니다. 이에 불안에 떨던 국민들은 각자 살길을 찾아 헤맬 수밖에 없었지요. 그 틈에 SNS에는 불확실한 정보와 괴담들이 돌며 사태를 더욱 악화

시켰습니다. 사태가 진정된 이후에도 대통령의 사과는 없었습니다. 그야말로 불통의 결정판이라 아니할 수 없습니다.

앞에서 말씀드린 이창동 장관의 글은 이렇게 끝을 맺습니다.

> 이 모든 것은 지금 우리 사회에서 소통의 기능이 얼마나 막혀 있는가를 비극적으로 보여 줍니다. 오늘날 현대사회에서 '소통'이란 그 사회의 성격의 질을 결정짓는 중요한 요소입니다.

마지막 문장의 '사회'는 회사일 수 있고, 가정일 수 있지 않겠습니까? 도대체 이런 비극이 끊임없이 반복되는 이유는 무엇일까요?

대한민국에는 커맹들이 삽니다. 한두 명이 아닙니다. 심지어 커맹들은 떼를 지어 몰려다니며 곳곳에서 다양하고도 심각한 문제를 일으키며 이 사회를 시끄럽게 합니다. 먼저, 커맹이 무엇인지부터 알아봅시다.

> 어느 노부부가 있었습니다. 어느 날 저녁, 영감님이 아내에게 묻습니다.
> "여보, 오늘 저녁 메뉴는 뭐요?"
> 주방에서 음식 준비를 하고 있던 아내에게서 아무 소리도 들리지 않습니다.
> "이런…나이 들면 귀부터 어두워진다더니…우리 마누라도 이제 늙어나 보군…쯧쯧!"
> 영감님이 더 큰 소리로 묻습니다.

"여보! 오늘 저녁 메뉴 뭐냐니까?"

아내는 여전히 묵묵부답입니다.

영감님은 아내를 불쌍히 생각하며, 아내 곁에 가까이 다가가 이렇게 소리

칩니다.

"여보! 오늘 저녁 메뉴가 뭐야?"

그러자 아내가 뒤를 돌아 이렇게 고함을 지릅니다.

"이 양반이 정말 장난하나? 내가 꽃게탕이라고 세 번이나 말했잖아요?"

여기서 말을 알아듣지 못한 사람은 누구인가요? 바로 영감님이죠. 그러나 정작 영감님 본인은 자신이 듣지 못한다는 사실을 전혀 알지 못하고 오히려 죄 없는 부인을 의심합니다. 자기는 듣지 못하면서 다른 사람을 탓하는 이 영감님이 바로 커맹입니다.

'커뮤니케이션에 깜깜한 사람'에게 저는 커맹이라는 이름을 붙여 보았습니다. 마치 컴맹이나 문맹처럼 말이지요. 문맹과 컴맹은 스스로 불편하고 부끄러움을 느껴 한글도 배우고 인터넷도 배워, 스스로 무지에서 탈출하기를 시도합니다. 그러니 커맹들은 아닙니다. 커맹은 항상 남 탓만 합니다.

우리 사회에는 이런 커맹들이 아주 많습니다. 그리고 이런 사람들이 큰소리를 치며 삽니다. 그래서 저는 부끄럽지만 대한민국을 '커맹 천국'이라고 부릅니다. '대한민국은 커맹 천국'이라고 하면 화를 내며 증거를 요구하는 사람들이 있습니다. 그러면 제가 좀 궁색해집니다. 커

맹은 제가 만든 단어여서 커맹이 몇 명이라는 통계가 있을 리 없지 않겠습니까?

그렇다 해도 대한민국이 커맹 천국이라는 증거는 많습니다. 그 가운데 우리 사회가 불통 천국이라는 가장 확실한 증거, 대한민국 어디서나 통하는 유일한 소통 원칙, 그것은 바로 '큰소리치는 사람이 이긴다'입니다. 이것이야말로 서울에서 제주까지 다 통하는 우리 사회의 유일한 소통 원칙 아닌가요?

여기서, 큰소리는 언제 나오는지 생각해 보세요. 전화 통화하다가 여지없이 큰소리가 나오는 경우는 언제입니까? 화가 날 때나 답답할 때 대부분 벌컥 소리를 지르게 됩니다. 하지만 그때 오히려 목소리를 낮춰 조곤조곤 얘기하는 사람들도 있는데, 그런 사람이 진짜 무서운 사람들이죠. 그러나 100% 큰소리를 지르게 되는 경우가 있습니다. 바로 잘 안 들릴 때가 그렇습니다. "안 들려! 크게 얘기해 봐!"라는 말을 속삭이는 사람은 없지 않습니까?

'안 들리면 소리를 지르는 것'이 소통의 원칙입니다. 혹시 여러분 주위에, 집이나 회사에서 툭하면 소리를 질러대는 사람이 있나요? 그들이 바로 커맹입니다. 그렇게 소리를 지르는 것은 듣지 못하기 때문입니다. 이 밖에도 우리 사회의 소통 수준을 짐작하게 하는 객관적인 지표들은 많습니다. 가정에서 큰소리치는 커맹들이 세계 최고의 이혼율을 만듭니다. 회사의 커맹들 탓에 노사관계가 살벌합니다. 정치권에 가득한 커맹들 때문에 국회는 하루가 멀다고 치졸하게 싸우고 있습니다. 가정과 회사, 나라, 어디를 봐도 살 맛이 나지 않습니다.

자살률은 우리나라가 OECD 국가 가운데 10년째 1위를 기록하고 있습니다. 우리나라는 하루에 40명 이상이 자살하는 나라입니다. 사정이 이러니 젊은 사람들이 결혼도 잘 하지 않고, 결혼해서도 아이를 잘 낳지 않습니다. 심지어 출산율은 세계 최하위입니다.

상황이 이런데도 희한한 것은, '소통'이라 하면 너나없이 일가견이 있다는 사실입니다. 소주 한잔 걸치면 몇 시간이고 강의를 할 만큼 소통에 대해 나름대로 할 말들이 많습니다. 그러나 이런 생각들, 대단히 죄송합니다만, 뒤집어엎어야 합니다. 대부분 착각이기 때문입니다. 이 착각들을 180도 뒤집기 전에는 말 통하는 가정, 말 통하는 직장, 말 통하는 나라를 만들 수 없습니다.

그 가운데 대표적인 일곱 가지를 골라 '커맹들의 일곱 가지 착각'이라고 이름을 붙였습니다. 차근차근 왜 이것들이 착각인지 말씀드리고, 그 원인과 폐해도 살펴보겠습니다. 이어서 대안과 실천 방법도 찾아보겠습니다. 부부 관계, 자녀 교육, 직장 동료 관계 등 다양한 부문에서 어떻게 커맹을 탈출할 수 있을지 살펴볼 것입니다.

어려운 문제에 빠른 해결 방안은 없습니다. 문제가 복잡한데 해결책이 간단하다면, 그건 미봉책일 뿐입니다. 증상만을 다스리는 처방은 오히려 병을 키웁니다. 시간이 걸리더라도 근본적인 치료를 시작해야 합니다. 이 책을 쓴 것 역시 근본적인 치료를 위해서입니다.

서툰 말솜씨가 문제다?

소통이
스킬인 줄 안다

'소통이 스킬인 줄 안다'는 것을 첫 번째 착각으로 선정한 이유가 있습니다. 차례로 살펴볼 나머지 여섯 가지 착각이 모두 여기에 뿌리를 두고 있기 때문입니다. 고질적인 불통의 근본 원인은 바로 이 착각입니다. 따라서 이 문제가 해결되지 않는 한 어떤 처방도 소용이 없습니다.

이 착각이 잘못되었다는 사실을 입증하기는 그리 어려운 일이 아닙니다. 분명한 대안도 마련되어 있습니다. 그러나 이 착각에서 빠져나오는 일은 결코 쉽지 않습니다. 착각을 넘어서 믿음의 수준에 오를 만큼, 착각의 결실이 거대한 숲을 이룰 만큼, 그 뿌리가 넓고 깊게 뻗어 있기 때문입니다.

마음에서 시작되는
소통의 오작동

소통을 잘하기 위해 스킬이 필요한 것은 사실입니다. 그러나 스킬만 배우면 소통을 잘할 수 있느냐? 그건 아닙니다. 말과 행동은 마음속에서 나옵니다. 스킬은 나오는 말을 가다듬을 때 필요한 수단에 불과하지요. 따라서 소통을 잘하려면 마음부터 다스려야 합니다. 예를 들어, 여러분이 컴퓨터 게임에 빠져 사는 아들 녀석을 불러 한마디 해야겠다고 작심한 아버지라 칩시다. 어떤 준비가 필요할까요? 유창하게 말을 잘하면 아들이 알아들을까요?

아들 녀석이 마음을 고쳐먹고 게임에서 빠져나오도록 하려면 먼저 설득력 있는 이야기를 생각해 두어야 합니다. 유창한 말은 입으로 하는 것이지만, 설득력 있는 이야기는 머리로 준비하는 것입니다. 그러나 진정한 변화는 '우리 아빠가 정말 나를 사랑해서 하시는 말씀이구나'라고 가슴으로 느낄 때만 가능합니다. 그런데도 사람들은 '어떻게how'에 매

달리는 경우가 많습니다. 듣지 않을 수 없는 '메시지what'가 준비되었다면 전달 스킬이 다소 부족하다 해도 별 상관이 없을 것입니다. 그러나 대화의 목적을 이루는 데 결정적인 요인은 '왜why'에 있습니다.

아들 녀석과 대화하다 보면, 열 받아서 큰소리를 내는 경우가 종종 있지요? 큰소리로 윽박지르는 이유는 과연 뭘까, 곰곰이 생각해 보십시오. 아들 녀석이 틀렸고 나는 옳다는 걸 증명하고 싶어서가 아닐까요? 결국, 아들 녀석을 어떻게든 이겨야겠다는 목적이 있는 것입니다. 여기서 잊지 말아야 할 점은 '도대체 왜 이 대화를 시작했는지'를 기억하는 것입니다. 애초에 그 대화는 '사랑하는 아들이 혹시 잘못될까'라는 염려에서 시작되지 않았나요? 아들을 이기는 것이 목적은 아니잖아요.

원활한 소통을 위해 말 잘하는 입과 명석한 두뇌가 필요합니다. 그러나 무게중심은 가슴에 있습니다. 생각해 보세요! 대한민국이 커맹 천국이 된 이유가 우리나라 사람들이 특별히 말을 못해서인가요? 머리가 나빠서인가요? 둘 다 아닙니다. 문제는 가슴입니다. 따뜻한 가슴만 있다면 다른 것들은 그리 큰 문제가 아닙니다.

자식을 잃고 목숨을 끊으려던 60대 남성을, 한 여경이 뒤에서 끌어안으며 위로하는 사진이 한때 여러 매체를 통해 퍼진 적이 있습니다. "자갈치 시장 부둣가에서 한 남자가 자살하려 한다"는 신고가 112에 접수되고 부산 중부경찰서 남포지구대 소속 순찰차가 현장에 출동했습니다. 술에 취해 부두 안벽에 걸터앉은 손 모 씨는 신발을 옆에 벗어 놓고 하염없이 바다만 바라보고 있었습니다. 사연인즉, "아들이 먼저 세상을 떠나 버려 더 이상 살기 싫다"는 것이었습니다. 이때 여경이 뒤로 다가가 손 씨를 끌어안았습니다. "적적하실 때 딸내미가 되어 드릴 테니 지구대로 찾아오세요"라는 위로의 말을 건네면서요. 잠시 후 손 씨는 "고맙다"며 자리를 털고 일어섰습니다. 여경의 이런 행동은 어디에서부터 나올까요?

여경의 행동은 소통이 단순한 스킬이 아니라는 사실을 말해 줍니다. 소통이 스킬이라는 착각을 버리려면 어떻게 해야 할까요? 원활한 소통의 무게중심이 되는 마음을 다스려야 합니다.

불통은 고질병,
삶의 자세에 해법이 있다

소통이 스킬이라는 착각이 대한민국 사회에서 발휘하는 힘은 여전히 엄청납니다. 소통을 스킬로 가르치는 강의에 사람들이 몰리고 그런 책들이 베스트셀러가 되는 현실이 그 증거라 할 수 있겠지요. 소통이 단순한 스킬이 아니라는 사실을 몰라서 그럴까요? 그렇다면 이 장의 문제 해결은 결코 어렵지 않을 것입니다. 여러분은 이미 소통이 단순한 스킬이 아니라는 사실에 동의하셨으니까요.

그러나 이 착각에서 빠져나와 대안을 선택하기란 결코 쉬운 일이 아닙니다. 믿음 수준에 이를 만큼 착각의 뿌리가 깊기 때문입니다. 세상에서 정말 어려운 일은 대부분 그런 것입니다. 안 되는 줄 알면서도, 새로운 방안이 있는 줄 뻔히 알면서도 빠져나오지 못합니다. 우리는 그런 모습을 '고질적痼疾的'이라고 합니다. 문자 그대로, 오랜 습관이 되어 바로잡기 어렵다는 뜻입니다.

'소통이 스킬인 줄 안다'는 착각은 고질병 중에서도 성인병에 비유할 수 있습니다. 고혈압, 당뇨, 비만, 고지혈증, 동맥경화증, 협심증, 심근경색증, 뇌졸중, 만성폐쇄성 폐 질환, 알코올성 간 질환, 퇴행성 관절염, 그리고 암과 같은 성인병의 또 다른 이름은 생활 습관병^{lifestyle related disease}입니다. 잘못된 식습관, 운동 부족, 과로, 흡연, 음주와 같은 생활 습관 때문에 생기는 질환이지요. 술, 담배를 끊고 소식하며 과로하지 않고 정기적으로 운동하면 성인병은 대부분 예방 혹은 치료할 수 있습니다. 불통의 대안 또한 다르지 않습니다. 성인병의 해결책이 생활 습관을 바꾸는 것이라면, 불통이라는 고질병의 해결책은 마음의 자세를 바로잡는 데 있습니다.

'삶의 자세^{life position}'라는 이론, 들어 보셨나요? '상생相生' 혹은 '윈윈^{win & win}'도 그 삶의 자세 가운데 하나입니다. 네 가지 삶의 자세를 처음 이야기한 사람은 미국의 심리학자 토머스 해리스^{Thomas Harris}입니다. 지금 우리에게 꼭 필요한 대안이 바로 그 삶의 자세에 담겨 있다고 저는 믿습니다. 우선, 네 가지 삶의 자세를 간단히 살펴보겠습니다.

모든 사람이 이 땅에서 삶을 시작할 때 삶의 자세는 'Lose & Win'입니다. 즉, 나는 약자^{loser}이고 상대는 강자^{winner}로 보는 자세이지요. 갓난아이는 누구에게나 약자이기에 그렇습니다. 배고프다고 울고, 기저귀 젖었다고 우는 것은 전형적인 약자의 모습입니다. 여기에 예외는 없습니다. 모든 생명체가 이렇게 삶을 시작합니다. 그러나 그다음 인생의 행로는 모두 다릅니다.

평생 'Lose & Win'에서 벗어나지 못하는 사람들이 있습니다. "다른 사람들은 다 잘나가는데, 나는 왜 맨날 이 모양이지?"라며 한탄하는 사람들이 여기에 속합니다. 이들을 사로잡고 있는 것은 열등감입니다. 이런 사람들은 자기표현을 잘 못 합니다. 스스로 못났다는 생각에, 어디에서건 쉽게 나서지 못하고 굳게 입을 다물고 있는 이들에게는 어떤 훌륭한 소통 스킬도 통하지 않습니다.

사춘기가 되면 많은 사람이 'Win & Lose'로 옮겨 갑니다. "나는 잘하는데 네가 문제야!"라는 공격적인 자세로 바뀌는 것이지요. 이런 유형은 자기 잘못을 인정하는 경우가 거의 없습니다. 모든 잘못을 다른 사람이나 환경 탓으로 돌립니다. 이런 사람들은 경청에서 약점을 보입니다. 자기 이야기는 잘하지만, 남의 이야기는 귀담아듣지 않습니다. 이런 성향도 어느 정도까지는 '적극적'이라는 식으로 넘어갈 수 있습니다만, 도가 지나치면 국가에서 한군데 모아 관리합니다. 그곳이 어딘지 아시겠습니까? 바로 감옥입니다. 스스로 잘못을 깨우칠 기회를 주는 셈이죠.

살다 보면 'Lose & Lose'의 함정에 빠지는 사람들도 있습니다. 이런 유형은 비교적 쉽게 눈에 띕니다. 대화 중간 중간에, "그래, 나 잘한 것 없어. 그럼 네가 잘한 것은 뭐냐?"라는 말을 후렴구처럼 자주 반복하는 것이 특징입니다. 자신과 함께 상대방까지 비하하면서 물고 늘어지는 물귀신 스타일이지요. 이런 분들의 약점은 어디에 있을까요? 자기표현과 경청 모두에서 약점을 보입니다. 그들 내면에는 '못난 내가 무슨 말을 하겠어? 그러나 너희도 나처럼 잘난 것 없잖아!'라는 생각이 깔려 있습니다. '할 말도, 들을 말도 없는 세상…'이라고 좌절하는 사람, 삶의 의미를 잃어버린 사람들이 여기에 속합니다. 이런 유형은 스스로 목숨을 정리할 위험이 있습니다.

가장 바람직한 삶의 자세는 'Win & Win'입니다. '나도 너도 이 세상에 하나뿐인 귀한 사람이야'라고 생각하며 사는 것입니다. 이런 삶의 자세를 가질 때만 당당한 자기표현과 더불어 귀 기울여 듣는 경청이 가능합니다.

이 네 가지 삶의 자세 가운데 현재 우리나라를 지배하는 것 하나를 고르라면 무엇을 선택하겠습니까? 네, 바로 'Win & Lose'입니다. 그래서 우리의 소통 방식이 다분히 공격적인 것입니다. '이기고 싶다' 혹은 '이겨야 한다'는 승리의 강박관념이 우리 언행을 거칠게 만들고 있습니다. 아들 녀석에게 이기고 싶어서 큰소리를 내는 아버지의 경우도 마찬가지입니다.

승리를 목표로 설정하면, 소통 또한 출세를 위한 수단으로 생각하게 됩니다. 다른 사람을 가장 손쉽게 이기는 방법은 무엇일까요? 상대의 약점을 파고드는 것 아니겠습니까? 탁구를 할 때 상대의 약한 쪽으로 강하게 공을 때려 넣으면 쉽게 득점하겠죠. 그러나 이런 잔재주만으로는 결단코 좋은 선수가 될 수 없습니다. 강인한 체력에 기본기를 튼튼히 갖춘 다음, 탁구의 기술을 배우고 익혀야 훌륭한 선수가 됩니다.

우리는 그동안 소통의 기초가 되는 마음을 다스리는 일보다는 빠른 승리를 위해 잔재주skill를 배우는 데 더 많이 투자했습니다. '커뮤들의 천국'은 이렇게 시작된 것입니다.

이제 '삶의 자세'가 우리의 과거와 미래에 어떤 의미가 있는지 알아보겠습니다. 우선, 오른쪽 도표를 봐 주십시오. 스티븐 코비Stephen R. Covey의 『성공하는 사람들의 7가지 습관The 7 Habits of Highly Effective People』에 나오는 도표입니다. 출발점은 '의존성'입니다. 누군가에게 의존하지 않고는 살아갈 수 없는 인생의 출발점을 가리킵니다. 앞에서 설명한 네 가지 삶의 자세 가운데는 'Lose & Win'에 해당합니다. 모든 생명체는 여기서부터 출발합니다.

의존성이 지배하는 이 시기의 목표는 '독립성', 즉 '홀로서기'입니다. 이 목표를 다시 '삶의 자세'로 바꾸면 무엇이 될까요? 네, 'Win & Lose' 입니다. 그러나 'Win & Lose'의 자세는 우리가 가야 할 최종 목표의 절반에 불과하다는 사실을 기억하십시오. 여기까지 추구했던 목표가 '개인의 승리'라면, 이제는 '공동의 승리'를 추구해야 합니다. '상호 의존성', 즉 'Win & Win'에 도달할 수 있는 길은 그것뿐입니다.

대한민국은 다른 나라의 원조에 기댈 수밖에 없는 약소국가로 출범했습니다. 그런 까닭에 오래도록 국제 사회에서 제 목소리를 낼 수 없었습니다. 그때 우리의 소원은 경제적인 독립이었습니다. 정말 모두가 열심히 일했습니다. 그 결과, 한국전쟁이 남긴 폐허를 딛고 짧은 기간에 '한강의 기적'을 이루어 냈지요. 문제는 그느라 '공동의 승리'로 말을 바꿔 타야 할 시기를 놓치고 말았다는 사실입니다.

우리는 지금 고도성장이라는 성공의 추억에서 벗어나지 못하고 있

© 스티븐 코비, 『성공하는 사람들의 7가지 습관』 중에서

습니다. 그래서 부부가 싸우고, 노사가 싸우고, 여야가 싸우고, 전라도 와 경상도가 싸우느라 여념이 없습니다. 심지어 일자리를 놓고 아버지 와 자식이 싸웁니다. 이 상태로는 발전이 없습니다.

'무조건 하면 된다'는 생각, 'Win & Lose'의 정신, 그 자체가 나쁜 것 은 아닙니다. 아무것도 없던 시절에는 그런 자세가 필요했습니다. 그러 나 이제는 시효時效가 끝난 방식입니다. 자고로 낄 때 끼고 빠질 때 빠 져야 합니다. 무조건 '하면 된다'고 밀어붙이다가 자칫 공격성으로 변 질될 수 있습니다. '안 되면 되게 하라'는 군대의 흔한 교훈이 딱 그런 경우입니다.

수단과 방법을 가리지 않고 목적을 이뤄야 한다는 것은 전쟁터의 논리입니다. 없애 버려야 할 적은 우리가 아닌 저놈들이라는 생각도 마찬가지입니다. 저놈을 없애지 못하면 우리가 당하기 때문에 어쩔 수 없습니다. 이처럼 'Win & Lose'에서 승리는 그 누구도 왈가왈부할 수 없는 지상명령입니다. 승리라는 목표만 달성할 수 있다면 그 어떤 행위도 용납됩니다. 그러나 'Win & Win'에서 승리는 목표가 아니라 결과입니다. 이때 승리는 최선을 다한 결과로 얻는 것이기에 반드시 절차와 과정이 정당해야 합니다.

기원전 206년 한漢나라를 세운 유방劉邦은 얼마 후 무력으로 중국을 통일했습니다. 건달 출신인 유방의 언행이 꽤 거칠었던 모양입니다. 통일 후에도 말을 타고 적을 공격하듯 나라를 다스렸다지요. 육가陸賈라는 신하가 목숨을 걸고 그에게 간언합니다. "말 위에서 천하를 얻을 수는 있지만 다스릴 수는 없습니다(居馬上得之 寧可以馬上治之)"라고요. 사마천의 『사기史記』 가운데 「육가열전陸賈列傳」에 나오는 대목으로, 상황에 맞추어 다른 전략을 구사해야 한다는 의미입니다.

'Win & Lose'의 관습에서 벗어나지 못하면 직장도 가정도 전쟁터가 되고 맙니다. 생각해 보세요! 남편과 아내가 둘 중 하나는 없어져야만 끝나는 철천지원수 사이입니까? 함께 일하는 직장 동료가 어떡하든 없애 버려야 할 적입니까? 부부는 행복하게 살자고 사랑을 맹세한 사이가 아닌가요? 직장 동료는 함께 지혜를 모아야 할 파트너가 아닌가요? 부부가 정겹게 대화를 나누다가도 의견이 엇갈리기 시작하면 거의 자동으로 부부 싸움에 돌입합니다. 조금 전까지 화기애애하던 분위기는 급격히 싸늘해집니다. 잘 지내던 직장 동료들이 회의 중에 논쟁이 붙으면 으르렁거립니다. 부부 싸움과 논쟁 그 자체가 부정적인 것은 아닙니다. 다만, 생산적으로 다투어야 합니다. 그 방법은 뒤에서 차근차근 말씀드리겠습니다.

'무슨 일이 있더라도 너를 이겨야 한다'는 승리에 대한 강박관념은 불통과 다툼의 원인이 됩니다. 승리 강박증은 자기와 다른 의견과 충돌하기만 하면 거의 자동으로 작동합니다. 과도하게 상대를 몰아붙인 뒤, '그렇게까지 할 생각은 없었는데…'라며 후회한 경험이 있나요? 그런 경험이 있다면, 스스로 통제할 수 없는 승리 강박증에 사로잡혔을 가능성이 큽니다. 승리 강박증은 쉽게 벗어날 수 없는 고질병입니다. 그런 강박증에 사로잡히면 애초에 무엇을 위해 시작한 대화였는지, 무엇을 위한 회의였는지를 잊어버립니다.

아들을 타이르다가 큰소리로 윽박지르고 끝나 버린 아버지의 모습을 뭐라 부르면 좋을까요? '맹목적盲目的'이라는 말이 딱 어울립니다. 맹목적이 되면, 본래 의도했던 목적을 이룰 수 없을 뿐만 아니라, 소중한 사람을 잃어버릴 우려도 있습니다. '소통이 스킬인 줄 안다'는 착각의 뿌리가 이토록 깊습니다.

'나냐, 너냐'를 떠나 '나도, 너도'로

'Win & Win'과 'Win & Lose'는 삶의 공식이 완전히 다릅니다. 'Win & Lose'는 '나냐, 너냐'를 따집니다. 'Win & Win'은 '나도, 너도'의 세상입니다. 'Win & Lose'가 '둘 중 하나'라는 'or'라면, 'Win & Win'은 '모두 함께'라는 'and'를 추구합니다. 여기서 'and'는 곱하기를 의미합니다.

너와 내가 곱해진 상황에서 승패는 부질없는 일입니다. 남녀 관계를 예로 들어 봅시다. 결혼 전 교제할 때 두 사람은 플러스(+) 혹은 마이너스(-) 관계입니다. 선문 용어도 '빌낭' 관계이죠. 그러나 결혼 후에는 상황이 달라져서 두 사람의 인생이 엮입니다. 말하자면, 곱해집니다. 관계가 바뀐 만큼 삶의 자세도 달라져야지요.

그러나 두 사람은 여전히 이기려고만 합니다. 예를 들어, 부부 싸움에서 완전한 승리를 쟁취했다고 합시다. 이때 이긴 쪽은 마냥 행복할까요? 속은 후련할지 모릅니다. 그러나 그 처절한 보복을 어떻게 견디시려고요? 남편과 아내 두 사람의 인생은 엮여 있습니다. 곱해진 것입니다. 어느 쪽이 이기고 어느 쪽이 진들 곱하면 결국 마이너스, 즉 둘이 함께 진 것이지요. 이기려 하면 집니다. 나누려 해야 곱해집니다. 시간을 나누고, 정을 나누고, 정보를 나누고, 가정 일도 나누어야 합니다. 그래야 비로소 두 사람의 행복이 곱이 됩니다.

앞서 스티븐 코비의 삶의 자세 도표에 따르면, 개인의 승리를 위한 1번은 '주도적이 돼라'이고, '소중한 것부터 먼저 하라'는 3번입니다. 이 1번부터 3번에 이르는 태도는 혼자 해내야 하는 것입니다. 그러나 공동의 승리를 위한 태도는 혼자만의 과제가 아닙니다. '함께' 해야만 가능합니다. 공동의 승리는 개인의 승리보다 훨씬 어렵습니다. 일찍이 오자吳子는 "싸워 이기기는 쉬우나 승리를 지키기는 어렵다(戰勝易 守勝難)"라고 했습니다. 어찌 싸워 이기는 일이 쉽겠습니까? 승리를 지켜 내기는 그보다 훨씬 어렵다는 뜻이겠지요. 앞으로 넘어야 할 산이 지금까지 넘어온 산보다 더 험합니다.

'Lose & Win'의 자세에서 벗어나지 못하는 사람들은 '열등감'에서 좀처럼 빠져나오지 못합니다. 'Win & Lose'의 자세는 '우월감'에서 나옵니다. 'Lose & Lose'의 덫에 빠진 사람들은 '좌절감'에 허우적대고 있습니다. 그렇다면 'Win & Win'의 자세로 향하려면 무엇이 필요할까요? 다름 아닌 '자신감'입니다.

자신감과 우월감을 혼동하는 사람들이 많습니다. 놀랄지 모르겠지만, 우월감은 오히려 열등감과 정비례합니다. 부하 직원을 큰 소리로 닦달하는 상사는 '혹시 저 녀석이 날 우습게 보지 않을까'라는 열등감에 사로잡혔을 가능성이 높습니다. 상사에게 늘 당하고만 사는 직원의 가슴속에는 '언제가 한번 제대로 밟아 주지'라는 우월감에 대한 열망이 꿈틀댑니다. 우리 사회는 열등감, 우월감, 좌절감이 넘쳐납니다. 자신감 있는 사람을 만나기가 참 어렵습니다. 진정한 자신감이 무엇이고, 어떻게 키울 수 있는지는 뒤에서 말씀드리겠습니다.

문유석 현 서울동부지법 부장판사가 과거 한 신문에 기고한 글을 살펴보겠습니다.

사건을 검토하다 보면 감정의 골이 너무 깊어 도저히 해결할 길이 없어 보이는 사건들도 접하게 된다. 갈수록 늘어만 가는 그런 사건들에 지칠 때면 떠올리는 기억이 있다. 10여 년 전 지방 근무 때 일이다. 산골 집성촌 사람들 10명 가까이가 서로를 상해죄 등으로 고소한 사건을 맡게 되었다. 이웃이자 친척인 사람들끼리 토지 경계에 관한 다툼 중 한 사람이 자기 땅을 지나 이웃 땅으로 가는 물길을 막아 버렸다. 밭농사를 짓는 데 금쪽같은 물길을 막으니 싸움이 커질 수밖에 없었다. 결국, 온 마을이 두 패로 나뉘어 대립하다가 주먹질까지 벌어진 것이다. 크게 다친 사람은 없으니 벌금 몇십만 원씩 부과하면 될 사건이지만 그렇게 하고 치우기는 싫었다. 특별 기일을 지정해 마을 분들 수십 명을 모두 나오시도록 해 놓고, 논문·판례를 샅샅이 뒤져 물길 이용 관계에 관한 법리를 정리했다. 자료를 잔뜩 들고 법정에 들어가서 한참 동안 내가 검토한 내용을 설명하며 열변을 토했다. 나이 지긋한 국선변호인이 조용히 손을 들었다. 충분히 이해했을 테니 이제 마을 사람들끼리 얘기할 시간을 달라시기에 먼저 자리를 떴다.

다음 날 기쁜 소식이 도착했다. 화해가 이루어져 서로에 대한 고소·고발은 물론, 별도로 제기했던 민사소송까지 모두 취하했다는 것이다. 뿌듯한 기분이었다. 지방 근무를 마치고 서울로 돌아갈 무렵 그 국선변호인분이 인사차 들르셨다. 그 사건 생각이 나서 내가 정리한 결론대로 물길 사용 문제가 정리되었는지 물었다. 변호인은 망설이다가 씩 웃었다. 사실 그때 내가 장황하게 설명한 법리며 판례 등은 아무도 제대로 알아듣지 못했고, 나중엔 아예 듣지도 않았다는 것이다. 아니, 그럼 그날 도대체 어떻게 해결된 것이었느냐고 물었다.

그날 내가 나간 후 침묵이 흐르다가 한 노인분이 일어나셔서는 "서울서 온 젊은 분이 저리 애쓰는데, 이거 동네 망신 아니오? 그만합시다." 그러시더란다. 다들 끄덕끄덕하더니 거짓말처럼 서로 악수하고 눈물 흘리며 모든 게 해결되었단다. 결국 사람들은 스스로 해결할 능력을 가지고 있었다. 내가 감히 대단한 명답을 제시해 분쟁을 해결했다는 생각은 착각일 뿐이었다. 누구 편을 들지 않는 중립적인 사람이 멍석만 깔아 주면 되는 거였다. 하지만 그 중립성에 대한 신뢰라는 것이 얻기는 아주 어렵고, 잃기는 아주 쉽다. 법관의 일 중 가장 힘든 것은 판례 찾고 판결 쓰는 것이 아니라 이 신뢰를 얻는 일인 것 같다.

– 출처: 『중앙일보』 2015년 7월 21일

소통은 입으로 하는 단순한 스킬이 아니라, 머리와 가슴까지 동원하여 온몸으로 하는 것입니다. 소통의 무게중심은 가슴에 있습니다. 소통은 단순한 수단이 아니라, 삶 그 자체입니다. 소통을 수단으로 생각하는 사람은 삶을 제대로 누리지 못합니다. 소통하는 수준 너머의 삶을 살 수 있는 사람은 없기 때문입니다. 성경은 이렇게 이야기합니다. "무엇보다도 네 마음을 지켜라. 그것이 바로 복된 삶의 샘이다."(공동번역, 「잠언」 4장 23절)

내 맘이 네 맘, 내 생각이 네 생각!

세상 사람들 모두 자기 같은 줄 안다

2

'세상 사람 모두 자기 같은 줄 안다'는 생각, 참 순진한 착각입니다. 이것이 착각이라는 사실 역시 별로 어렵지 않게 입증할 수 있습니다. 그 과정에서 이 착각이 우리 현실에 미치는 광범위한 영향력을 확인하게 될 것입니다. 구체적인 대안 부분에 특별히 관심을 가지고 읽어 주시기 바랍니다. 먼저, 이런 생각이 지닌 문제점부터 살펴보겠습니다.

아는 것만큼 보이고
이해한다

시집살이하는 며느리와 시어머니 사이에 일어난 이야기를 며느리 입장에서 풀어낸 『고부일기』(김민희 지음, 형제, 1995)라는 책이 있습니다. 생생한 에피소드가 재미있어서인지 한때 베스트셀러에도 올랐지요. 이 며느리, 신바람이 났습니다. 그런데 배 아픈 사람이 있었습니다. 누굴까요? 네, 시어머니죠. 두 사람 사이에 일어난 일인데, 이 책은 완전히 며느리 이야기 아닙니까? 같이 밥을 먹다가 시어머니가 한마디 던집니다. "얘, 얘, 누군 할 얘기 없는 줄 아니?" 며느리가 뭐라고 답했을까요? "어머니, 하실 말씀이 많으면 책 한 권 쓰시죠!"

1년 뒤에 시어머니 천정순 여사의 『붕어빵은 왜 사 왔니?』(천정순 지음, 형제, 1996)라는 책이 나왔습니다. 이 시어머니, 상당히 튀는 분이었습니다. 이 책도 많이 팔리면서 두 여자분이 함께 바빠졌습니다. 여기저기 초대도 받고, 텔레비전에도 나왔습니다. 아주 신바람이 났었죠. 그러자 배 아픈 사람이 있었습니다. 누굴까요? 네, 그 아들입니다. "우씨! 누군 할 말 없는 줄 알아?"라고 했겠죠. 두 여자분이 뭐라고 했을까요? "억울하면 책 한 권 써라!"

결국, 아들도 『내 속 썩는 건 아무도 몰라』(한윤수 지음, 형제, 1997)라는 책을 냈습니다. 이 가족 이야기가 「달콤한 신부」라는 드라마로 각색되어 방영되기도 했습니다. 혹시 주위에 고부 갈등으로 고민하는 분이 있으면 이 책들을 추천합니다. 재미있습니다.

어쩜 이렇게 다를까요! 다르다니, 뭐가 다르다는 말이죠? 한마디로 말해 입장에 따라 다릅니다. 한 지붕 밑에 사는 세 사람이 각각 자기 책을 한 권씩 낼 만큼 이야기가 다릅니다. 즉, 세 사람이 같은 현실을 모두 다르게 인식하고 있다는 말입니다.

"사랑하면 알게 되고, 알고 나면 보이나니, 이때 보이는 것은 예전 것과 다르니라."

낙양洛陽의 지가紙價를 올렸던 유홍준 선생의 『나의 문화유산 답사기』의 주제가 바로 이 시 구절입니다. 그냥 보면 시시해 보이는 대한민국 강산이, 알고 나면 달리 보인다는 것입니다. "이하! 여기가 바로 거기야!" "이게 그런 의미였군…"이라는 식으로 바뀝니다. 나무 한 그루, 돌맹이 하나도 예전과 다른 의미로 다가올 때가 있습니다. 그리고 그런 변화는 사랑하는 마음으로부터 시작됩니다. 마음에 사랑이 가득하면, 유리창 안에 진열된 유물들만이 아니라, 우리 산천 모두가 아름다워 보입니다. 자연 그 자체가 살아 있는 박물관이 됩니다.

걸어서 지구를 세 바퀴 반이나 돌았다는 '바람의 딸' 한비야 선생의 이야기는 또 다른 인식의 차이를 엿보게 해 줍니다.

문화권마다 30대 후반의 미혼인 나를 보는 눈이 제각각인 것도 흥미로웠다. 인도에서 만난 어느 아주머니는 내 손을 꼭 붙잡으며 "너의 부모님이 네 지참금을 마련하지 못해 널 이렇게 처녀로 늙게 하는구나"라며 안쓰러워하기도 하고, 일부다처제가 허용되는 아프리카나 이슬람 문화권에서는 소 다섯 마리나 양 서른 마리를 줄 테니 자기랑 살자는 프러포즈도 받았다. 또 여행 중에 만난 유럽인 여행자들은 내게 거리낌 없이 레즈비언이냐고 묻기도 했다. 결국 사람은 자기가 아는 대로 보고 아는 대로 판단하는 것이다. 때로는 자기가 아는 것을 절체절명의 진리로 여겨 다른 문화와 만나는 과정에서 많은 실수도 하게 된다.

– 출처: 「여행은 세계인으로 거듭나는 과정」, 『중앙일보』 1996년 7월 20일

같은 맥락에서 제 가족 이야기를 하겠습니다. 제가 유학 생활을 마치고 귀국했을 때의 일입니다. 당시 제 아들이 초등학교 4학년, 딸아이는 2학년이었습니다. 미국에서 태어나 자란 아이들은 한국말이 서툴렀습니다. 그래서 우리 부부는 아이들이 시간 날 때마다 놀이터에 나가 동네 아이들과 어울리도록 했습니다. 하루는 저녁 먹으러 들어오라고 불러도 도무지 들어오질 않아 남매를 데리러 나갔습니다. 두 녀석이 흥분된 표정으로 아주 재미있어 죽겠다는 겁니다.

"뭘 했는데?"

"아빠, 아빠, 게임을 했어요."

"무슨 게임인데?"

두 녀석은 한참 상의를 한 뒤에 '누가 꼬집었습니까?'라는 게임을 했다고 합니다. 아무리 생각해도 무슨 게임인지 감이 잡히지 않았습니다. 설명을 듣고서야 알게 되었는데, 여러분은 혹시 짐작이 되나요? 다름 아닌 '무궁화 꽃이 피었습니다'였습니다. '무궁화 꽃이 피었습니다'를 빨리 발음하니까 한국어에 서툰 아이들이 '누가 꼬집었습니까'로 알아들은 것이죠.

'모두 다르다'라는 사실은 정상인가요, 비정상인가요? 이 세상 사람 모두 다르다는 것은 정상적인 일입니다. 심지어 일란성 쌍생아도 서로 다릅니다. 앞의 사례처럼, 나라, 문화, 종교에 따라 다를 뿐 아니라, 성별, 나이, 직업, 소득, 교육 수준 등등 우리가 다른 이유는 이루 셀 수가 없습니다. 세상에는 나와 같은 사람이 한 명도 없을뿐더러, 모두 다른 것은 지극히 정상적인 일입니다.

그런데 우리는 어떤가요? 서로 이야기를 나누다가 의견이 다르면 깨집니다. 헤어지고 난 다음 억울하다는 생각에 그냥 있지 못하고 다른 사람에게 하소연합니다. 이때 "그 사람은 나하고 생각이 다르더라"고 이야기하는 사람은 거의 없습니다. "그 사람은 좀 이상해!" 혹은 "나하고 틀려!"라고 이야기하는 게 대부분 아닌가요?

'다르다' '틀리다' '이상하다'는 말은 절대, 절대 섞어 쓸 수 없는 말입니다. 자세히 들여다보면 완전히 다른 뜻을 지녔습니다. 생각해 보세요. '저 친구가 이상'이면 자기는 '정상'이라는 말입니다. '저 녀석이 틀리다'면 '나는 맞다'는 의미이고요. 결국 '나는 정답, 너는 오답'인 셈입니다. 이런 생각으로 대화할 때 우리는 어떤 심정일까요? 요즘 애들 용어를 빌리면 '짱나'겠죠. 자기는 정상적인 이야기, 맞는 이야기, 정답만을 말합니다. 그런데 저 녀석은 이상한 이야기, 틀린 이야기, 오답만을 지껄이고 있으니 짜증이 나지 않겠습니까? 이런 대화는 어떻게 끝날까요? '대놓고 화내는 것'으로 끝을 맺습니다.

우리 대화가 대부분 '대놓고 화내기'로 끝나는 건 아닌지 생각해 봅시다. 퇴근했는데 아내가 "우리, 대화 좀 합시다"라고 말합니다. 그럼 대체로 어떻게 되나요? 대놓고 화를 내는 부부 싸움으로 번지기 일쑤죠. 노사가 대화의 자리에 앉으면 대놓고 화를 냅니다. 여야가 마주 앉으면 대놓고 화를 냅니다. 남북이 만나면 대놓고 화를 냅니다. '나는 맞고, 너는 틀렸다'라는 착각은 무서운 파괴력이 있습니다.

김수현 작가의 「엄마가 뿔났다」라는 TV 드라마에 재미있는 장면이 나옵니다. 시어머니 역할을 맡았던 장미희 씨와 며느리를 맡았던 이유리 씨 사이에 오가는 대화를 살펴보겠습니다.

> 며느리: 어머님~!
> 시어머니: 너는 어떻게 기본도 안 돼 있니?
> 며느리: 무슨 말씀이신지?

시어머니: 하고 싶은 말 있으면 정연이 꼬드기지 말고 그때그때 나한테 직접 해!

며느리: 제가 무슨?

시어머니: 시치미 뗄래? 내가 상처 준다면서? 모르는 얘기야?

며느리: 정연 씨가 뭐라 그랬어요?

시어머니: 네가 한 말이 있을 거 아냐? 뭐라 그랬는지 한번 해 봐! 정연이 말하고 맞춰 보게.

며느리: 어머님, 너무하신다고 그랬어요. 그렇게 콕콕 찌르셔야 하냐고요.

시어머니: 그게 다야?

며느리: 제가 어머님 며느리가 된 건 어머님 아들 때문이지 저 때문이 아니라고요.

시어머니: 또?

며느리: 잘못했어요, 어머니. 저는 정연 씨가 이런 문제를 만들 만큼 어리석은 사람이라고 생각 안 했어요. 앞으로는 직접 말씀드릴게요.

시어머니: 너는 내가 얼마나 인내하고 도를 닦으면서 너를 며느리로 인정하려 노력하는지 모르겠니? 눈에 거슬리는 건 거슬리는 거고, 부족한 건 부족한 거야! 내 수준에 그저 밥 먹고, 자고, 회사 가는 것밖에 아무것도 모르는 너처럼 평범한 아이를 참아 내는 게 얼마나 힘든 일인지, 너는 상상도 못 해!

며느리: 그건 이미 알고 계셨던 일이잖아요, 어머님. 네, 저는 어머님이 원하시는 수준 높은 며느리 아니에요. 그러니 어쩌면 좋겠어요? 하루아

침에 어머님 수준에 맞는 며느리가 될 수도 없고…. 저는 그냥 지금 이 정도 저한테 큰 불만 없어요. 어머님이 저 참아 내는 게 힘드신 것처럼 저도 특별하신 어머님을 참는 게 쉽지는 않아요. 재투성이 아가씨도 왕자님 따라 왕궁에 들어간 다음 날부터 귀족 아가씨가 될 수는 없었을 거예요. 어머님께서 순간순간 깨우치지 않아도 저, 어머님께서 어여뻐하는 며느리 아닌 거 잘 알아요. 언제까지 그러실 건지 미리 알았으면, 정말 알았으면 좋겠어요.

시어머니: 반항하는 거니?

며느리: 직접 말씀드리라면서요.

시어머니: 그렇다고 나 한마디에 너 열 마디… 장편소설을 써!

며느리: 제가 정연 씨한테 뭐라 그런 건, 같이 사는 사람으로서 제일 가까운 사람한테 불평한 거예요. 저도 한군데쯤은 숨 쉴 구멍이 있어야 하잖아요. 어머니!

시어머니: 그게 이간질이라는 거야!

며느리: 그런 의도는 없었어요. 믿어 주세요. 어머니.

시어머니: 유익한 대화였다. 그만 내리거라.

아주 유익한 대화죠? 여기서 드리고 싶은 질문이 있습니다. 소통은 누구와 하는 것인가요? 소통은 다른 사람과 하는 것입니다. 그 사람은 여러분과 많은 점이 다릅니다. 이름도, 생김새도, 생각하는 것도 모두 다를 것입니다. 이를 '이상하다' 혹은 '틀렸다'고 여기는 순간 소통의 문은 닫히고 맙니다. 물론 상대의 잘못된 생각을 고쳐 주어야 할 때도 있겠죠. 그런 경우는 뒤에서 다루게 될 것입니다. 우선, 서로 다르다는 것이 지극히 정상적인 일이라는 점을 인정하십시오.

여영구라는 가톨릭 사제가 신학생 시절 소풍 갔던 이야기를 적은 글을 보았습니다. 가톨릭 신학생들은 예외 없이 모두 기숙사 생활을 한답니다. 하루는, 신학생들이 남한산성으로 소풍을 떠났습니다. 소풍 가서 제일 재미있는 시간은 무엇일까요? 점심시간이죠. 나눠 먹고 빼앗아 먹고 시끌벅적한 점심시간, 여러분도 기억나시죠? 그런데 그날의 점심시간은 전혀 재미가 없었답니다. 말 한마디 하는 사람도 없었답니다. 왜 그랬을까요? 도시락을 열어 보니까, 기숙사 식당 아주머니가 싸 주신 김밥. 모두 똑같은 김밥이었기 때문입니다. 단무지까지 똑같았습니다. 그림이 그려지나요? 앞을 봐도, 뒤를 봐도 똑같은 김밥. 나눠 먹고 빼앗아 먹을 맛이 날까요? 한숨만 났던 것도 당연합니다.

이 땅이 왜 사람 살 맛 나는 세상일까요? 서로 다르니까 그렇습니다. 다르니까 만나면 할 이야기가 있습니다. 다르니까 만나기 전에 기대도 되고요. 다시 한 번 강조하지만, 소통은 다른 사람과 하는 것입니다. 이 세상 사람들이 다들 나와 같다면 만나도 할 이야기가 없을 것이고 만날 이유도 없겠죠. 모두가 똑같은 세상은 적막강산일 것입니다.

업무 회의는 왜 합니까? 서로 다른 의견을 가진 사람들이 지혜를 모으고자 하는 것이지요. 모두들 같은 생각이라면 회의를 할 필요가 없습니다. 그러니 '서로 다르다'는 사실은 축복입니다. 이 말에 동의한다면,

여러분은 가장 어려운 착각 중의 하나를 해결한 것입니다. 그런데도 우리는 세상이 내 뜻 같지 않다며 늘 힘들어합니다.

남녀가 만나 서로 끌리기 시작합니다. 요즘 말로 썸 탄다고 하죠. 서로 대화해 보고 교제하다가 드디어 결혼합니다. 그러나 결혼의 행복은 그리 오래 못 갑니다. 사네, 못 사네 하다가 이혼하는 일도 적지 않습니다. 남녀가 만나면 왜 서로 끌릴까요? 정답은 '서로 다르니까'입니다. 그래서 다를 '이異' 자를 써서 이성이라고 하잖아요. 그렇다면 왜 헤어지나요? 그 정답도 '서로 다르니까'일 때가 많습니다. 서로 다른 것에 끌려 좋아했는데, 서로 다른 것 때문에 헤어진다면, 뭔가 잘못된 것 아닐까요?

다름보다는
같음을 보라

미국에서 미식축구 선수로 출세한 하인즈 워드를 기억하시나요? 그 어린아이를 데리고 태평양을 건널 때 어머니의 심정이 오죽했겠습니까! 그 모자는 왜 한국에서 못 살고 미국으로 건너가야 했을까요? 주변 사람들이 자꾸 이상하다고 손가락질하며 "너랑 안 놀아"라며 따돌린 까닭이 아닐까요?

예, 틀림없이 하인즈 워드는 우리와 다른 점이 있습니다. 그러나 한국 어머니와 미국 아버지의 피가 섞였으니 우리와 공통점도 분명 있습니다. 그런데 우리는 대화할 때 습관적으로 공통점은 무시합니다. 차이점만을 가리키면서 "넌 우리하고 틀려, 안 놀아"라며 끊어 냅니다.

이제는 뒤집으십시오. 180도 확실하게 뒤집어서 공통점부터 보세요. 사자성어로 말하면, '구동존이求同尊異'해야 합니다. 먼저 같은 점을 찾고 다른 점은 존중하십시오. 그러다 보면 '대동소이大同小異'하다는 것을 알게 될 것입니다. 결국, "그거야 사람마다 다를 수 있지"라고 말하게 될 것입니다. 서로 다르지만 함께할 수 있는 '화이부동和而不同'은 이렇게 이루어집니다.

반대로 공통점은 무시하고 차이점만을 찾으려 하면 어떻게 될까요? '대동소이'에서 대동大同을 지워 보세요. 소이小異만 남죠. 이때 소이는 소이가 아니라, 판이判異가 되고 맙니다. 공통점은 보이지 않고 차이점만 보이기 때문이죠. 결국은 대부분이 같은 데도 함께하지 못하는 '동이불화同而不和'에 이르고 맙니다. 공자孔子는 '화이부동'하는 사람을 군자라 하고, '동이불화'하는 사람을 소인배라 불렀습니다.

한 가지 더, 소통은 '끊어 내는 것'이 아니라 '끌어안는 것'입니다. 결혼하면 부부가 서로를 끌어안아야 합니다. 부모는 자식들을 끌어안아야 하고요. 과장은 과원들을, 사장은 사원들을 끌어안아야 합니다. 문제는 끌어안을 가슴이 있느냐 하는 점입니다.

얼마 전 기업인들 모임에 강의할 기회가 있었습니다. "요즘 젊은 직원들과 얘기는 잘 통하십니까?"라고 질문을 드렸더니 "너무 어려워요" "외국 놈들 같아요"라는 답변부터, "아니지, 외계인이지!"라는 답변까지 나왔습니다. 제가 "외계인이라 말씀하신 그 직원 떠올리실 수 있으세요?"라고 묻자, "그럼요"라고 대답하더군요.

"그럼 저하고 하나씩 따져 봅시다. 그 친구 사람 맞죠?"

"물론 사람이죠."

"한국 사람이에요?"

"예, 한국 사람입니다."

"남잡니까?"

"남자 맞습니다."

"그 친구도 밥 먹고 살죠?"

이렇게 묻자, 사장님이 표정이 굳으면서 이렇게 반문했습니다.

"지금 뭐 하시는 겁니까?"

여러분, 지금 제가 무얼 하는 건가요? 공통점을 확인하는 것입니다. 물론 젊은 직원들과 사장님은 차이점이 있겠죠. 그러나 공통점도 있지 않겠어요? 공통점과 차이점 가운데 어느 것이 더 많을까요? 아무리 대한민국의 세대 차가 심하다 해도 공통점이 훨씬 많습니다. 공통점은 무시하고 차이점만을 지적하다 보면 요즘 젊은이들은 도무지 이해할 수 없는 외계인이 되고 맙니다. 어르신들은 골동품이 될 것이고요.

관심을 가지고 살펴보면 틀림없이 많은 공통점을 찾을 수 있을 것입니다. 그 공통점들이 소통의 출발점입니다. 이제부터 동고동락_{同苦同樂}하면서 차근차근 공통점을 만들어 가면 됩니다. 이때 가장 중요한 것은 젊은이들을 품어 주는 어르신들의 넉넉한 가슴입니다.

'사이'를 좁혀 가는
소통 배우기

미국의 커뮤니케이션 학자 크리펜도르프는 소통 분석의 틀로 독립, 접근, 공유의 3단계를 제시했습니다.[*] 저는 이 가운데 접근 단계를 정보사회의 특성에 맞게 접속으로 바꾸어 보았습니다. 이 분석의 틀로 '세상 사람 모두 자기 같은 줄 안다'는 착각의 의미를 살펴보겠습니다.

소통은 나와 너의 만남에서 시작됩니다. 서로 마주 서야 합니다. 이 단계에서 일어나는 문제는 두 가지인데요. 첫째는 만남을 회피하는 것입니다. 마주 선 두 사람 모두 독립된 인격체입니다. 따라서 다른 사람과의 만남은 어색하고 불편하고 때로는 불쾌합니다. 이런 상황에서 다투는 사람이 있습니다. 오손도손 정겨운 대화를 나누는 것보다는 못하지만, 다투는 것이 그리 큰 문제는 아닙니다. 처음부터 맘에 드는 사람

---

[*] Klaus Krieppendorf, "An Epistemological Foundation for Communication," in *Journal of Communication*, 34(3), pp. 21-36.

人　間　人

만나기가 어디 쉽던가요? 정도에 따라 문제가 되겠지만, 다투는 것은 오히려 자연스러운 현상일 수 있습니다. "싸우면서 정든다"는 말도 있지 않습니까? 문제는 다툼을 애써 피하는 것입니다. 인간관계가 부담스러워서 나만의 공간에 숨어 나오지 않는 것은 독립이 아니라, 고립입니다. 스스로 고립을 택한 사람이 고독에 아파하는 것은 아이러니이지요.

사람과의 만남보다 스마트폰에 빠져 사는 사람들이 늘어나고 있습니다. 직장도 가정도 마찬가지입니다. 스마트폰 들여다보느라 대화에 동참하지 못하는 사람들 본 적 있으시죠? 그런 이들은 인간관계가 부담스러워 고립된 사람일 수 있습니다. 미국 매사추세츠 공과대학교 사회심리학자 셰리 터클Sherry Turkle은 이런 현상을 '함께 있지만 따로 있다는' 뜻의 'Alone Together'라는 용어로 표현합니다. 정보통신 기술로 가능해진 새로운 회피 방식인 셈입니다.

둥글둥글한 돌들이 쌓여 있는 몽돌 해변이라는 곳이 있습니다. 파도가 치면 달그락 달그락거리는 소리가 참 감미롭습니다. 몽돌 해변의 돌들이 처음부터 둥글둥글했을까요? 서로 부딪히며 깨지는 오랜 세월이 필요했을 것입니다. 사람도 다르지 않습니다. 형제자매가 많았던 시절에는 자연스럽게 서로 부딪히며 둥글둥글해지는 과정을 거쳤습니다. 대학에 가면, 팔도강산에서 모여든 아이들이 새로운 친구가 되었습니다. 캠퍼스에서 혹은 하숙집에서 서로 지지고 볶다 보면 원만한 인격으로 다듬어질 수 있었습니다. 그러나 요즘은 어떤가요? 대학가에 하숙집은 없습니다. 다들 취업 준비에 바빠 원룸에 처박혀 나오질 않습니다.

독립 단계에서 일어나는 두 번째 문제는, 사람들이 곧게 서지 못하는 것입니다. 사람 인人 자는 두 다리로 곧게 선 모습을 나타냅니다. 바로 서지 못하고 삐딱한 사람과의 대화가 얼마나 어려운지 아시죠? 그런 이들은 모든 일에 부정적이고, 옥에서 티를 찾느라 혈안이 됩니다. 그들은 또한 자주 흔들립니다. 술에 취하는 경우가 많거든요. 왜 그럴까요? 문제는 다름 아닌 자신감이 없기 때문입니다.

2012년 런던에서 개최된 장애인 올림픽 개막식에서 물리학자 스티븐 호킹Stephen Hawking 박사는 이런 이야기를 했습니다.

우리는 모두 다릅니다. 표준적인 인간이나 평범한 인간이란 존재하지 않습니다. 우리는 모두 창의적인 능력을 갖추고 있습니다. 모든 사람에게는 특별한 성취를 이뤄 낼 힘이 있습니다. 삶이 아무리 힘들더라도 발을 내려다보지 말고 별을 올려다보세요.

스티븐 호킹은 케임브리지 대학생 시절, 조정 선수를 지낼 만큼 건장한 청년이었습니다. 그 후 루게릭병에 걸리면서 몸을 움직일 수 없게 되었지요. 요즘은 눈꺼풀을 간신히 들어 올리는 정도라고 합니다. 스티븐 호킹은 움직이지 않는 발을 내려다보지 않고 별을 올려다보았습니다. 그 결과 '빅뱅 이론'을 만들어 세계 최고의 물리학자가 되었습니다. 꺼질 듯 위태로운 모습으로 휠체어에 앉아 컴퓨터의 인공 목소리를 의지할 수밖에 없는 그가 이토록 당당하게 외치는 힘은 어디에서 나올까요? 그것은 곧 긍정적인 자아상, 즉 자신감에서 나옵니다.

독립의 다음 단계는 서로에게 다가가며 사이를 좁히는 접속입니다. 나를 말하고 너를 들으며 차츰차츰 가까워지는 단계죠. 자기표현과 경청에 관해서는 뒤이어 말씀드리겠습니다만, 이 단계에서 반드시 지켜야 할 원칙이 있습니다. 우선, 상대가 다른 인격체라는 사실을 인정하고 구동존이의 원칙에 따라 공통점을 먼저 찾고 차이점은 존중하십시오. 동고동락하면서 공통점을 차츰 늘려 가면 됩니다. 이 과정을 통해 서로 다른 사람들이 친구가 됩니다.

우리는 일반적으로 다른 사람보다는 같은 사람 만나기를 좋아합니다. 처음 만나는 사람에게 대뜸 고향이 어디냐, 어느 학교를 졸업했느냐, 몇 살이냐를 물어보잖아요? 동창, 동향, 동기를 열심히 챙기는 것이 우리나라 사람 특징 중 하나입니다. 물론 끼리끼리 만나면 어색하거나 불편한 일이 없어 좋기는 하지요. 그러나 그들 또한 '나' 아닌 다른 사람들이라는 사실을 잊어버리는 순간 다툼이 시작됩니다. '세상 사람 모두는 아닐지라도 최소한 우리 동기들만은 나 같은 줄 안다'는 축소판 착각에 빠진 사람들의 다툼은 훨씬 심각할 수 있습니다. 동同 자끼리 언쟁

人 間 人

이 시작되면 볼썽사나운 일이 벌어집니다.

TV 드라마 「응답하라 1994」의 한 대목을 보겠습니다. 순천 출신 해태와 여수 출신 윤진 사이에 시비가 붙는 장면입니다.

해태: 그리고 순천은 전남서 광주 다음으로 큰 도시여! 전남서 두 번째로 큰 도시라고!

윤진: 아야, 니 지금 뭔 소리냐! 참말로 뭣을 잘못 먹었는갑다잉. 전남 제2의 도시는 여수여, 여수. 여수는 인구가 18만이여. 순천은 16만이잖애!

해태: 아니여. 작년에 진작 넘었어야. 시방은 17만 정도 될 걸?

나정: 마산은 40만.

삼천포: 우리는 6만.

서울 친구: 야 이거 봐봐, 시골 애들은 꼭 이렇게 자기 지역 인구를 외우고 다니더라.

해태: 야! 그리고 순천은 교통의 요충지잖애! 아무리 좋은 차, 외제차 이런 거 타면 뭐 한대! 경상도 넘어갈라면 순천을 거쳐야 되는디. 그리고 서울서 광양, 여수, 그런 데 갈라면 순천을 거치지 않고서는 갈 수 없

다 이 말이지!

윤진: 아따. 뭐 하러 차로 간대? 비행기로 가불지. 아아, 순천은 공항이 없지. 공항도 없음시로 무슨 대도시대!

해태: 여수에 백화점 있냐? 하하하하! 하하하하! 야, 어떻게 백화점 하나도 없는디 무슨 대도시래!

여수와 순천뿐이겠습니까? 같은 드라마에 도농 복합 도시 이름을 놓고 사천과 삼천포가 다투는 모습도 나옵니다. 동同 자 들어간 모임이 불필요하다는 뜻으로 오해하지는 마세요. 동同 자를 중심으로 "우리가 남이가!"라며 패를 나누고 자기편에는 특혜를, 반대편에는 불이익을 주는 불공평한 관습을 우려한 것일 뿐입니다.

다시 말씀드리지만, 소통은 끊어 내는 것이 아니라 끌어안는 것입니다. 우리는 점점 넓어져야 합니다. 점점 좁아지면 어떤 일이 일어날까요? '빅토르 안'과 같은 친구들이 점점 더 늘어날 것입니다. 2014년 동계 올림픽에서 러시아 대표팀으로 나와 3개의 금메달을 딴 안현수 말입니다.

동同 자끼리 싸움이 붙으면 남남보다 훨씬 잔인하다는 사실을 잊지 마십시오. 2010년 천안함 침몰 사건과 뒤이은 연평도 포격 사건의 원인은 무엇인가요? 60년이 지나도 끝나지 않은 우리의 내전, 한국전쟁 때문입니다. 역사상 가장 비참한 전쟁들이 다 그렇습니다. 캄보디아의 킬링필드도 그렇고, 보스니아의 인종 청소도 모두 동족끼리의 내전이었습니다.

소통의 마지막 단계는 공유입니다. 두 사람이 계속해서 접속하다 보면 두 사람 사이가 메워질 뿐만 아니라 겹치게 되는데, 바로 그 단계가 공유입니다. 이제 사이는 '내 것'인 동시에 '네 것'이기도 합니다. 이때 비로소 '나'는 사이까지를 포함하여 사회적인 동물, 곧 '인간'이 됩니다. '너'도 마찬가지입니다.

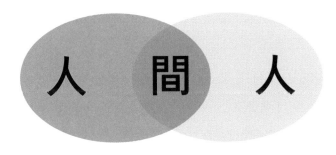

'따로 나눔'에서 '함께 나눔'으로

「응답하라 1994」에서, 경남 삼천포 출신과 전남 순천 출신의 두 학생 이야기를 좀 더 해 보겠습니다. 두 사람은 '신촌하숙'의 한 이불 밑에서 처음 대면하던 순간부터 다투기 시작합니다. 성격이 달라서 참 많이 싸우지요. 그러나 둘 다 촌놈이라는 이유로 록카페에서 함께 푸대접을 받는 등 오래도록 동고동락하며 둘도 없는 친구가 됩니다. 그 후 10여 년이 지나 순천 출신 해태가 이삿짐을 쌉니다.

> 순천: (낑낑대며 이불을 묶으며) 아따! 뭔 놈의 이불이 이렇게 빵빵하대! 몇 년
>
> 을 썼는디도 아직도 쌩쌩하네. 야! 이쪽으로 와서 여기 좀 잡아 봐!
>
> 삼천포: 고마 하나 새로 사라. 요새 누가 이런 이불 덮고 자노?
>
> 순천: 안 돼! 나 이거 없으면 잠 못 자는 줄 너도 알잖애. 잡아!
>
> 삼천포: 근데 이거 내 꺼 아니가? 이거 내 꺼 같은데!

순천: 뭐? 니 꺼였냐? 내 께 아니고?

삼천포: 느그 엄마가 해 준 긴가?

순천: 느그 엄마가 해 줬는 갑다.

삼천포: 몰라! 내 끼 니 끼고, 니 끼 내 껄로 한 몇 년 살다 보니까 내 끼 니 끼 같고, 니 끼 내 꺼 같고, 니 끼 내 끼, 내 끼 니 끼, 내 낀 건가? 니 낀 건 가? 니 꺼 내 꺼, 내 꺼 니 꺼. 인자는 뭐가 내 끼고 뭐가 니 낀지, 내 꺼 니 꺼, 니 꺼 내 꺼. 이제는 하나도 모르겠다. 진짜.

순천: 미친 새끼. 지금 랩하냐? 니 꺼라고? 내 꺼라고?

삼천포: 몰라, 그냥 니 써라!

순천: 진짜? 고맙다. 친구야!

참 재미있는 대사죠. 이 정도 돼야 친구라 할 수 있지 않을까요? 이런 친구가 되려면 과정을 거쳐야 합니다. 독립, 접속, 공유는 원활한 소통을 위한 필수적인 과정입니다. 이 모든 과정을 제대로 겪어 내야 합니다. 이를 방해하는 것이 바로 소통에 대한 착각들이지요. '세상 사람 모두 자기 같은 줄 안다'는 착각에서 벗어나는 시점에서 원활한 소통은 시작됩니다.

공유 단계에서 또 한 가지 기억해야 할 중요한 점이 있습니다. 독립, 접속, 공유에 이르러 두 사람이 통하는 사이가 되었지만, 두 사람은 여전히 독립된 인격체들이라는 사실이 그것입니다. 나만의 영역, 너만의 영역이 따로 존재합니다. 따라서 공유는 소통의 끝이 아니라 또 다른 시작이죠. 서로 공유하는 단계에 있다면 이제 1회전이 끝났을 뿐입니다. 자전거 바퀴가 계속 돌듯이 2, 3, 4… 회전으로 계속 연결되어야 합니다. 이 과정을 통해 두 사람은 점점 더 가까워지겠지만, 완전히 같은 사람이 되는 경우는 없습니다.

소통은 시작은 있되 끝은 없습니다. 독립, 접속, 공유가 끊임없이 반복되는 과정에 또 다른 사람들이 합류하여 더 큰 우리로 발전합니다. 소통이란 살아 움직이는 생명체처럼 계속 변화하는 것입니다. 서로 전혀 모르던 남녀가 만나 계속 교제하다가 결혼하여 우리가 되고, 둘 사이에 자식이 태어나 가정을 이루는 과정과도 비슷합니다. 그 자식이 또 다른 자식을 낳아 대를 이어 가니, 우연으로 시작한 두 사람의 만남은 새로운 역사의 출발점인 셈입니다. 소통도 이처럼 오랜 세월 속에서 바라보아야 하는 일입니다. 또한, 한 라운드를 거칠 때마다 '너'와 '나' 사이가 변해 가는 참 신비스런 일입니다.

조선시대 박영(朴英, 1471~1540) 선생은 『대학大學』을 해설하며 이런 말을 했습니다.

> 얕은 데서부터 깊은 데에 이르고(由淺而至深), 성근 데서 출발해 촘촘하게 된다(由疏而至密). 작은 것부터 큰 것에 도달하고(由小而至大), 거친 데서 나아가 정밀함에 다다른다(由粗而至精). 한 걸음 더 나아가야 한 등급 올라간다(進一步則升一級).

처음부터 큰 욕심 부리지 말고 마주 서는 작은 일부터 시작하세요. 그리고 하루 한 걸음씩만 생각하고 꾸준히 나아가다 보면 생각지 못했던 일이 벌어질 것입니다. 독립, 접속, 공유, 이 3단계는 인간적인 소통을 위한 필수적인 과정입니다. 어느 것도 생략해서는 안 됩니다.

그러나 우리는 너무 조급합니다. 과정 없이 결과를 얻고 싶어 합니다. 많은 사람이 '빨리빨리'를 입에 달고 삽니다. 물건은 서둘러 만들어낼 수 있겠지만, 인간관계는 아닙니다. 쉽게 얻은 것은 쉽게 사라지는 법입니다. 영어 속담에 "Easy come, easy go"라는 말도 있잖아요?

독립, 접속, 공유라는 소통의 3단계를 우리말로 바꾸면 '나눔'이 됩니다. 독립은 '따로 나눔', 접속은 '서로 나눔', 공유는 '함께 나눔'입니다. 소통은 '따로따로' 했던 두 사람이 '서로서로' 다가가는 과정을 거쳐 '둘이 함께'로 나아가는 과정입니다.

요즘 젊은이들에게 꼭 들려주고 싶은 이야기가 있습니다. 애써 공부하고 열심히 준비했지만 취업이 어려워 힘들어하는 젊은이들을 보면 안타까운 마음을 금할 수 없습니다. 연애, 결혼, 출산을 포기했다는 '3포 세대'라는 말을 처음 들었을 때만 해도, '언제 어렵지 않은 적이 있었나?'라며 크게 신경 쓰지 않았던 저입니다. 그러다가 인간관계와 주택 마련을 더해 '5포 세대'라는 말을 들으며, 심각한 문제라 생각하게 되었습니다. 취업과 꿈까지 포기했다는 '7포 세대'라는 말을 들었을 때는 아찔했습니다.

다른 건 몰라도 인간관계는 절대로 포기하지 마십시오. 연애, 취업,

꿈을 이루는 모든 것이 인간관계에서 시작되기 때문입니다. 인간관계만 제대로 풀면 모든 것을 다시 이룰 수 있습니다. 취업을 결정하는 것도 결국 사람입니다. 스펙만 보고 직원을 뽑았다가 낭패 보았다는 회사들이 늘어나고 있습니다. 이제 경영진들은 직원을 뽑을 때 함께 일할 수 있는 소통 능력을 보고 있습니다.

소통 능력은 하루아침에 얻을 수 있는 것이 아닙니다. 충분한 시간을 가지고 정성스레 키워 가야 할 소중한 능력입니다. 먼저, 나 홀로 있는 방에서 나와 사람을 만나십시오. 문을 열고 나가야 해가 보입니다. 문門을 열고 해日를 만날 때 비로소 사이間가 시작됩니다. 인간관계는 작은 용기와 실천에서 시작됩니다.

나름대로 옳다, 혹은 그르다, 쉽게 판단하지 마세요. 오히려 다른 점과 배울 점들을 찾아보세요. 그 뒤에 이어질 놀라운 변화는 어느 누구도 모릅니다. 다만 여러분이 얼마나 시간과 정성을 기울이느냐에 따라 변화의 크기가 달라진다는 것은 틀림없는 진실입니다. 성경은 이렇게 가르칩니다. "저희가 자기로써 자기를 헤아리고 자기로써 자기를 비교하니 지혜가 없도다"(개역개정, 「고린도후서」 10장 12절)

답답한 내 속을 누가 알랴?

혼자만 말 못하고 억울하게 사는 줄 안다

'혼자만 말 못하고 억울하게 사는 줄 안다고? 이건 바로 내 얘긴데'
라고 생각하는 분들이 꽤 있을 것입니다. 바로 그래서 이 또한 착각이라는 점을 입증하는 데 큰 어려움이 없습니다. 우리 사회에는 하고 싶은 말을 하지 못하고 사는 사람이 혼자가 아니라 꽤 많다는 사실만 입증하면 되니까요.

이렇게 쉽게 착각으로 밝혀지는 생각에 공을 들이고 깊이 빠져드는 이유는 뭘까요? '혼자만'이라는 착각이 가슴속에 사무치는 '억울함'을 정당화해 주기 때문입니다. '다른 사람들은 다들 하고 싶은 이야기를 당당하게 하고 사는데, 나 혼자만 이렇게 산다'고 생각하는 것은 열등감에 사로잡힌 전형적인 패자의 모습입니다. 앞에서 살펴본 '삶의 자세'로 분류하면 'Lose & Win'에 해당합니다.

열등감에 사로잡힌 패자는 자기표현을 잘 안 합니다. 할 말을 가슴속에 담아 두고 살아갑니다. 독일의 시인 하인리히 하이네(Heinrich Heine)는 "입에 재갈을 물린 개는 궁둥이로 짓는다"고 했습니다. 소통은 거부할 수 없는 동물의 본능이라는 뜻이죠. 인간은 영원히 입을 다물고 살 수는 없습니다. 평소에 자기표현을 잘 하지 않는 사람들이 일단 입을 열면 폭발하는 것은 그래서입니다. 가슴속에 차곡차곡 쌓아 둔 이야기가 얼마나 많으면 그럴까요? 영문을 알 수 없이 당하는 상대는 당황합니다. '열 길 물속은 알아도 한 길 사람 속을 모른다'는 속담은 이런 데 제격일 것입니다. 상대방은 졸지에 당하게 됩니다. 쏟아지는 말 폭탄 세례에 상처받지 않을 사람은 많지 않거든요.

결국 '혼자만 말 못하고 억울하게 사는 줄 안다'는 착각은 자기표현의 양(量)만 줄이는 게 아니라 질(質)에도 부정적인 영향을 미칩니다. 왜 이 착각에 빠져 사는 사람이 많은지, 대안은 무엇인지 차근차근 살펴보겠습니다.

억눌린 자아의
갑작스러운 표출

하고 싶은 이야기를 거리낌 없이 하느냐, 못 하느냐는 개인적인 차이가 있습니다. 그러나 말 못하고 사는 대표적인 예를 들라면 역시, 대한민국의 전통적인 어머니들일 것입니다. 삼종지도三從之道에 따라 평생을 인고의 세월로 보낸 어머님들이 어떻게 하고 싶은 말을 제대로 하고 살았겠습니까? 오죽하면 시집살이를 '벙어리 삼 년, 귀머거리 삼 년, 장님 삼 년'이라 했을까요? 이에 비해 요즘 젊은이들은 자기 이야기를 비교적 자유롭게 합니다. 그런데 우리 젊은이들의 자기표현을 세계적인 시각에서 보면 어떨까요? 집에서 큰소리치던 녀석들이 선생님이나 직장 상사 앞에서도 여전히 자유로울까요?

자기표현에서 개인차보다 더 큰 영향력이 있는 것은 사회 전반적인 문화와 전통입니다. 대한민국에는 아직도 말 많은 것을 금기시하는 유교 전통이 살아 있습니다. "말로써 말 많으니, 말 말을까 하노라"는 옛

시구가 딱 그렇습니다. 서양에서는 "용기 있는 자가 미인을 얻는다"라며 당당한 고백을 격려합니다. 그러나 우리는 어떻습니까? 서로 좋아했지만, 고백은커녕 시집가기 전날 밤 달을 보고 우는 '갑돌이와 갑순이'에 여전히 가깝습니다.

우리 사회의 자기표현은 매우 얕은 수준입니다. 1977년 세계정신의학계에 처음 보고된 뒤 지속적인 연구를 거쳐 1994년 한국의 고유 정신질환으로 공식 인정받은 병이 무엇인지 아십니까? 다름 아닌 화병입니다. 화병의 공식 명칭은 우리 발음 그대로 'Hwabyung'이며, 문화 결함 증후군의 하나로 분류되어 있습니다.

하고픈 말 못하고 사는 것이 우리의 공통된 자화상이지만, 남녀 간에 차이가 있습니다. 남성들의 경우 '힘들다' 혹은 '겁난다'는 말을 잘 하지 못합니다. 어린 시절부터 '남자는 약한 모습을 보여서는 안 된다'는 교육을 받은 탓입니다. 이를 왕년의 서부 영화 주인공 이름을 따서 '존 웨인John Wayne 신드롬'이라 부릅니다. 과묵한 마초맨의 상징 존 웨인 말이지요. 이 신드롬을 우리 실정에 맞게 번역하면 '모래시계 신드롬'이라고 부르고 싶습니다. 사형장에서 "나 떨고 있냐?"는 말로 최후를 맞이했던 「모래시계」의 주인공 태수를 기억한다면 고개를 끄덕일 것입니다.

IMF나 글로벌 금융 위기 때 회사에서 퇴출당해 속이 타들어 가면서도 아내에게 말도 못 하고, 멀쩡한 모습으로 집을 나와 전철역에서 옷을 갈아입고 산으로 올라가던 사람들이 있었습니다. 이들 모두 모래시계 신드롬의 희생자들입니다. 여성들은 어릴 때부터 '항상 상냥하고 깔끔하며 공손해야 여자다운 여자'라고 교육받습니다. 그래서 직장에서 상사가 부당한 요구를 해도 감히 "노!"라고 뿌리치지 못하고 혼자 끙끙 앓는 경우가 많습니다. 이것이 바로 '천사표 신드롬'입니다.

이제 자기표현의 질質을 살펴보겠습니다. 많은 생각을 가슴에 담았다가 갑작스레 쏟아낼 때는 그 표현이 다분히 공격적일 수밖에 없습니다. 오래도록 참아 온 억울함을 어떻게 부드럽게 표현할 수 있겠습니까?

예를 들어, 여러분이 바쁜 업무에 쫓기고 있는데, 주변에 직장 동료들이 모여 잡담을 나누고 있다고 생각해 봅시다. 여러분은 업무에 집중할 수 없어서 신경이 쓰이지만, '곧 끝나겠지' 하며 기다립니다. 그러나 시간이 지나도 잡담은 끝나지 않고, 여러분은 화가 나기 시작합니다. 이제는 못 참겠다는 순간 드디어 입을 엽니다. 이런 경우 어떻게 말할까요?

"야! 좀 조용히들 할 수 없어?"라고 소리치는 분이 많을 것입니다. 갑작스러운 공격에 동료들은 당황합니다.

"너도 맨날 같이 떠들었잖아! 새삼스레 웬 호들갑이야?"

"야! 사무실에서 좀 조용히 하라는 게 잘못이야?"

"어쭈! 우리 회사 일은 혼자서 다 하는 모양이지?"

이 지경에 이르면 걷잡을 수 없는 감정적 대결로 치닫게 됩니다. 물론, 주위에서 잡담하는 동료들이 잘했다고 할 수는 없겠죠. 그러나 그들은 여러분이 급한 업무에 쫓기고 있는 줄을 몰랐습니다. 평소에 하던 대로 이야기를 나눈 것뿐입니다. 여러분이 공격적으로 쏘아붙인 것이 문제입니다. 여러분은 혼자서 말도 못하고 억울했을지 모르지만, 상황을 따지고 보면 억울해할 일이 전혀 아닙니다. 그런 생각은 대단히 위험한 착각일 수 있습니다. 보이지 않게 숨어 있다가 사소한 충격에 폭발해 주위 사람들에게 상처를 입힌다는 점에서 지뢰와도 같은 착각입니다.

자기표현의
양과 질을 확보하기

제대로 된 자기표현은 '나사못 풀기'와 비슷합니다. 나사못을 풀 때 중요한 두 가지 포인트는 바로 방향과 속도입니다. 나사못을 풀 때는 '밖으로' 돌려야 합니다. '안으로' 돌리면 점점 더 잠깁니다. 또한 '천천히' 돌려야 풀립니다. 급한 마음에 잡아 빼면 나사못은 망가질 수 있습니다. 나사의 결에 따라 자연스레 천천히 돌리다 보면, 거의 자동으로 빠르게 풀린다는 점을 기억하십시오.

'밖으로 천천히' 풀어내는 방식을 영어로는 '에볼루션evolution'(前向)이라고 합니다. 진화하듯 앞으로 나아가되 서두르지 않는다는 뜻이지요. 반대로 '안으로' 돌려 잠그는 것은 '인볼루션involution'(退行)입니다. 벙어리 냉가슴 앓듯 속마음이 얽히고설키는 경우가 바로 그것입니다. '밖으로'라는 방향은 자기표현의 양을 확보하는 원칙이고, '천천히'라는 속도는 질을 담보하는 기준입니다.

자기표현의 양量을 확보하려면 먼저 자기가 하고 싶은 이야기를 입 '밖으로' 내놓아야 합니다. 무엇보다 자기 건강을 위해 그래야 합니다. 임금님의 머리를 손질한 이발사가 아무에게도 말하지 못하고 참다 참다, 결국 옥수수밭에 구덩이를 파고는 "임금님 귀는 당나귀 귀!"라고 외쳤다는 이야기를 생각해 보세요. 세상에 비밀은 없다는 교훈을 담은 이야기이지만, 놀라운 비밀을 알고도 오래도록 말하지 못한 이발사의 심정을 헤아려 볼 수 있지 않습니까? 혼자 끙끙 앓았을 그는 요즘 식으로 표현하면 과도한 스트레스에 시달린 셈입니다.

털어놓지 못한 이야기를 가슴에 지니고 사는 것은 무거운 짐을 지고 걷는 것처럼 힘겨운 일입니다. 많은 에너지가 소모되는 일이기도 하고요. 비밀이 많은 사람은 불필요한 에너지를 많이 소모한 탓에 생기가 없습니다. 반면에 자기표현을 제대로 하는 사람들은 활기가 넘쳐 다른 사람까지 기분 좋게 만듭니다.

1999년 노벨 문학상을 수상한 독일의 귄터 그라스Gunter Grass는 『양파 껍질을 벗기며』라는 자서전에서, 자신이 17세에 히틀러의 나치 무장 친위대에 징집당해 복무한 사실을 고백했습니다. 세계적인 작가가 "나는 한때 나치의 일원이었다"는 사실을 고백하기란 결코 쉬운 일이 아닙니다. 이처럼 당당하게 자기를 표현하는 것은 때로는 가슴 떨리는 일일 수 있습니다. 그러나 정신적 · 육체적 건강을 위해 반드시 풀어야 할 숙제입니다. 성경은 이렇게 이야기합니다. "내가 토설치 아니할 때에 종일 신음하므로 내 뼈가 쇠하였도다."(개역한글, 「시편」 32편 3절)

가슴속에 꽁꽁 담아 둔 것은 말이 아니라, 감정일 때가 많습니다. 특히 여성의 경우, "꼭 말로 해야 아나?"라며 주위 사람들에게 서운해하는 분이 많은 것 같습니다. 뒤에서 다시 말씀드리겠습니다만, 남성과 여성은 참 많이 다릅니다. 남성들은 대부분 미묘한 여성들의 감정을 말하지 않아도 알아챌 만큼 그리 민감하지 않습니다.

하수구에 물이 잘 안 내려가서 하수구 뚜껑을 열어 보면 머리카락이 엉켜 있는 경우가 많지요? 작은 머리카락도 한 올 한 올 모여 뭉치면 물길을 막습니다. 마찬가지로, 하고픈 이야기를 가슴속 깊은 곳에 꽁꽁 묻어 두면 말길이 막힙니다. 성경은 이렇게 충고합니다. "분을 내어도 죄를 짓지 말며, 해가 지도록 분을 품지 말라"(개역한글, 「에베소서」4장 26절). 분노는 그날그날 해결하는 것이 좋습니다.

하버드 대학교 총장을 역임했던 제임스 코넌트James Bryant Conant는 "목을 내밀 때만 전진하는 거북이를 보라"는 명언을 남겼습니다. 거북이는 두꺼운 껍질 안에 숨어 있을 때 안전은 확보하겠지만, 앞으로 나아갈 수 없습니다. 목을 내밀어 자신을 드러내는 위험을 부담할 때만 전진할 수 있습니다. 용기 있는 사람들만 앞으로 나아가는 축복을 누릴 수 있습니다.

입을 열어
생각을 전하는 법

미국 버지니아 폴리테크닉 주립 대학교에서 총기 난사 사건을 일으킨 조승희를 기억하시나요? 여덟 살에 부모를 따라 미국에 이민한 조승희는 영어가 서툴렀던 탓에 미국 아이들과 잘 어울릴 수 없었습니다. 조승희는 원래부터 난폭한 아이가 아니었습니다. 오히려 조용하고 내성적인 아이였습니다. 범행 동기를 분석한 보도에 따르면, 그는 늘 외톨이로 혼자 방 안에서 지내면서 악마를 키웠다고 합니다. 전형적인 퇴행성 '인볼루션involution'이지요.

사건이 있던 날 그는 두 정의 권총을 소지하고, 우선 기숙사에서 두 명을 총으로 쏘아 죽였습니다. 두 시간 반 뒤에는 수업 중이던 강의실 몇 곳을 오가며 무차별적으로 총을 난사했습니다. 결국, 60명 이상의 사상자를 낸 후 그는 자살하고 말았습니다.

이 사건 뒤에, 당시 한인 학생회 지도를 맡고 있던 하동삼 교수는

163명 한인 대학원생들에게 다음 글이 포함된 이메일을 보냈습니다.

> 한국인이 보복이나 해를 입을지도 모른다는 막연한 걱정을 털어 버려야 한
> 다. 오히려 우리의 손길과 따뜻한 마음을 이번 사건으로 고통받고 있는 사람
> 들에게 내밀어야 한다. 한국인으로서 자부심을 느끼고 바르게 행동하면 다
> 른 사람들도 우리를 존경할 것이고, 비겁하게 행동하면 다른 사람들도 우리
> 를 그에 걸맞게 대할 것이다.

메일의 제목은 "우리는 자랑스러운 한국인"이었습니다. 한국 학생들
끼리 모여 한숨을 쉬는 움츠러든 모습을 보이지 말고, 밖으로 나가 다
른 사람을 만나 위로의 말을 건네는 용감한 모습을 보여 달라는 메시지
였습니다. 같을 동同 자 밖으로 나가고, 입 밖으로 내보내야 '에볼루션'
입니다. 그 밑바탕에는 어떤 순간에도 잃어서는 안 되는 용기와 자부심,
즉 자신감이 자리하고 있습니다.

"입을 열어 네 생각을 전하라"는 것이 곧, "생각나는 대로, 맘대로, 말
하라"는 뜻은 아닙니다. 입은 열어야 하지만 '제 맘대로' 떠들어 대는 것
은 인간관계를 망치는 지름길입니다. 자기표현의 질을 확보하기 위한
기준은 무엇인가요? '천천히'라는 속도임을 앞에서 보았습니다. '천천
히' 하라는 것은 말하는 속도를 느리게 하라는 뜻이 아닙니다. 너무 빨
리 가까워지려고 무리하지 말라는 이야기입니다.

우리는 너무 서두르는 경향이 있습니다. 우리 부서에 새로운 직원이

오면 친해지려고 회식을 하죠. 이때 빨리 친해지려고 사용하는 무기가 폭탄주입니다. 술기운에 만나자마자 온갖 이야기를 다 해서 금방 친해지는 사람도 있겠지요. 그러나 다음 날 아침에 일어나 "내가 미쳤지"라며 후회하는 사람도 있습니다. 과연 어느 쪽이 더 많을까요?

제발 서두르지 마세요. 처음에는 서로에게 부담 없이 밝고 가벼운 이야기부터 시작하세요. 서로 가까워지면 무겁고 어두운 이야기도 할 수 있게 됩니다. 제대로 된 자기표현의 핵심은 '적절함'에 있습니다. 시간, 장소, 경우에 맞춰 이야기해야 합니다. 이를 보통 'TPO(time, place, occasion)'라고 하며, TPO에 전혀 맞지 않는 이야기를 '망언妄言'이라고 합니다. 터무니없는 망언으로 곤욕을 치르는 사람들이 있습니다. 인간다운 소통을 위해 쓰여야 할 SNS를 감정의 하수구로 만들어 버리는 커맹들이 그렇습니다.

충북의 한 아파트 엘리베이터 안에 "12층에 이사 왔어요"라는 제목의 벽보가 붙었습니다. 며칠 전 이사 온 일곱 살 꼬마 준희가 새로 만나게 될 이웃들에게 올린 첫인사였습니다. 준희는 벽보에서 "12층에 이사 왔어요. 자기소개입니다. 힘세고 멋진 아빠랑 예쁜 엄마와 작하고 깜찍한 준희, 귀여운 여동생 지민, 저희는 16일 날 이사 왔어요. 새해 복 많이 받으세요. 1206호 사는 준희 올림"이라고 적었습니다. 이에 많은 주민이 준희의 벽보에 댓글을 달아 훈훈함을 더했습니다. 한 주민은 포스트잇에 "준희야, 이사 와서 반가워. 앞으로 보면 인사하고 지내자. 항상 웃는 얼굴로. 605호"라는 답글을 달았습니다.

'12층에 이사 왔어요'라는 벽보에 붙은 댓글들

　같은 아파트에 살면서 가끔 얼굴을 마주치는 두 사람이 한 엘리베이터에 탔습니다. 좁은 공간에 함께 있으면, 당연히 부자연스럽겠죠. 이때 누군가 먼저 인사하면 분위기가 바뀝니다. 거창하게 자기를 소개할 필요도 없고 가벼운 목례 정도면 됩니다. 다음에 만나면 인사받은 사람이 먼저 인사하지 않겠습니까? 인사야말로 가볍고 밝은 대표적인 소통입니다. 이렇게 시작하여 이웃사촌이 됩니다. 가까운 이웃으로 함께하고픈 마음은 누구나 마찬가지라고 믿습니다. 먼저 시작하는 사람만 있으면 됩니다.

　'미안해' '고마워' '사랑해'라는 말을 자주 입에 담자는 취지의 '미고

사' 캠페인이 있었습니다. 그런데 서양에서도 이런 캠페인이 필요할까요? 서양 사람들은 '아임 쏘리' '익스큐즈 미' '아이 러브 유'를 입에 달고 삽니다. 아침에 일어나자마자 "잘 잤니?"라고 먼저 인사해 보세요. 집안 분위기가 바뀝니다. 이런 분위기가 이어지면, 어렵고 힘들 때도 서로에게 힘이 되는 소통을 할 수 있습니다.

"인사도 서로 알아야 하는 것이지"라고 주장하는 분들에게 이렇게 묻고 싶습니다. "어떻게 해야 알게 되나요?" 인사부터 해야 알 것 아닙니까? '닭이 먼저냐? 달걀이 먼저냐?'는 식의 논쟁은 최소한 소통에서는 부질없는 일입니다.

"그러므로 무엇이든지 남에게 대접을 받고자 하는 대로 너희도 남을 대접하라"(개역개정, 「마태복음」 7장 12절)고 성경은 말합니다. 우리는 '남에게 대접받은 대로 나도 남을 대접한다'는 원칙이 있는 것 같습니다. 절대로 손해는 보지 않겠다는 이야기죠. 수동적인 대응형입니다. 그러나 위의 성경 구절은 '남에게 대접을 받고자 하는 대로 너희가 먼저 남을 대접하라'는 능동적인 주도형입니다. 요즘 심심찮게 일어나는 아파트 층간 소음 문제도 마찬가지입니다. 내가 먼저 손을 내밀고, 먼저 사과하는 주도적인 소통을 실천한다면 살인까지 불러오는 일은 없을 것입니다.

한원태 씨라고 방송에도 나오고 유명한 분이 계십니다. 한 은행의 출장소에서 용역 청원경찰이라는 신분으로 고객 돈 300억 원을 유치하는데 큰 공을 세운 전설적인 인물입니다. 그 출장소는 단번에 지점으로 승격되었고, 한원태 씨는 고객들의 자발적인 서명으로 정직원이 되었습니다. 지극히 이례적인 사건이었지요. IMF 금융위기로 온 나라가 침울한 때 이 소식은 전파를 타며 많은 국민에게 희망을 안겨 주었습니다. 이분의 이야기는 여러 방송과 책으로도 널리 알려졌지요. 한원태 씨는 성공 비결을 회상하며 이렇게 털어놓았습니다.

"사람들이 원하는 것은 단지 대화였습니다. 관심과 대화요."

은행 직원들이 마치 뒷짐 진 선비처럼 행동하던 시절, 그는 낮은 자세로 고객들을 대했습니다. 가식적인 친절인지 마음에서 우러나온 친절인지는 고객들이 먼저 알아본다고 그는 말합니다. 처음 청원경찰을 할 때 그 역시 어려움이 많았더군요. 인상이 무섭고 딱딱해서 은행을 찾은 아이들은 그를 피해 다녔다고 합니다. 그러던 어느 날, 불시 감사에서 좋지 않은 평가가 나왔답니다. 그때 그는 지점장의 진심 어린 충고를 듣고는 마음가짐을 바꾸었습니다.

한원태 씨는 터지지 않는 말문을 억지로 떼 가며 고객들에게 먼저 인사하기 시작했습니다. 몸이 불편한 노인이나 바쁜 직장인을 위해 예금 업무를 대신해 주는 것은 물론이었고, 동네 무의탁 노인을 찾아가 말벗이 되어 주기도 했습니다. 한 번 만난 고객은 이름과 인적 사항을 꼼꼼히 기록했고, 은행 상품은 모든 종류와 특징을 외워서 언제나 바로 답할 수 있도록 준비했습니다.

몇 년을 그렇게 했더니 기적이 벌어졌습니다. 은행 고객들이 모두 약속이라도 하듯 청원경찰인 그의 앞에 줄을 선 것이죠. 결국 지점 수탁고 500억 원 중 300억 원이 그가 유치한 돈으로 채워졌습니다. 고객들이 집단으로 은행에 탄원서를 써 주어서 용역직인 그가 정직원으로 승격되는 놀라운 일이 벌어졌습니다. 여기저기서 스카우트 제의가 이어졌고 강연 요청도 빗발쳤습니다.

놀라운 인생 역전 아닌가요? 불시 감사에서 좋지 않은 평가를 받은 후 한원태 씨의 인생에 큰 변화가 시작되었습니다. 그는 먼저 고객에게 인사하기 시작했고, 그다음은 차근차근 고객 만족을 위한 일들을 늘려 갔습니다. '에볼루션'에 '에볼루션'을 거듭해 마침내 정직원이 되었습니다. 그러나 그 과정이 순탄치만은 않았습니다. 애초부터 불가능한 도전이었습니다.

지점장은 500장의 탄원서를 가지고 새벽부터 행장 집 앞에서 기다렸습니다. 그는 출근길에 나선 행장 앞에 무릎을 꿇고는, "한원태 씨를 정직원으로 발령 내 주지 않으시면 저는 지점장 노릇 못 합니다"라며 간곡히 호소했습니다. 행장은 긴급회의를 소집하여 인사 규정을 바꾸었습니다. 대학 졸업장이 없으면 애초에 입사원서도 낼 수 없었거든요.

'에볼루션'에 '에볼루션'을 거듭한 끝에 레볼루션revolution, 즉 혁명이 일어났습니다. 이 놀라운 변화의 원천은 어디에 있나요? '이래서는 안 되겠다. 바꿔야겠다. 아무리 힘들더라도!'라는 그의 결단에 있습니다.

당당한 자기표현,
어떻게 하는가?

좀 더 구체적으로, 자기표현의 질을 높이려면 '주어'를 바꿔야 합니다. 단순히 바꾸는 정도가 아니라 뒤집어엎어야 합니다. 예를 들어, 밤이 늦도록 돌아오지 않는 딸을 기다리는 어머니 심정을 생각해 봅시다. 화가 나겠죠. 전화를 걸어도 통화는 안 되고 시간은 자정을 지났습니다. 이제 걱정이 앞섭니다. 비로소 딸이 돌아왔습니다. 이런 경우 보통 어떻게 말하나요?

"어딜 쏘다니다가 이제 들어오는 거야? 지금 몇 신지 알아? 요즘 세상 얼마나 험한지 몰라? 도대체 정신이 있어, 없어?"라는 식으로 쏘아붙이는 분이 적지 않을 것입니다. 그러나 피치 못할 사정으로 늦은 딸의 입장에서 생각해 보세요. 그렇지 않아도 '엄마가 걱정할 텐데…'라며 발걸음을 재촉해 달려오는 길이었거든요. 왜 늦었는지, 왜 통화가 안 되었는지 한마디 묻지도 않고 그냥 퍼붓는 엄마에게 열 받아 이렇게 되받아칠지도 모릅니다. "아니, 엄마는 내가 사고당하길 기다린 거야, 뭐야?" 이 정도면 본격적인 모녀대전을 피할 수 없을 것입니다. 서로를 걱정했던 모녀가 다투게 된 원인은 무엇일까요? 어머니의 자기표현에 문제가 있습니다. "어딜 쏘다니다가…"에서부터 "정신이 있어, 없어?"까지 네 문장에서 생략된 주어는 무엇입니까? 바로 '너'입니다.

'내' 생각과 느낌의 주인은 '너'가 아닌 '나'입니다. 제대로 된 자기표현은 '나'를 주어로 해야 합니다. 같은 말이라도 '너'를 주어로 하는 경우 공격, 비난, 혹은 잔소리가 되기 쉽습니다. 그러나 '나'보다는 '너'를 주어로 말하는 사람이 훨씬 많습니다. 주변에서 잡담하는 동료들에게 "야! 좀 조용히들 할 수 없어?"라고 소리쳐 다투게 된 직장인의 경우도 마찬가지입니다.

'나를 주어로 하는 문장(I sentence)'으로 바꾸려면 3단계를 거쳐야 합니다. 첫째, 상대의 행동을 객관적으로 기술합니다. "네가 자정이 넘도록 연락도 없이 안 들어오니까"라는 식으로 말합니다. 그럼 딸아이는 '아, 그렇지. 이유야 어찌 됐건 연락 없이 안 들어온 것은 사실이지'라고 생각하게 될 것입니다. 첫 단계의 객관적 기술은 뒤에 이어질 부탁을 받아들이도록 유도하는 마음의 준비 단계입니다. 이때 중요한 것은 "무책임하게 아무 연락도 없이"라는 식의 주관적인 평가를 넣어서는 안 된다는 점입니다. "내가 무책임하다고? 무슨 일이 있었는지 알지도 못하면서…"라는 반발심을 불러일으킬 수 있습니다. 객관적인 사실만 이야기하세요.

두 번째 단계에서는 상대의 행동이 내게 미친 영향과 느낌을 말합니다. "내가 잠을 잘 수가 없어. 온갖 생각이 다 든다고!"라고 말합니다. 이 얘기를 들을 때 딸은 미안한 생각이 들 것입니다. 이제 세 번째 단계, 구체적인 부탁을 할 차례입니다. "제발 일찍 좀 다녀라. 그리고 늦으면 전화라도 해야지!" 이렇게 어머니가 '나'를 주어로 자신을 표현하면 딸도 자기 이야기를 합니다. "이런저런 일로 늦었는데, 엄마가 걱정할 줄 알았어. 전화하려고 했는데 마침 배터리가 떨어졌잖아. 미안해! 다시는 이런 일 없도록 할게."

이런 대화라면 모녀대전 대신 서로의 깊은 정을 확인할 수 있을 것입니다. 나아가 처음 의도했던 대화의 목표도 이루게 됩니다. '나'를 주어로 이야기하는 것은, '내 생각은 여기까지'임을 밝혀 자신의 한계를 보여 주는 것이고, 그럼으로써 상대의 몫을 인정한다는 열린 소통을 의미합니다. 이는 상대의 자기표현을 끌어내는 능동적인 소통입니다.

자기표현의 주어를 '너'에서 '나'로 뒤집기만 해도 우리의 소통은 크게 달라질 것입니다. 그러나 'I sentence 3단계 기법'이 완성형은 아닙니다. 보완해야 할 점은 뒤에서 말씀드리기로 하고, 'I sentence'에 담긴 또 다른 의미를 살펴보겠습니다. 'I sentence'는 '나'를 주어로 전면에 내세운 만큼 자기 발언에 대한 책임 소재를 분명히 하는 성실한 소통입니다.

얼마 전 TV에서 본 내용입니다. 리포터가 명동에서 한 여성에게, "어떻게 명동에 나오셨나요?"라고 물었습니다. "구두 하나 사러 나온 것 같아요"라는 대답에, 리포터가 "지금 기분이 어떠세요?"라고 물었더니 "좋은 것 같아요"라고 했습니다.

이 대답, 좀 이상하지 않나요? 마치 남의 이야기 하듯 말하고 있는데, 요즘 유행하는 말로 유체이탈 화법입니다. 자기주장이 강하다는 젊은이들마저, "감사합니다"라고 말하는 대신 "감사의 말씀을 드리고 싶습니다" 혹은 "감사의 말씀을 드리겠습니다"라는 식으로 에둘러 말하며 자꾸 뒤를 흐립니다. 대체 왜 그런 걸까요? 이런 표현은 도대체 어디서 배운 걸까요?

유체이탈 화법의 결정판은 광복 70주년 하루 전인 2015년 8월 14일 일본 총리 아베의 입에서 나왔습니다.

"우리나라(일본)는 앞선 전쟁에서 한 일에 대해 반복해서 통절한 반성과 마음으로부터의 사죄를 표명해 왔습니다."

누가 이를 진심 어린 사죄로 받아들이겠습니까? 아베 총리는 '나'를 주어로 이야기하지 않았습니다. '우리나라'라는 불분명한 주어를 사용했습니다. 시제 또한 과거입니다. 'I sentence 3단계 기법' 가운데 1단계, 즉 사실 관계만을 이야기했을 뿐입니다. 종전 70년을 맞는 오늘 이 자리에 선 자신의 느낌은 전혀 언급하지 않았습니다. 그것은 비겁한 소인배의 말장난일 뿐입니다. 가슴 없이 입으로만, 진심 없이 스킬로만 하는 소통의 한계를 여실히 보여 주었습니다. 1995년에 발표한 무라야마 담화와 비교해 보십시오.

"식민지 지배와 침략으로 아시아 제국의 여러분에게 많은 손해와 고통을 주었습니다. 의심할 여지 없는 역사적 사실을 겸허히 받아들여 통절한 반성의 뜻을 표하며 진심으로 사죄합니다."

자기표현이 당당하지 못한 것은 우리도 크게 다르지 않습니다. 특별히 직장에서 자기가 알고, 느끼고, 혹은 믿고 있는 것을 거침없이 말하는 사람은 철없는 사람으로 취급받기 일쑤입니다. "모난 돌이 정 맞는다"는 이야기를 마치 대단히 지혜로운 처세인 양 신봉하는 사람들이 꽤 많습니다. 소신 발언으로 손해 본 사람들이 적지 않은 것 또한 부인할 수 없는 현실입니다.

'후츠파chutzpah'라는 단어를 들어 보셨나요? '후츠파'는 히브리어로 '뻔뻔함' '담대함' 혹은 '저돌성' 등을 의미합니다. 오늘날 후츠파 정신은 형식과 권위에 얽매이지 않고 끊임없이 질문하고 도전하며, 때로는 뻔뻔할 만큼 자신의 주장을 당당히 밝히는 이스라엘 특유의 도전적 문화를 뜻합니다.

이스라엘의 국토 면적은 한반도의 10분의 1 정도밖에 안 됩니다. 국토의 60%가 사막이고, 인구는 800만 명에 불과하여 내수 시장도 작습니다. 그러나 IT, 생명공학, 의료 등 하이테크 기업은 연간 700여 개가 새로 생겨나고 있는 추세입니다. 인구 1만 명당 기업 1.14개꼴로 창업 밀도startup density 면에서 세계 최고 기록입니다. 서울대학교의 절반 규모인 히브리 대학교에서 벌어들이는 연간 특허료는 1조 원이고, 바이츠만 과학연구소의 특허를 상용화해 이스라엘 기업들이 벌어들이는 매출액은 연간 200조 원에 이릅니다. 놀라운 창조 경제의 현장 아닌가요?

이스라엘에 하루가 다르게 새로운 기업들이 들어서고 창업 열풍이 뜨거운 것은 역설적으로 '부족함' 때문입니다. 이스라엘은 1년 강수량이 한국의 3분의 1 수준인 400밀리미터에 불과합니다. 심지어 중동 국가임에도 석유가 나오지 않는 자원 빈국입니다. 이들이 적대적인 이슬람 국가들에 둘러싸인 열악한 자연환경에서 살아남아 번영을 누릴 수 있는 비결은 무엇일까요? 바로 후츠파 문화입니다.

이스라엘에서 새로운 프로젝트를 시작하기 위해 회의를 한다고 칩시다. 이들은 언제나 치열한 토론을 거친 뒤라야 결론에 도달합니다. 모든 참석자의 지혜가 총동원된 결론인 만큼 성공 가능성도 큽니다. 설사 실패하더라도 다른 사람을 탓하지 않습니다. 회의 석상에서 자기 의견을 펼칠 충분한 기회가 있어서 그렇습니다. 성공의 기쁨도 실패의 아픔도 모두 함께할 수 있는 이유입니다. 그러니 동고동락하는 공동체라고 말할 수 있습니다. 이런 공동체 정신이 모여 후츠파라는 문화가 탄생했습니다.

우리나라라면 어떨까요? 치열한 토론이 이뤄지는 회사요? 좀처럼 찾아보기 어렵습니다. 좋은 아이디어가 있어도 식급이 낮으면 쉽게 말을 꺼낼 분위기가 아닙니다. 본인의 생각과 다른 결론으로 회의가 끝나면, 기분이 꿀꿀하겠죠. 포장마차에서 소주를 들이켜며 "이번 프로젝트는 안 돼! 안 된다고! 성공하면 내 손에 장을 지진다!"라며 큰소리를 칩니다. 예상대로 실패하면 "그것 봐, 내가 안 된다고 했잖아!"라며 마치 축하할 일인 양 통쾌해 할 것입니다. 그런 직원은 집으로 돌아가는 길이 즐거울까요? 축 늘어진 어깨, 비틀거리는 발걸음, 어두운 표정, 전형적인 패자loser의 모습일 겁니다.

앞에서는 말 한마디 못하고 뒤에서 수군대는 패자의 대열에 합류하지 마세요. 정보사회는 부지런한 손발보다 똑똑한 두뇌를 요구합니다. 어떤 천재도 여럿이 함께 나눈 지혜를 당할 수 없습니다. 요즘 말로 집단지성集團知性이 필요한 때입니다. 이 시대에는 건강하고도 격렬한 토론이 필요합니다. 적당히 살아남으려고 입을 막지 마십시오. 그건 시대정신에 역행하는 부당한 일이고, 시효가 지난 사이비 처세술에 불과합니다. "생각하는 대로 살지 못하면, 사는 대로 생각하게 된다"는 말도 있지 않습니까? 이를 소통에 대입하면 "생각하는 대로 말하지 못하면, 할 말이 생각나지 않게" 됩니다.

생각은 서로 연결되어 떠오릅니다. 연상 작용이라고 하잖아요? 아무리 좋은 샘도 퍼 올리지 않으면 마르는 법입니다. 마찬가지로, 가슴 깊이 묻어 둔 생각은 시간이 지나면 쓸모없는 것이 되고 맙니다. 이런 일이 거듭되면 하고 싶어도 할 말이 생각나지 않습니다. 할 말이 없는 사람은 결코 리더가 될 수 없을뿐더러, 아무 생각 없이 시키는 대로 따르는 패자의 길을 피할 수 없을 것입니다.

놀라운 아이디어가 단번에 떠오르는 법은 없습니다. 자꾸 말하고, 함께 논의를 거듭하다 보면 자연스럽게 뛰어난 아이디어라는 결실이 생깁니다. 노벨상 수상자들의 수상 소감에 한결같이 등장하는 비결은 다른 연구자들과 나눈 대화임을 기억하십시오.

당당히 자신을 표현하려면 요즘 유행하는 표현으로, '미움받을 용기'가 필요합니다. 미움받을 용기는 '자신에게 사랑받기 위한 용기'이기도 합니다. 한 사람, 한 사람의 체력이 모여 국력이 되듯이, 한 사람, 한 사람의 삶의 자세가 모여 문화가 됩니다. 소통이 없으면 공동체도 없습니다(Without communication, without community). 공동체가 없으면 문화도 없습니다(Without community, without culture). 뒤집어 보면 우리의 과제가 보입니다. 주도적인 자기표현이 있어야 공동체가 만들어지고, 공동체가 있어야 문화가 생겨납니다. 일단 자유롭게 토론하는 문화가 형성되면, 그다음부터는 쉽습니다.

자기표현과 공동체, 그리고 문화는 서로 영향을 주고받으며 돌고 돕니다. 그 출발점은 가슴 깊숙한 곳에 있는 '미움받을 용기'이고요. 이견異見을 용납하지 않는 권위적인 풍토를 성토하는 것은 그다음 일입니다.

이제 우리 가정에서부터 저녁 식사하면서 자유롭게 토론하는 분위기를 만들어 봅시다. 선생과 학생 사이에도 일방적인 지식 전달이 아니라 치열하게 토론할 수 있는 문화를 만들어 봅시다. 그 첫걸음은 손을 들고 질문하는 것입니다. 그런 문화가 있을 때 비로소 '학문을 논한다'고 말할 수 있을 것입니다. 부모와 교수의 권위는 꼭 필요하지만, 권위적이어서는 안 됩니다.

문화는 사람이 만들었으니 사람이 고칠 수 있습니다.

철옹성도 무너뜨린
부드러운 자기표현

'노량진녀'라고 들어 보셨나요? 예비교사였던 한 여성의 끈질긴 노력이 마침내 철옹성 같던 정부를 움직여 변화를 끌어낸 이야기가 있습니다. 그 주인공이 바로 노량진녀, 차영란 씨입니다. '데이트 신청'이라는 톡톡 튀는 문구로 교육과학기술부 앞에서 장관 면담을 요구하는 시위를 벌여서 한때 유명했지요. 중·고교 공통 사회 교사 임용시험을 준비하던 차영란 씨는 시험 한 달 전에 이 과목 교사를 한 명도 뽑지 않는다는 발표를 들었습니다. 추석 때 고향에도 가지 않고 시험 준비를 했는데, 그 소식을 듣고 실망하지 않을 수 없었겠죠. 그러나 차 씨는 주저앉지 않았습니다. 그녀는 서울 노량진 학원가에서 시험 한 달 전에 정원을 공개하는 현행 제도의 문제점을 알리는 서명운동을 시작했습니다.

차 씨는 교육과학기술부 주최 공청회에 참석해 제도를 바꿔 달라고 호소도 하고, 임용고시 준비생들에게 연설을 하며 서명 운동을 벌이기

©차영란. 정부서울청사 후문 앞 시위 모습

도 했습니다. 서명에 동참한 인원이 3,500명을 넘어서며 네티즌들로부터 '노량진녀'라는 별명을 얻었지요. 그래도 변화가 없자 서울 세종로 정부서울청사 후문 앞에서 '이주호 장관님, 러브레터 받아 주세요'라고 쓴 피켓을 들고 1인 시위를 벌였습니다. 데이트 신청을 받은 이 장관은 1인 시위가 시작된 지 1시간여 만에 차 씨를 만나 "내년 임용시험부터는 6개월 전에 정원을 발표하는 사전예고제가 가능하다"고 약속했습니다. 당당하면서도 부드러운 자기표현으로 변화를 끌어낸 멋진 사례가 아닐 수 없습니다.

이제 'I sentence 3단계 기법'의 보완점을 살펴보겠습니다. 앞에서 말씀드린, 밤늦게 귀가한 딸과 엄마의 대화를 예로 들겠습니다. 모녀의 대화는 '너'를 주어로 하여 감정 대립으로 끝날 수도 있고, '나'를 주어로 하여 화기애애하게 막을 내릴 수도 있습니다. 어떤 경우든 딸은 궁금증이 남을 것입니다. "우리 엄마, 너무 과민한 것 아닌가?" "날 아직도 어린애로 보는 건가?" 혹은 "앞으로 계속 이러면 곤란한데…"식의 걱정을 할 수 있겠죠.

이런 딸의 궁금증은 '도대체 왜?'에 관한 것입니다. 'I sentence'가 '어떻게how'에 관한 기법이라면, '왜why?'는 좀 더 근본적인 원인에 해당합니다. 그 근본 원인은 어머니가 말한, "내가 잠을 잘 수가 없어. 온갖 생각이 다 든다고!"라는 불안감 밑에 숨어 있습니다.

감정을 표현한다는 것이 쉬운 일은 아니지요. 섣불리 감정을 표현했다가 낯을 붉히게 되는 경우가 많기에, 감정 표현을 어려워합니다. 근본적으로 감정에 대해 잘 모르기에 그렇습니다. 모르면 두려운 법이지요. 감정에 대해 차근차근 말씀드리겠습니다만, 먼저 여러분이 가지고 있는 감정에 대한 '감정'을 푸십시오.

'감정!'이라고 하면 무슨 생각이 드십니까? "감정 있다" 혹은 "감정을 풀자"라고 할 때 감정은 온통 부정적인 의미뿐입니다. 그러나 감정 자체가 나쁜 것은 아니죠. 사랑, 감사, 그리움 등 좋은 감정도 얼마든지 있습니다. 문제는 감정이 아니라 '감정적'인 데 있습니다. 감정을 제대로 표현하지 못하면, 감정적이 됩니다.

인간의 감정은 간단하지 않을뿐더러, 아주 복잡합니다. 온 마음이 한 가지 감정으로 꽉 채워지는 경우는 거의 없습니다. 대부분 여러 감정이 섞여 있습니다. 여러분이 많은 사람의 축하를 받는 경사스러운 날이라고 칩시다. 그때 여러분은 100% 기쁘기만 할까요? 문득 '이 행복이 계속되어야 할 텐데…'라는 염려도 들지 않겠습니까? 이를 '일말의 불안감이 엄습했다'고 표현하죠. '일말'이란 크지는 않지만 무시할 수 없다는 뜻입니다. '엄습'은 불시에 공격을 당해서 막을 도리가 없다는 뜻이고요. 기쁨에 불안감이 동반되는 것은 자연스러운 현상입니다.

세월호 참사에서 살아남은 학생들이 두 달여 치료를 마치고 학교에 복귀하면서 글을 발표했습니다. 그 가운데 복잡한 감정을 표현한 부분을 인용해 보겠습니다. 이것이 자연스러운 인간의 감정입니다.

> 저희는 요즘 여러 감정이 순간순간 한 번에 튀어나올 때가 많습니다. 눈물을 쏟다가도 배를 잡고 웃을 때가 있고, 갑자기 우울해졌다가도 금방 웃기도 합니다. 혹시 거리에서 웃고 떠들고 장난치는 저희를 보시더라도 너무 이상하게 생각하지 말아 주세요.

감정의 두 번째 특징은 다단계 구조로 되어 있다는 점입니다. 화가 났을 때를 예로 살펴보겠습니다. 남편이 새벽까지 술을 마시다 고주망태가 되어 들어왔습니다. 이때 아내가 바가지를 긁는 것은 자연스러운 일이죠. "아니, 이게 무슨 짓이에요? 여기가 하숙집인 줄 알아요?"

이렇게 바가지를 긁는 아내 마음은 100% 분노일까요? 아닙니다. 분노 아래 남편에 대한 실망과 쓰라린 아픔이 있습니다. "애들 보기 부끄럽지도 않아요?"라는 책망 아래는 '저, 성질 급한 양반, 꽥 소리 지르고 나가 버리면 어떡하지?'라는 불안과 두려움이 있습니다. 그런 불안과 두려움 아래에는 또다시 '요즘 부쩍 힘들어하던데, 내가 좀 더 잘 챙겨 줄걸⋯'이라는 후회와 양심의 가책이 깔려 있습니다. 그런 후회 아래, 제일 밑바닥에 가장 중요한 감정이 숨어 있습니다. '예전처럼 알콩달콩 재미있게 살았으면'이라는 사랑의 감정이 그것입니다.

아내는 남편으로부터 사랑받고, 인정받고, 관심의 대상이 되고 싶은 마음에 바가지를 긁습니다. 그런 마음이 없다면 '저 인간'이 어디서 어떻게 되든 신경도 안 쓸 것입니다. 사랑의 반대말은 미움이 아니라 무관심입니다. 가장 밑바닥에 숨어 있는 사랑의 감정이 바로 '왜'를 말해 줍니다. 앞서 말한 여러 감정의 근본 원인도 바로 사랑입니다.

다시 한 번, 단원고 학생들의 글을 보겠습니다. 자신들의 복잡한 심경을 적은 뒤에 이 글을 쓰는 이유를 분명히 밝히고 있습니다.

> 저희는 저희의 원래 생활을 되찾고 싶습니다. 원래의 평범한 학생으로 돌아가고 싶습니다. 그래서 이 글을 읽고 계신 모든 분께 도움을 청하고자 합니다.

이어서 부탁할 내용을 구체적으로 정리했습니다. 이 정도 되어야 제대로 말했다 할 수 있겠죠. 참 똑똑한 학생들입니다. 그래서 더 맘이 아픕니다.

우리가 학교에 돌아갈 때 두려운 것들

- 교복, 2학년 이름표, 체육복 등 내가 단원고 학생이라는 사실을 드러내 주는 것들이 싫어요. 사람들이 내가 단원고 학생이라는 걸 알아볼까 봐 자꾸 숨게 돼요.
- 버스에서 나를 쳐다보는 시선이 싫어요. 영화관에서 학생증을 보여주는데 긴장됐어요. 마치 구경거리가 되는 느낌이 들었어요.
- 등하교할 때나 동네에 있을 때 사람들이 단원고 2학년 학생이라고 아는 척하는 것이 너무 싫어요. 도망가고 싶어요.
- 기자들이 주변에 없었으면 좋겠어요. 기자들이 우릴 괴롭히면 쫓아 주세요. 단원고를 기자 출입금지 지역으로 만들면 좋겠어요.
- 웃고 싶을 때도 있지만 그 모습을 오해할까 봐 웃지 못하겠어요.
- 평소처럼 대해 주세요. 부담스럽게 하지 말아 주세요.

인간의 감정은 한마디로 복잡다단합니다. 복잡다단한 감정을 제대로 표현하려면, 상당한 교육과 훈련이 필요하죠. 대강의 요령은 이렇습니다. 화가 날 때, 분노를 폭발하기 전에 잠깐 여러분의 마음을 들여다보세요. 분노 이외에 다른 감정들이 있을 것입니다. 그 감정들을 차근차근 표현하되, '나'를 주어로 말씀하세요. 가장 밑바닥에 있는 '사랑, 인정, 관심'의 감정까지 내려가야 합니다. 분노의 근본 원인이 바로 거기에 있기 때문입니다. 생각해 보세요. 화가 난 것은 무언가 불만이 있다는 뜻 아닌가요? 채워지지 않은 그 무언가의 정체는 도대체 무엇일까요? '불만' 앞에 두 자로 된 단어를 하나 넣는다면 무엇이 좋을까요? ○○불만일까요?

정답은 '욕구'입니다. 'I sentence 3단계 기법'에서 보완해야 할 점은 바로 그것입니다. 1단계로 상대의 행동을 객관적으로 기술하고, 2단계로 내게 미친 영향과 느낌을 이야기합니다. 그다음, 3단계로 "내가 왜 이 얘기를 하느냐면…"처럼 욕구를 밝힙니다. 마지막 4단계로 구체적인 부탁을 덧붙이면 'I sentence 4단계 기법'이 완성됩니다. 사실, 감정, 욕구, 부탁으로 기억하면 쉽습니다.

딸과의 대화에서 어머니가 빠트린 부분을 채워 볼까요?

"기다리는 줄 뻔히 알면서 네가 밤늦도록 연락도 없이 안 들어오면, 내가 무시당하고 있다는 생각이 들거든!"

이렇게 말해야 비로소 어머니에게 진정 필요한 것이 무엇인지 딸이 알 수 있습니다. 이런 식으로 차근차근 이야기할 자신이 없다면 글로 한번 적어 보세요. 훨씬 차분하게 감정을 표현할 수 있을 것입니다.

유명인사 부부들을 초청해 그들이 사는 모습을 솔직하게 이야기하는 TV 프로그램이 있었습니다. 한번은, 그 프로그램에서 소통에 대해 집중적으로 배우고 훈련하는 부부캠프를 개최했습니다. 그 캠프에 참석한 한 부부의 대화를 통해 'I sentence 4단계 기법'의 위력을 확인해 보시죠.

> 아내: 난 당신이 늘 다 떨어진 운동화나 속옷 같은 거 하나만 없어져도 나

한테 맨날 "갖다 버렸지? 또 다 갖다 버렸지?"라고 말해서 화가 났어. 난 당신 것 갖다 버리지 않거든. 당신이 버리는 거 싫어하니까. 그런데 뭐 없어지기만 하면 맨날 "너 갖다 버렸지?"라고 말해서 나는 정말 당신한테 화가 났어.

남편: 그랬었군. 그래서 속상했구나. 없어지는 것마다 당신이 버렸다고 해서 그래서 속상했구나. 그래! 미안해.

아내: 내 마음 알아줘서 고마워!

강사: 이제 반대로 하세요.

남편: 당신은 말이야.

강사: "나는! 나는!"으로 시작하세요. (일동 웃음)

남편: 나는 당신이 말이지, 항상 조심해서 다니길 바라거든. 그런데 저번에 두 번 넘어졌잖아. 목욕탕하고 길바닥에서. 그때 꽤 속상했거든. 왜 속상했느냐면 조심해서 자기를 살펴야 하는데, 자기 몸을…. 그래서 꽤 속상했어.

아내: 아! 그랬구나. 내가 조심히 다녀야 하고 내 몸을 살펴야 하는데 내가 목욕탕에서 넘어지고 길에서 넘어지고…. 그래서 당신 마음이 굉장히 속상했구나. 걱정 끼쳐서 미안해!

남편: 내 생각, 내 마음 알아줘서 고마워!

아내: 이렇게 걱정한다고 생각 안 했었지요. 늘 "조심히 다녀"라고는 하는데 "조심히 다녀. 안 그러면 넌 뚱뚱해서 넘어지면 가속 붙어 더 다친단 말이야!"라고 말하거든요. 그럼 전, '걱정도 팔자다. 내 몸 내가 알

아서 하지'라고만 생각했는데…. (눈물을 흘리며) 고맙네요. 이런 마음,

처음 들어 봤어요.

강사: 이렇게 마음 알아주니 어때요?

남편: 좋지요. 뭐! 이렇게 계속 알아주면 더 좋겠고.

모든 감정의 밑바닥에는 욕구가 자리하고 있습니다. '욕구'도 '감정'처럼 부정적인 이미지가 있지만, 결코 나쁜 것이 아닙니다. 문제는 욕구가 채워지지 않을 때입니다. 사랑받지 못해서 바가지를 긁고, 인정받지 못해서 투정을 부립니다. 관심받지 못해서 인터넷에 말 같지도 않은 망언을 쏟아 냅니다. 그런 사람들을 요즘 '관심병 환자'라고 부릅니다.

내 감정의 진정한 원인은 다른 사람이 아닌 내 가슴속에 있습니다. 기분이 나쁜 것은 채워지지 않은 내 욕구 때문이고, 내 욕구가 채워졌을 때 기분이 좋아질 수 있습니다. 다른 사람의 언행은 내 감정에 자극이 될 뿐 내 감정의 진정한 원인은 아닙니다. 같은 말에도 어떤 때는 화를 내고, 어떤 때는 웃고 지나가지 않습니까? 욕구는 지표면 아래 자리한 마그마와 같습니다. 화산이 폭발하는 것이 끓어오르는 마그마 때문이듯, 예상치 못한 폭탄선언이나 폭력적인 대화는 대부분 욕구 불만 때문입니다. 욕구에 대처하는 원칙은 '누르면 폭발하고 인정하면 수그러든다'입니다.

문제는 사람들이 자신의 욕구를 좀처럼 드러내지 않으려 한다는 사실입니다. 뭐가 문젠지 알아야 채워 주고 인정해 줄 수 있지 않겠습니

까? 그 해결책은 바로 '공감적 질문'입니다. 공감에 관해서는 다음 장에서 살펴보겠습니다만, 질문에 관해서는 이 책에서 다루지 않겠습니다. 대신 공감적 질문에 대한 좋은 책 두 권을 추천합니다. 하나는, 마셜 로젠버그Marshal B. Rosenburg 박사의 『비폭력 대화Nonviolent Communication: A Language of Life』입니다. 이 방면의 고전으로 전 세계에 알려진 매우 훌륭한 책이지요. 다른 하나는, 마크 고울스톤Mark Goulston의 『뱀의 뇌에게 말을 걸지 말라Just Listen: Discover the Secret to Getting Through to Absolutely Anyone』입니다. 최신 뇌 의학의 연구 결과를 근거로 주장하는 내용이 매우 설득력 있습니다.

이쯤에서 젊은 분들에게 묻고 싶은 질문이 있습니다. 나이가 들면 정서가 메말라 간다는 말에 동의하십니까? 쉽게 "예"라고 답할 수 있나요? 인간의 감정은 대부분 경험을 바탕으로 합니다. 그래서 경험이 많으면 감정도 풍부해집니다. 라이너 마리아 릴케Rainer Maria Rilke는 『말테의 수기』에서 이렇게 말합니다.

> 젊어서 시 나부랭이를 써 봤자 소용이 없다. 사실은 좀 더 기다려야 한다. 평생, 가능하면 늙을 때까지 긴 평생 의미와 꿀을 모아야 한다. 그런 뒤에야 겨우 열 줄쯤 되는 좋은 시를 쓰게 될지 모른다. 시는 감정이 아니라 추억이니까.

'비'라 하면 무슨 생각이 나세요? 젊은 분들은 가수 비를 생각할지도 모르겠군요. 나이 드신 분들은 비가 오면 생각나는 것이 많습니다. 비 오는 날, 포장마차에 들러 소주 한잔에 마음을 달랩니다. 그만큼 감정이 풍부합니다. 겉보기엔 피도 눈물도 없는 사람처럼 보일 수 있습니다만, 그건 험한 세월을 살아내느라 제대로 표현하지 못한 탓입니다. 저장 탱크는 큰데 수도관이 막혀 있는 것입니다.

직장 상사 혹은 부모님과의 소통을 포기하지 마세요. 그분들을 위해 여러분이 해 주어야 할 주도적인 역할이 있습니다. 바로 '마중물'입니다.

마중물

우리 어릴 적 작두샘에 물 길어 먹을 때
마중물이라고 있었다

한 바가지 먼저 윗구멍에 붓고
부지런히 뿜어 대면 그 물이
땅속 깊이 마중 나가 큰물을 데불고 왔다

마중물을 넣고 얼마간 뿜다 보면
낭창하게 손에 느껴지는 물의 무게가 오졌다

누군가 먼저 슬픔의 마중물이 되어 준 사랑이

우리들 곁에 있다

누군가 먼저 슬픔의 무저갱으로 제 몸을 던져

모두를 구원한 사람이 있다

그가 먼저 굵은 눈물을 하염없이 흘렸기에

그가 먼저 감당할 수 없는 현실을 꿋꿋이

견뎠기에

– 임의진

솔직한 자기표현은
대등한 관계에서 나온다

자기표현의 현실적인 의미와 실천에 따른 문제점을 살펴보기 위해 다시 한 번 「응답하라 1994」로 돌아가겠습니다. 이 드라마의 주인공은 '신촌 하숙'집 딸 '나정'입니다. 나정에게는 좋은 친구가 둘이 있었는데, 바로 오빠와 오빠 친구 '쓰레기'였습니다. 쓰레기란 성격이 너무 털털해서 붙여진 별명입니다. 오빠가 사고로 세상을 떠나자 나정은 쓰레기를 친오빠처럼 따릅니다. 나정이 대학에 입학하면서 나정의 가족은 아버지의 직장을 따라 서울로 올라왔고, 나정의 어머니는 하숙집을 엽니다. 이때 Y대 의학과에 다니던 쓰레기도 나정의 가족에 합류하지요.

어느 날부터인가 나정은 쓰레기를 짝사랑합니다. 우여곡절 끝에 둘은 연인이 되고 결혼을 약속합니다. 그러던 어느 날 IMF 사태가 터졌습니다. 그날은 나정의 첫 출근 하루 전이었습니다. 취업은 취소되었고, 설상가상 나정의 아버지가 투자한 주식이 폭락합니다. 쓰레기와의 결혼식 한 달 전, 나정에게 일자리를 주겠다는 직장이 있었습니다. 그러나 2년 해외근무라는 조건이 붙었지요. 고민 끝에 두 사람은 결혼을 미루기로 하고 나정 홀로 호주로 떠납니다. 두 사람은 휴대전화로 소식을 주고받습니다. 문제는 두 사람의 마음 상태였습니다. 나정의 내레이션으로 들어 보시죠.

"힘겨운 짝사랑을 견뎌 낸 절실함에 서로에게는 늘 애틋함이 앞섰고 한 달 앞둔 결혼을 미루고 장거리 연애를 시작한 미안함과 고마움과 불안감에 우리는 항상 미안하고 고마웠고 조심스러웠다."

이런 마음 때문에 두 사람은 서로에게 부담되는 얘기는 할 수 없었습니다. 쉽지 않은 업무에 지쳐 가면서도 마치 아무 일도 없던 것처럼 밝은 소식만 주고받습니다. 그러던 어느 날, 나정은 어머니로부터 쓰레기 어머니가 갑자기 세상을 떠났다는 소식을 듣게 됩니다. 깜짝 놀란 나정이 "오빠야 어떡해… 어떡해…"라며 전화했을 때도, 쓰레기는 억지로 울음을 참으며 "괘안타! 아, 오빠 괜찮다니까"라고만 반복합니다. 그 결과가 어찌 되었는지 다시 나정의 내레이션으로 들어 보시죠.

"결국, 서로에 대한 배려만 남은 채 정작 자신들의 상처는 기댈 곳 없이 곪아 가고만 있었고, 결국 우리는 평범한 연인만도 못 한 사람들이 되어 가고 있었다. 그렇게 우리는 '사랑한다'는 그 흔하고 평범한 말조차 한번 해 보지 못한 채 전혀 특별하지 않게 헤어져 버렸다."

호주로 떠나기 전, 두 사람은 멀리 떨어져 있다 해도 사랑을 지켜 낼 수 있다는 자신감에 차 있었습니다.

"우리는 아주 특별한 연인이다. 20년을 오누이처럼 지낸 각별함이 있었으며 힘겨운 짝사랑을 견뎌 낸 절실함이 있었으며 한 달 앞둔 결혼을 미루고 장거리 연애를 시작해도 좋을 든든함이 있었다. 우리는 아주 특별한 연인이었다."

나정과 쓰레기 두 사람의 관계가 결코 평범한 관계는 아니죠. 두 사람 역시 스스로 아주 특별한 연인이라고 생각합니다. 물론 인정합니다. 그러나 이 두 사람만이 특별한 연인일까요? 사실은 모든 만남이 다 특별합니다. 길고 긴 시간 가운데 바로 지금, 광활한 공간 가운데 바로 여기, 얼굴을 마주한 나와 너의 만남이 어찌 특별하다 아니할 수 있겠습니까? 모든 만남이 다 특별하기에, 모든 만남은 다 평범합니다. 어떤 만남도 소통의 원칙에서 예외일 수 없다는 뜻입니다.

보지 못하면 마음도 멀어진다고 했습니다. 그러나 두 사람을 헤어지게 한 것은 시간도 공간도 아닙니다. 놀라운 정보통신 기술로 시간과 공간의 한계는 얼마든지 뛰어넘을 수 있었습니다. 문제는 사람입니다.

나정이 귀국한 뒤 한참 만에 두 사람이 커피숍에서 만납니다. 어렵사리 말문을 연 쓰레기의 첫 마디는 여전했지요. "미안하다. 걱정 많이 했제?" 다음은 나정의 대답입니다.

"뭐가 미안한데? 그게 오빠 탓이가? 오빠가 나한테 미안하다는 말밖에 할 말이 없나? 나한테 왜 오빠가 미안한데?"

이어서 나정은 차분하게 이야기를 펼쳐 갑니다.

"오빠! 내는 우리가 왜 헤어졌는지 몰랐다. 음… 그냥 다른 커플들 맹

키로 서로 지치고 힘들어서 헤어진 줄 알았다. 근데 이제 알았다. 우리가 왜 헤어졌는지…. 오빠! 그때 우리 그냥 힘들면 힘들다고, 아프면 아프다고 말할 걸 그랬다. 그때는 왜 그랬을까?"

"오빠! 내는 오빠한테 동생이다. 좋은 거, 예쁜 거, 행복한 것만 보여 주고 싶은 동생! 가족이라고!"

쓰레기에게 나정은 연인이 아니었습니다. 결혼까지 약속한 사이였지만 여전히 보호해야 할 동생이었습니다. 소통의 첫 단계인 독립은 각자 제 힘으로 당당히 선 두 사람을 전제로 하는 것입니다. 대등한 관계이기 때문에 대립하기도 합니다. 오랜 세월 오누이처럼 지낸 두 사람이 대등한 관계로 서는 것이 쉽지는 않았을 것입니다. '큰 쓰레기와 작은 나정' '보호해야 할 쓰레기와 보호받아야 할 나정'이라는 사고의 틀을 깨트리기가 어려웠을 것입니다.

처음부터 한쪽으로 치우친 관계는 끊임없이 문제를 만들어 냅니다. 그런 관계에서는 어떤 문제가 또 다른 문제의 원인이 됩니다. 두 사람에게 접속은 함께 다가가는 접속이 아니라 일방적인 '접수'입니다. 결과는 '공유'가 아닌 한 사람의 '전유'가 되고 말 것입니다.

요즘 남자 친구나 남편을 '오빠'라고 부르는 여성들이 많습니다. 교제할 때부터 사용했던 호칭의 연장이라 볼 수도 있습니다. 심지어 연하남을 오빠라고 부른다면, 이는 단순한 호칭이 아닙니다. '오빠'라는 단어 자체는 동생과의 불평등한 관계를 담고 있습니다. 오빠는 동생이 원한다면 하늘의 별이라도 따다 줄 수 있는 슈퍼맨이 되어야 합니다. 결혼하면 손에 물 한 방울 묻히지 않게 하겠다고 약속하는 것도 오빠라는 말이 담고 있는 의미 때문입니다. 그런 약속을 하고 "넌 내 거야!"를 외칠 수 있어야 남자다운 남자라고 생각하는 사람들이 적지 않은 것 같습니다.

'내 것'이라니요? 아내라는 존재가 치열한 경쟁 끝에 접수한 전리품인가요? 이제 나 혼자 즐길 수 있고, 내 마음대로 할 수 있는 전유물이 아내인가요? 전리품이나 전유물은 사람에게 갖다 붙일 수 있는 단어가 아닙니다. "그대가 정말 원하는 것은 소유냐, 존재냐To Have or To Be?"라고 에리히 프롬Erich Fromm은 묻습니다.

나정에게 제대로 배운 덕분인지 쓰레기가 변합니다. 어느 날 나정의 휴대전화에 이런 문자가 뜹니다. "오빤데, 지금 올 수 있어? 좀 아파." 항시 동생을 보살피기만 했던 오빠가 처음으로 도움의 손길을 청한 것입니다. '괜찮다'라는 뚜껑으로 굳게 닫혔던 속마음을 처음으로 공개하는 순간입니다. 나정은 당연히 달려갔습니다. 이어서 둘은 눈물을 흘리며 포옹을 하죠. 결국, 두 사람은 결혼합니다.

부부를 부부답게 하는 것은 크고 작은 일에 상관없이 희로애락을 함께 나누는 것입니다. '나누어야 곱해진다'는 'Win & Win'의 공식을 기억합시다.

부부

부부란

무더운 여름 밤 멀찍이 잠을 청하다가

어둠 속에서 앵하고 모기 소리가 들리면

순식간에 합세하여 모기를 잡는 사이이다

많이 짜진 연고를 나누어 바르는 사이이다

남편이 턱에 바르고 남은 밥풀만 한 연고를

손끝에 들고 나머지를 어디다 바를까 주저하고 있을 때

아내가 주저 없이 치마를 걷고

배꼽 부근을 내미는 사이이다

그 자리를 문지르며 이달에 사용한

신용카드와 전기세를 함께 떠올리는 사이이다

결혼은 사랑을 무화시키는 긴 과정이지만

결혼한 사랑은 사랑이 아니지만

부부란 어떤 이름으로도 잴 수 없는

백 년이 지나도 남는 암각화처럼

그것이 풍화하는 긴 과정과

그 곁에 가뭇없이 피고 지는 풀꽃 더미를

풍경으로 거느린다

나에게 남은 것이 무엇인가를 생각하다가

네가 쥐고 있는 것을 바라보며

손을 한번 쓸쓸히 쥐었다 펴 보는 사이이다

서로를 묶는 것이 거미줄인지

쇠사슬인지는 알지 못하지만

부부란 서로 묶여 있는 것만은 확실하다고 느끼며

오도 가도 못한 채

죄 없는 어린 새끼들을 유정하게 바라보는

그런 사이이다

- 문정희

내 눈에 흙이 들어가기 전에는 안 돼!

이해는 곧
동의인 줄 안다

4

"이해는 곧 동의인 줄 안다고? 누가?"라며 반문하시는 분들이 많을 것입니다. "이해는 이해고, 동의는 동의지 무슨 말이야? 난 아냐!"라고 하실지 모르겠습니다. 그러나 이해와 동의를 구별할 수 있는 분은 사실, 별로 많지 않습니다. "날 이해해 주는 사람이 없다"며 가슴 아파하는 사람들이 넘쳐나는 우리 현실이 그 증거입니다. 이해는 곧 동의인 줄 안다는 착각에서 빠져나오는 순간 여러분은 많은 사람을 얻게 될 것입니다.

왜 이해한다는 말을
쉽게 꺼내지 못할까?

아침부터 딸아이가 "학교 다니기 싫어. 나, 학교 때려치울래!"라고 폭탄 선언을 했다고 가정해 봅시다. 이런 딸에게 "이해한다"고 말할 수 있는 부모가 과연 몇이나 될까요? 그런 강심장을 지닌 부모는 거의 없을 것입니다. 딸아이가 때려치우고 싶을 정도로 학교가 싫다는데, 정말 괴롭다는데, '이해한다'는 말 한마디가 왜 이리도 어려울까요? 뭐가 두려운 걸까요? '이해한다'고 말하면 딸이 어떻게 될까 봐요?

그렇습니다. 부모는 자기가 "이해한다"고 말하면 딸아이가 정말 학교를 '때려치울 것' 같아 걱정합니다. "나는 학교를 때려치우겠다는 딸아이의 말에 절대로 동의할 수 없어. 내가 '이해한다'고 하면 저 철없는 것이 정말 학교를 때려치울 거야. 그러므로 나는 다른 말은 다 할 수 있지만, 한 가지만은 말할 수 없어. 그건 다름 아닌 '이해한다'는 말이야."

만일 이렇게 생각한다면, '이해한다는 건 곧 동의하는 것'이라고 착각하는 것입니다. 그것이 바로 이 장에서 다루고자 하는 착각입니다.

이런 착각에 빠지면 외로워집니다. '동의同意'라는 것은 뜻이 같다는 말이지요. 그런데 이 세상에 여러분과 뜻이 같은 사람은 단 한 명도 없습니다. 세상 사람들 모두 나와 다릅니다. 그러니 나를 뺀 모든 사람은 다 내가 동의할 수 없는 사람들인 셈입니다. 결국, 나는 어느 누구에게도 이해한다고 말할 수 없습니다. 왜? '이해는 곧 동의'니까.

이런 생각에 빠진 분들을 세상은 독선적이라고 부릅니다. 혼자만 옳고 다른 사람들은 다 틀렸다고 생각하기에 그렇습니다. 스스로 독립이 아닌 고립을 불러온 셈입니다. 그러니 고독할 수밖에요. 특별히 나이 들어가면서 이런 모습이 되기 쉽습니다. 아무도 찾지 않는 외로운 신세가 되지 않으려면, 이번 기회에 정말 이해는 곧 동의인지 확실하게 점검해야 합니다.

'하나로 텔레콤'이라는 회사를 기억하시나요? 지금은 다른 회사가 되었습니다만, 제가 이 회사에서 강의한 적이 있었습니다. 하루는, 강의를 마치고 저녁에 연수원에서 쉬고 있는데 누가 방문을 두드렸습니다. 문을 열어 보았더니 그날 강의를 들은 수강생이 있습니다. "오늘 강의 들으면서 망치로 뒤통수를 맞는 기분이었습니다"라고 하더군요. "무슨 이야깁니까?"라고 물었더니, 지금 여러분과 나누고 있는 바로 이 주제에 관한 이야기를 들려주었습니다.

하나로 텔레콤은 한때 '하나포스'라는 초고속 인터넷망을 판매했습니다. 어느 날 하나포스 가입자가 사무실로 쳐들어왔답니다. 문을 박차고 들어온 그 가입자가 다짜고짜 소리쳤습니다.

"야! 여기 책임자, 어떤 놈이야? 빨리 나와!"

"무슨 일이신데요?"

"알 것 없고! 빨리 안 나와?"

"글쎄, 무슨 일이신지?"

"잔소리하지 말고 빨리 나와!"

"지금 우리 소장님 안 계신데요?"

"그래? 그럼 그다음 놈 나와!"

분위기 살벌하죠? 저를 찾아온 교육생이 그 고객과 마주 앉아 이야기를 나눴답니다. 화가 잔뜩 난 그 고객은 조그마한 건설 회사를 경영하는 사장님이었습니다. 중요한 입찰 건이 있어서 전 직원이 한 달 넘게 철야 작업을 해서 입찰 서류를 마련했습니다. 준비한 서류를 모두 우송했는데, 맨 처음 한 장은 인터넷으로 전송하는 것이었습니다. 서류 첫 장에는 입찰 가격을 씁니다. 가장 중요한 정보이지요.

"이제 시간 다 됐다. 빨리 보내라!"라고 지시했는데, 인터넷이 다운되었답니다. 그러다 마감 시간을 넘겨서 입찰에서 실격되고 말았고요.

"내 손해가 얼만지 알아? 다 물어내, 이 자식들!"

이렇게 고래고래 소리를 치니까 그 교육생은 잔뜩 긴장했습니다. '까닥 잘못했다가는 덤터기 쓰겠네. 내가 호락호락하지 않다는 걸 보여 주어야 해'라는 생각에 하나하나 따지기 시작했답니다.

"정확히 몇 시, 몇 분, 몇 초에 그런 일이 발생했습니까? 사무실 주소

는요? 언제 가입하셨죠? IP가 어떻게 되십니까? 선생님 사무실에 공유기 쓰시죠? 몇 대입니까? 그거 불법이라는 것, 아세요, 모르세요?"

제게 이 이야기를 들려주던 그분은 멋쩍은 미소를 짓더군요. 이 건과 직접 상관없는 상대방의 약점을 찾겠다는 그분의 속셈이 훤히 보였거든요. 잠시 후 기계실에서 메모가 전해져 왔고, 그는 이렇게 말했습니다. "그 시간에 우리 인터넷망에는 아무런 문제가 없었습니다. 그런데 왜 선생님 사무실만 그랬죠?"

무슨 일이 벌어졌겠습니까?

"오 그래? 너희는 아무 이상 없는데, 내가 있지도 않은 일을 만들어 가지고 와서 소리 지른다, 이 말이지? 그러니까 내가 사기꾼이란 말이로구만! 그래, 안 그래?"라며 멱살을 잡더랍니다. 그런데 그날 제 강의를 듣다 보니 진정한 이해는 동의가 아니라 공감이라는 사실을 알게 되었다고 하더군요.

공감. 느낌을 같이한다는 뜻이죠. 그분이 이 강의를 진작 들었더라면, 그때 잔뜩 화가 난 사장님과 느낌을 같이했을 것입니다. "결정적일 때 다운돼 버렸어요? 낭황하셨겠네요. 마감 시간을 넘겨 실격되었다고요? 그럼, 열 받죠. 저라도 못 참죠"라는 식으로 반응했을 겁니다. 그렇다면 "몇백억 물어내!"라는 요구는 어떡합니까? 그건 여러분이 앞에서 말씀하신 대로, 이해는 이해고 동의는 동의입니다. 다른 차원의 이야기이죠. 예를 들어 이렇게 이야기합니다.

"하나포스 가입하실 때 서명하신 서류를 봅시다. 여기 분명히 인쇄

되어 있죠? 이것, 이것은 우리 회사 책임입니다. 가입자는 이런저런 책임이 있고요."

모든 계약서 뒤에는 계약 약관이 있습니다. 그것을 설명한 뒤 이렇게 이야기합니다. "먼저 원인을 밝혀야 합니다. 저희에게 보상 책임이 있다면 그건 그다음 얘기고요. 기술자를 보내 원인을 찾도록 조치하겠습니다. 오늘은 제가 여기까지 해 드릴 수 있습니다."

이런 식으로 이야기를 풀어 갈 수 있었을 겁니다. 물론 열 받아 달려온 사장이 만족할 수는 없겠지요. 그러나 '이 친구가 내 이야기를 알아듣기는 하네'라고 생각하지 않겠습니까? 이것이 이해입니다.

그런데 대부분 '이해한다'라고 하면 돈을 물어 주어야 할 것으로 압니다. '이해한다'라고 하면 자녀가 학교를 그만둘 것으로 생각합니다. 그래서 이해하기를 포기합니다. 이해하지 않기로 작정하고 대결을 시작합니다. 그럼 제대로 대화가 될까요? 결국 '대놓고 화내기'로 끝나고 맙니다. 이런 식의 대화는 길어질수록 감정의 골만 점점 더 깊어집니다.

단단한 마음의 벽을
허무는 공감의 힘

이해란 두 사람 사이를 갈라놓은 감정의 골짜기 위에 공감의 다리를 놓는 일입니다. 다리 위 만남에서 소통이 시작되고, 설득은 그다음에나 가능합니다. 일단 공감의 다리를 확보했다면 서두를 필요가 없습니다. 다리를 통해 두 사람은 연결되었습니다. 소통의 3단계 분류에 따르면, 접속된 것입니다. 차근차근 공유로 나아가면 됩니다. 서두르다가 다리가 끊어지면 다시 독립으로 후퇴하게 됩니다.

"신성한 이해란 동의할 수 없으나 공유하는 것입니다."

이 문장을 이해할 수 있나요? 동의할 수 있는 일은 문제가 되지 않죠. 예를 들어, 학교에 다녀온 딸아이가, "엄마! 나 오늘부터 정신 차리고 공부 열심히 할래!"라고 한다면 이해고, 자시고 뭐가 필요하겠습니까? 동네잔치를 벌일 일이죠.

다시, 드라마 「엄마가 뿔났다」의 한 장면을 보겠습니다. 극 중에서 탤런트 김혜자 씨의 딸인 영수는 잘나가는 변호사입니다. 한마디로 집안의 자랑이죠. 영수가 결혼하겠다고 남자를 데려왔는데 이혼남에, 초등학교 다니는 딸까지 있습니다. 영수의 어머니 심정이 어떨까요? 턱도 없는 이야기이죠! 속된 말로, "내 눈에 흙이 들어가기 전에는 이 결혼 안 된다"일 겁니다. 신랑 측 안사돈 될 사람이 만나자고 연락해 옵니다. 이 자리에 나가는 엄마의 심정은 어떨까요? 상대방이 결혼의 '결' 자도 못 꺼내게 딱 잘라 말하고 싶겠죠.

영수 어머니: 글쎄 문제는 바로… (에휴 쯧…) 이혼한 사람들이 하도 많다니까, 이혼까지는 그럴 수 있다고 그러겠는데….

안사돈: 아이가 무겁지요!

영수 어머니: 무거운 정도가 아니라…. 그게 남이 낳아 놓은 자식이 얼마나 힘든 십자가인데, 어미로서 그런 결혼을 하라고 하기가 정말 힘이 드네요!

안사돈: 이해해요. 왜 안 그러시겠어요? 나라도 그 입장이면 마찬가지예요. 그럼요. 참 염치없고 뻔뻔한 거 알아요. 그런데 어떡해요. 저들이 저러니까요. 겪어 보시면 아시겠지만, 우리 집 양반이나 저나 비교적 편안한 사람들이에요.

영수 어머니: 딴 게 문제가 아니라 아이가 걸려서….

안사돈: 예, 그러시겠지요. 얼마나 속이 상하세요. 뭐라, 위로 드릴 말씀이 없네요. 걱정하시는 것보다는 더 잘살 수도 있고, 또 그러기를 소원하

면서 결심해 주시면 얼마나 고마울까요? 예? 영수 어머니!

영수 어머니: (흑흑, 눈물을 흘린다)

안사돈: (손수건 내밀며) 자, 이거 쓰세요.

영수 어머니: 아니, 아니에요.

안사돈: 괜찮아요. 쓰세요.

영수 어머니: (손수건을 받아들고 흐느낀다)

안사돈: 어떡해요! 이렇게 마음이 아프시니….

내 눈에 흙이 들어가기 전에는 안 된다는 결혼이었습니다. 결혼의 '결' 자도 못 꺼내게 딱 자르고 돌아서겠다고 나선 길 아니었나요? 그런데 안사돈 될 사람의 실력이 장난이 아닙니다. 공감의 다리를 놓는 실력 말입니다. 영수 어머니가 "이혼까진 그럴 수 있다 그러겠는데…"라고 말을 꺼내니, "아이가 무겁죠"라고 먼저 이야기합니다. 계속해서 "얼마나 속이 상하세요" "저라도 그랬을 거예요" "위로 드릴 말씀이 없네요" 등등 상대방을 헤아리는 이야기를 연달아 쏟아 냅니다. 이런 소리를 들을 때 어떤 심성이었을까요? '어라! 이 사람이 말귀는 알아든네'라고 생각하지 않았을까요? 급기야는 "염치없고 뻔뻔한 것 알아요"라고까지 합니다. 영수 어머니의 심정이 딱 이것 아닌가요?

안사돈 될 사람은 공감의 다리를 탄탄하게 놓았습니다. 그러나 결코 서두르지는 않았습니다. "잘살 것을 소원하면서 결심해 주세요!"라고 하지 않았고, 대신 "결심해 주시면 얼마나 고마울까요?"라고 했습니다. 이런 말이 더 사람 죽이는 겁니다. 두 번 권하니 영수 어머니가 손수건을 받아들죠? 이미 승낙한 것입니다. 생각해 보세요. 이 짧은 시간에, 절대로 안 된다는 결혼을 뒤집은 비결은 무엇인가요? 내 아들이 얼마나 대단한지, 지난번 결혼은 왜 실패하지 않을 수 없었는지 한마디도 하지 않고 결혼 승낙을 받아냈습니다. 그게 바로 공감의 힘입니다.

다시, 학교 그만두겠다고 떼를 쓰는 딸에게 돌아갑시다. 어머니가 어떻게 이야기해야 할까요? 공감하는 소통의 3단계를 말씀드리겠습니다. 먼저, '상대의 말을 요약하거나 복창'하십시오. 딸이 말한 그대로 하면 됩니다. "학교 다니기 힘들어 그만두고 싶다고…"라는 식으로요. 왜 똑같은 말을 다시 해야 하냐고요? 딸의 입장에서 생각해 보세요. 자기가 한 말이지만 어머니 입을 통해서 들으면, 남의 이야기처럼 들립니다. '남의 이야기처럼 들린다'는 것은 자기가 한 말을 객관적으로 평가해 볼 수 있는 위치에 있다는 것입니다.

이 단계는 상대방이 내 말을 들을 마음의 준비를 하게 하는 단계입니다. 딸이 '학교를 그만둘 수밖에 없다'라는 자기 혼자만의 주관적 우물에서 빠져나오게 합니다. 이때 어투에 주의해야 합니다. 비아냥거리는 말투로 들리면, 대화는 여기서 그냥 끝장나고 맙니다. 딸아이의 표정을 따라 하는 게 요령입니다. 딸아이가 그 말을 할 때 잔뜩 찌푸린 우거지상이었다면, 어머니도 그 표정을 따라서 해 보세요. 그럼 딸아이와 느낌을 같이 할 수 있습니다.

다음으로, '적절히 대꾸하거나 질문'하십시오. 왜 학교를 그만두고 싶은지 자세히 이야기하도록 하고, 거기에 장단만 맞춰 주시면 됩니다.

"오, 그래?" "그런 일이 있었구나!" 혹은 "엄마는 전혀 몰랐네"라는 식으로 말합니다. 딸이 자세히 이야기하지 않으면 자꾸 질문하십시오. "아이들하고 무슨 문제 있니?" "공부가 어렵니?" 혹은 "선생님이 뭐라 그러시든?" 이 단계는 학교를 그만두고 싶을 정도로 괴로워하고 있는 딸과 나 사이를 공감의 다리로 연결하는 단계입니다. 괴로움은 나누면 줄어들잖아요.

마지막 3단계는 '꼭(× 5) 필요하다고 판단될 때만 충고'하는 것입니다. '꼭꼭꼭꼭꼭! 필요하다고 판단될 때만'이라는 말은 되도록이면 하지 말라는 뜻입니다. 1단계, 2단계에 집중하십시오. 문제는 대부분 그 단계들에서 풀립니다.

우리는 동의할 수 없는 이야기를 들을 때, 어떤 반응을 보이나요? 우선, 요약하거나 복창하지 않습니다. 대꾸도 질문도 하지 않습니다. 그러나 충고는 꼭 합니다. 그 충고가 아무리 대단한 내용이라 해도 공감의 다리로 연결되기 전에 하는 모든 이야기는 한낱 쓸데없는 잔소리에 불과합니다. 그런 이야기는 한마디도 가슴에 와 닿지 않습니다. '커넥션 비포 커렉션Connection before Correction, 즉 '고쳐 주기 전에 먼저 연결하라'는 말을 기억하세요. 그것이 바로 소통의 원칙입니다.

공감의 힘은 짧은 시간에 극적인 변화를 끌어낼 수 있습니다. 예를 들어, 보험 설계사와 고객의 첫 만남을 생각해 보십시오. 이런저런 인연으로 만나기로 약속은 했지만, 보험 설계사가 기다려지는 고객은 거의 없을 것입니다. 보험의 '보' 자도 꺼내지 못하게 하고 딱 잘라 돌려 보내고 싶은 것이 고객의 심정일 겁니다. 반대로, 보험 설계사 입장에서는 보험에 대한 편견을 고쳐 주고 싶겠죠. 그렇다면, 보험 설계사가 논쟁을 벌이는 것은 어리석은 일입니다. 고객이 논쟁에서 이기는 순간, 계약은 없기 때문입니다. 이때 보험 설계사가 먼저 해야 할 일은 무엇일까요? 네, 공감의 다리로 고객과 연결되는 것입니다.

부부 또는 남녀의 불통,
이렇게 접근하라

다시, 앞서 보았던 부부캠프의 한 대목을 살펴보겠습니다.

아내: 나는 정말 뭐 다른 때가 아니라…. 토요일 저녁에 남들은 다 가족들이
오붓이 그냥 여기저기 다니는 것 같은데, 나 혼자 아기랑 서점에 간다
든지, 그냥 둘이 밖에 있으면 외로웠어!

남편: 아! 그랬구나, 그래…. 사실 나는….

강사: "사실 나는"은 안 돼요! 지금 이 순간, '내 마음'은 없는 거예요. 오로지
아내의 마음만 읽어 주어야 해요.

남편 : 내가 "그랬구나"라고 하면, 이제 설명해 주어야 하는 거 아녜요?

강사: 아니요! '나'는 지금 없어요. 상대방 마음을 읽어 줄 의무만 있어요. 자
기를 주장할 권리는 없어요.

남편: 그럼 내가 뭐 나쁜 놈이 되는 거예요? (일동 웃음)

강사: 아녜요! 나쁜 놈 되는 거 아니에요. '내 마음'이 이렇다는 것밖에 없어

요. 이 부분이 해결되지 않으면 대화하기 굉장히 어려워져요.

아내: (다시) 나는 다른 때가 아니라, 토요일 저녁에 나 혼자 아이랑 서점에

간다든지, 그냥 둘이 밖에 있으면 외로웠어!

남편: 그랬구나. 네 마음이 그랬구나. 많이 힘들었어? (머뭇거리며) 그래….

강사: 여기서 아내분이 뭐라고 얘기했는지, 남편분이 그것을 기억해야 하

는데….

남편: 들었는데…. 진짜로 제가요, 일부러 그러는 게 아니라 제 아내의 얘기

를 안 들었거든요.

아내: 그래요. 선생님! 우리가 진짜 이랬어요. 내가 아무리 말을 해도….

강사: (아내의 손을 잡으며) 내가 알아, 내가 알아….

남편: 뭐, 얘기만 하면…. "그럼 서점에 가지 말고 집에서 놀면 되지…"라고

그랬었거든요. 지금도 뭔 말인지 이해가 안 돼요!

강사: 여기서는 마음으로 들어야 해요. 나를 자꾸 세워 놓으면 내가 할 얘기

가 많거든요. 그럼 상대방 말이 안 들어와요.

남편: 자꾸 변명하려 하지 말고….

강사: 그래요 변명하지 말고…. "나도 그러는데 다 이유가 있어" "나 행사 뛰

었잖아!" "나 뭐했잖아!" 이러면 대화가 안 돼요.

남편: 지금까지 그랬거든요….

강사: '나'는 내려놓으시고, 오로지 지금은 아내의 마음만 읽어 주는 거예요.

변명도 없고 합리화도 없어요. '나'는 지금 없어요. 오로지 상대방 마

음만 읽어 주는 거예요.

남편: 알겠습니다. 이게 지금 훈련이 안 돼서 그러나 봐! 이번엔 한번 진짜,
제대로 해 볼게.

아내: (또다시) 나는 많이 외로워. 주말 저녁에 다른 사람들은 다 가족과 함
께 있는데, 나는 아기랑 단 둘이…, 우리 둘만 있는 것 같아서 참 많
이 외로워.

남편: 아! 그랬구나…. 당신 마음이 그랬구나. 주말에 아기랑 둘이 있으면 얼
마나 외로웠겠어. 진짜 많이 외로웠겠다.

아내: 내 마음 알아줘서 고마워! (일동 박수)

자, 보세요. 제1단계, 아내의 말을 요약만 해도, 아니 그대로 따라만
해도 고맙다는 이야기를 듣고 박수를 받습니다. 그런데 문제는 그 1단
계도 쉽지 않다는 겁니다. 이 사례가 특별한 경우라고는 생각하지 않습
니다. 대한민국 남성분들 대부분이 이럴 겁니다. 머리가 나빠서 그런가
요? 아닙니다. 문제는 가슴이에요. 자기 하고 싶은 이야기로 꽉 차 있
어서, 아내의 말을 담을 곳이 없는 것이죠. 일부러 안 듣는 것이 아니에
요. 방금 듣기는 들었지만, 가슴속에 한마디도 남아 있지 않는 것입니
다. 아내 입장에서는 당연히 서운하겠죠. 자기 말을 아예 듣지도 않았
다고 생각할 겁니다.

서로를 도무지 이해할 수 없는 아내와 남편이 함께하는 가정생활은
어떤 모습일까요? 힘 있을 때는 남편이, 남편의 힘이 빠지면 아내가 큰

소리치는 세상, 결국 커맹 천국에 지나지 않을 것입니다. 이런 모습이 대를 이어 우리의 문화로 굳어질까 봐 두렵습니다.

도대체 남편들이 왜 이러는지 여성분들 생각해 보셨나요? 남성과 여성은 우선순위가 다릅니다. 가치관이 다르다는 얘깁니다. 남성들은 먹고살기 위해 일을 먼저 생각하는 경향이 강하고, 여성들은 출산과 양육을 위해 일보다 사람을 먼저 생각하는 경향이 강합니다. 아내의 '외롭다'는 말도 '주말을 남편과 함께할 수 있으면 좋을 텐데'라는 생각에서 건넨 단순한 자기표현일 뿐입니다. "아! 그랬구나. 당신 마음이 그랬구나. 주말에 아기랑 둘이 있으면 얼마나 외로웠겠어"라며 받아 주기만 하면 되는 일입니다.

그러나 남편은 아내에게 그런 이야기를 듣는 순간 '나는 문제 해결사의 사명을 받고 이 땅에 태어났다'는 생각에 사로잡힙니다. 먹고사는 일에 골몰한 남편 입장에서 생각해 보세요. '외롭다'는 아내의 말이 어린애 투정으로 들리지 않겠습니까? 그러니 그런 투정을 고쳐 주어야 한다고 생각하겠죠. "그럼, 서점에 가지 말고 집에서 놀면 되지"라는 이야기는 그렇게 해서 나오게 된 것입니다. 아내는 "내가 괜한 말을 했지. 저 인간에게 뭘 기대한 내가 바보지"라며 돌아서고 말 것입니다.

'커넥션 비포 커렉션'이라는 소통의 원칙에 비추어 보면, 대체로 남성들은 '커렉션'을, 여성들은 '커넥션'을 겨냥해 말합니다. 그러니 소통에 관한 한 여성이 남성보다 나을 수밖에 없지요. 그렇다고 남성들을 너무 구박하지는 마세요. 일도 사람도 둘 다 중요합니다. 사람이 일을 하고, 일은 사람을 위해 하는 것 아닌가요? 남자가 옳다, 혹은 여자가 옳다며 다투는 것은 부질없는 짓입니다. 단지, 남녀의 우선순위, 즉 가치관이 상반된다는 사실을 인정하고 이에 대처하는 방법을 배우는 것이 중요합니다.

상극의 가치관을 가진 두 사람이 상생할 수 있는 비결은 '학습'입니다. 상대의 다름을 인정하고 '왜?'라는 호기심으로 다가설 때, 그동안 몰랐던 속 깊은 이야기를 들을 수 있습니다. 그래야 상대에 대해 새로운 것을 알게 되고 자신의 약점을 보완할 수 있게 됩니다. 그렇게 될 때 남녀는 역할 분담을 분명히 할 수 있고, 이들의 상반되는 가치관은 대결의 불씨가 아니라, 화합의 기반이 될 수 있을 것입니다. 섣불리 '옳다, 그르다' 판단하는 사람은 결코 그런 사실을 알 수 없습니다. 그래서 학습의 반대말은 '판단'입니다. 섣부른 판단은 상생이 아닌 공멸의 길로 인도합니다.

「응답하라 1994」에서 남자와 여자가 어떻게 다른지 아주 실감이 나게 깨닫게 해 준 장면이 있었습니다. 대학 캠퍼스에서 시작해 신촌하숙으로 이어지는 상면을 보겠습니다.

> 해태: 평상시에 나처럼야 여자 친구한테 잘하는 사람 있으면 나와 보라 그래야. 하루에 한 번씩 전화하지, 일주에 한 번씩 학보 보내지, '푸른하늘' CD 나와 봐. 바로 소포 싸 불지. 나 같은 순애보도 없다잉!
> 빙그레: 근데 이번엔 왜 또 싸웠어?

해태: 아니, 이번 주 금요일이 여자 친구 생일이거든…. 근디 기말고사도 금요일 아니냐. 그래 갖고 내가 기말고사 때문에, "이번 주 금요일 못 내려갈 것 같다!" 그랬어. "알았다!" 그러더라. "그럼 내가 그다음 날 토요일 내려갈게!" 이랬거든…. 그랬더니 내려올 필요 없단다! 생일도 아닌데 뭐 하러 내려오냐고…. 아! 그래 가지고, "시험 보지 말고 금요일에 내려갈까?" 했더니, 시험은 보래…. "그럼, 나 토요일 내려간다!" 그랬더니 생일도 아닌데 뭐 하러 내려오냐고….

빙그레: 아, 그게 뭔 말이래?

해태: 아, 내 말이…!

해태: 아, 여인들아! 느그들이 대답 좀 해 봐야! 내가 금요일에 내려가는 게 맞냐, 토요일에 내려가는 게 맞냐?

삼천포: 그래도 금요일 아녀?

해태: 그냐?

나정: 등신!

윤진: 상등신이다, 상등신! 진짜 몰라서 그러냐?

나정: 뭐가 문제인지 모르겠냐? 올바른 너의 행동은 금요일도 아니고 토요일도 아니다. 여자 친구 이름이 뭔데?

해태: 혜정이.

나정: "혜정아! 너무 보고 싶은데…, 어떡하지?"

해태: 염병! 뭔 헛소리여!

윤진: 니 여자 친구는 니가 금요일에 오든, 토요일에 오든, 내년에 오든, 상관

이 없당게! 니 여자 친구가 원하는 건 요일이 아니라고 이런 등신아!

나정: 예를 들어 줄게! 자, 내가 이사를 했어. 근데 이게 새집이야. 문을 닫으
면, 페인트 냄새가 심해가 머리가 깨질 것 같은데, 그렇다고 문을 열
면 매연이 들어와 계속 기침이 난다. 이때 남자 친구가 들어왔어. "자
기야, 오늘 이사했는데, 문을 닫으면 페인트 냄새가 심해가 머리가 깨
질 것 같고, 문을 열면 매연 때문에 죽을 거 같은데, 어떡하지? 문을
여는 게 좋겠나, 닫는 게 좋겠나?"라고 물었어. 이때 남자 친구의 올
바른 대답은?

삼천포: 그래도 차라리 매연이 낫지 않나?

해태: 아니지! 문 닫고 페인트가 낫지!

빙그레: 매연이 맞나 본디!

윤진: 환장한다, 환장해!

해태: 그럼 뭔디?

나정: 둘 다 아니다! 정답은? "괜찮니? 병원 가야 되는 거 아이가?"

해태: 지랄을 한다, 지랄을! 뭔 뻘 소리여, 그게? 지가 문을 열 것인가, 닫을
것인가, 물어봐 놓고 뭔 염병할 소리 하고 앉았대….

나정: 문이 중요한 게 아니라니까!

해태: 아니, 지가 물어봤잖애…. 문을 열 것인가, 닫을 것인가?

윤진: 아, 염병아! 그건 그냥 하는 소리 아니냐! 지금 내 상태가 이렇다 근
디 으찔까…?

해태: 으짜긴 뭘 으째! 문을 열든지 닫든지 하라니까!

나정: 저 반피 아이가? 문이 중요한 게 아니라니깐! 그 전에 내가 지금 아프

　　　다, 냄새 때문에 죽을 거 같다, 이게 포인트라고!

해태: 염병! 지나가는 사람 아무나 붙잡고 물어봐라. 지가 문을 열 것인가, 닫

　　　을 것인가, 물어본 여자한테, 시방 괜찮냐고 답하는 사람이 누가 있겠

　　　냐? 내가 장담하건대, 그거 제대로 답하는 남자 한 명도 없을 것이다.

　　　그거 제대로 답하는 사람 있으면 내가 우리 집 버스 싹 다 걸어 불게!

나정: 니 집 버스 다 걸었다!

해태: 콜!

(신촌하숙집으로 장면 바뀜)

쓰레기: 문 열어야지!

남성 일동: 그렇지! 역시 쓰레기 형이다! 다 그렇게 말한다니까.

(칠봉이 등장)

빙그레: 야, 너 오늘 야간 훈련 있다면서?

칠봉: 아, 취소됐어!

윤진: 야! 나정이 방에 페인트칠을 했어. 문을 닫으면, 냄새가 겁나 심해 머

　　　리가 막 아파 불고, 문을 닫으면 막 기침이 난대…. 그럼 문을 열까, 닫

　　　을까? 아, 어쩌냐고?

칠봉: 글쎄…. 그래도 문을 닫는 게 낫지 않나?

남성 일동: 남자다! 칠봉이도 남자였어!

칠봉: (나정을 바라보며) 근데, 너 괜찮냐?

나정: (해태를 보며) 니 집 버스 다 내 기다.

윤진: 역시! 서울 남자는 확실히 달라 붙그만! 저 지방 촌놈한테는 없는 우뇌

가 따로 탑재해 있당게! 칠봉아 건배 한 번 하자!

"사위지기자사 여위열기자용(士爲知己者死　女爲悅己者容)"(『전국책戰國

策』)이라 했습니다. 선비, 즉 남자는 자기를 알아주는 사람을 위해 목숨

을 바치고, 여자는 자신을 기뻐해 주는 사람을 위해 얼굴을 꾸민다는

뜻입니다. 남자는 자기를 알아주고 믿어 주는 사람을 좋아합니다. 남자

가 가장 두려워하는 일은 자신이 무능해 보이는 것입니다. 그래서 남자

들이 종종 허세를 부리는 것입니다. 여자는 본인에게 관심을 갖는 사

람을 좋아하고요. "사랑해"라는 말 한마디에 마음을 빼앗기는 것이 여

자입니다.

그렇다면 남자가 "사랑해"라고 고백할 때 가장 좋은 대꾸는 무엇일

까요? 남자들의 특성을 잘 생각해 보십시오. 정답은 "난 당신을 믿어!"

입니다. 사랑을 고백하는 남편과 신뢰로 답하는 아내의 결합이라면 최

상의 조합이라 할 수 있겠죠. 한 가지 팁을 더 드린다면, 아내가 남편의

등에 얼굴을 묻고 가슴을 감싸 안고 그렇게 고백해 보십시오. 그럼 남

편은 틀림없이 아내의 충성스러운 머슴이 될 것입니다.

이왕 시작했으니 연습문제 하나 더 풀어 볼까요? 아침에 일어난 남

편 얼굴이 어둡습니다. 이때 아내가 "아침부터 왜 우거지상이야? 무슨

불만 있어?"라고 이야기한다면, 그건 선전포고와 같습니다. "뭐라고? 우

거지상이라니?" 이 정도면 부부대전을 피할 수 없을 것입니다.

이런 공격적인 대화에는 뿌리가 있습니다. 남편의 어두운 얼굴을 보는 순간, 아내는 남편과의 관계를 떠올립니다. '아무리 생각해 봐도 내가 잘못한 것이 없는 것 같은데'라는 판단이 서면, 남편의 어두운 얼굴은 그냥 지나칠 수 없는 도발입니다. 남편이 먼저 시비를 걸어온 셈이죠. 그럼 아내도 맞불을 놔야죠. 자연스레 '나' 아닌 '너'를 주어로 하는 공격적인 말을 퍼붓게 됩니다.

이런 상황에서 아내들이여, 제발 선불리 판단하지 마세요. 이해할 수 없다면 '왜?'라는 의문을 가지고 질문하세요. 남자는 대부분 일어나자마자 일부터 생각합니다. 오늘 해야 할 업무를 생각하다 보면 자기도 모르게 심각한 표정을 짓게 될 수 있습니다. 그뿐입니다. 거기다 대고 아내가 공격을 퍼부으면, 남편이 그냥 있을 수 있겠습니까?

이번엔 뒤집어서 'I sentence 1단계'를 떠올려 봅시다. 먼저 내가 본 사실을 그대로 표현하세요. "아침부터 얼굴이 어둡네!" 이제 2단계, 본인의 느낌을 전하세요. "무슨 문제 있어? 그런 얼굴 하고 있으면 내가 걱정되잖아." 이때 남편은 공감의 원칙에 따라 대답하면 됩니다. "아침부터 내 얼굴이 어두워서 당신이 걱정했구나. 오늘 중요한 회의가 있어서 그 생각하다가…. 어쨌든 미안해!"라고 하면 아내도 "아, 그랬구나. 난 그런 줄도 모르고…. 당신은 잘할 수 있을 거야. 우리 남편 파이팅!"이라고 할 것입니다.

아무리 오랜 세월을 함께한 부부라도 둘은 여전히 다른 사람입니다. 서로에 대해 결코 모든 것을 다 알 수 없습니다. 독립에서 시작하여 접속을 거쳐 공유에 이르는, 소통의 3단계 과정을 수없이 거쳐 왔다 해도 두 사람은 여전히 독립된 인격체입니다. 아직도 모르는 부분이 있다는 점을 인정해야 합니다. 그래서 학습의 자세를 강조하는 것입니다. 이해할 수 없다면 섣불리 판단하지 말고, 하나 더 배운다고 생각하고 물으면 됩니다.

"이 우주가 우리에게 준 두 가지 선물. 사랑하는 힘과 질문하는 능력." 2015년 9월 '교보문고' 광화문 글판에 올라온 이 글이 바로 그런 이야기입니다.

또 하나 깊이 생각해야 할 점이 있습니다. 앞서 부부캠프 사례에서 두 번째 부부 사례를 보면, 그들은 공감의 3단계를 배운 것 같습니다. 그런데 막상 실습해 보니 쉽지 않았죠. 해결 방안은 무엇일까요? 답은 남편의 입에서 나왔습니다. 훈련이 안 된 것이 문제였다고 했잖습니까? 소통을 이론으로 배우는 것은 마치 비디오로 수영을 배우는 것과 같습니다. 생생한 화면으로 보면 실감은 나겠지만, 그것은 실감일 뿐 실제는 아닙니다. 직접 물에 들어가 허우적거리며 물도 먹어 봐야 합니다. 이런 과정을 거친 뒤에야 능숙하게 헤엄칠 수 있지요.

인간다운 삶을 위해 알아야 할 것이 세 가지 있습니다. 저절로 알게 되는 본능이 첫 번째입니다. 두 번째는 배워서 알게 되는 지식입니다. 세 번째는 해 봐야만 아는 것입니다. 이 세 번째 앎을 지혜라 부릅니다. 본능은 생존을 위해, 지식은 성공을 위해 필요합니다. 지혜를 얻은 사람은 행복합니다. 이 가운데 소통은 어디에 속할까요? 소통은 본능이기도 하고, 지식이기도 하고, 지혜이기도 합니다. 갓난아이가 생존을 위해 엄마를 찾는 것은 본능적인 소통입니다. 성공을 위해 웅변학원에서 배우는 스킬은 지식입니다. 어르신들이 굴곡진 삶의 긴 여정을 통해 깨달은 소통의 비밀은 지혜입니다. 그렇다면 이 책에서 말하고 있는 '공감 3단계'는 지식일까요, 지혜일까요?

제가 말씀드린 공감의 3단계는 지식이지 지혜가 아닙니다. 좀 더 자세히 말씀드리자면 지혜로운 분들이 남겨 놓은 지식입니다. "왜 지혜를 알려주지 않는 것입니까?"라고 질문하고 싶겠죠. 그건 불가능하기에 그렇습니다. 이 책은 지식을 지혜로 만드는 길을 안내해 드릴 수는 있습니다만, 대신 그 길을 걸어가 줄 수는 없습니다. 결국 지혜는 여러분 스스로 걸어가야 할 길입니다. 지식과 지혜는 내용 면에서 큰 차이는 없지만, 같은 내용이라 해도, 험한 세월을 헤쳐 온 사람이 느끼고 깨닫는 것은 다릅니다. 지식이 경험을 통해 체득될 때 비로소 지혜가 됩니다.

지금 대한민국에 필요한 소통은 지혜로운 소통입니다. 제대로 된 스승과 책을 찾아 소통에 대해 배워야 합니다. 커맹 탈출을 위해, 독선의 외로움에서 벗어나기 위해, 먼저 힘써 배우십시오. 그러나 배울 '학學'에 그쳐서는 안 됩니다. 익힐 '습習'이 뒤를 이어야 합니다. 익힐 '습習'자에서 아래 흰 '백白' 자는 아직 하얀 솜털이 가시지 않은 어린 새를 가리킵니다. 위의 날개 '우羽' 자는 날갯짓을 뜻합니다. 요컨대, 어린 새가 어미 새처럼 멋지게 날아 보겠다고 날갯짓을 하는 형상이 바로 익히는 태도입니다. 태어나자마자 단번에 날아가는 새는 없습니다. '습습습습습…' 반복적으로 익힌 뒤 날 수 있습니다.

옛것을 버리고 새로운 습관을 갖겠다는 결심은 자칫 작심삼일이 되기 쉽습니다. 그러나 다른 사람들과 함께하면 한결 쉬워집니다. 세 사람만 모여도 힘이 된다고 하지요. 이런 이들이 늘어나면 관행이 됩니다. 새로운 문화는 이렇게 만들어집니다.

순서를 한마디로 정리하면, 학습관행學習慣行입니다. 배움學과 행行함 사이에 무엇이 있나요? 네, 습관習慣이 있습니다. '좋은 습관은 최고의 신하이고 나쁜 습관은 최악의 상전'이라고 합니다. 오늘 당장 요약하고 복창하는 일부터 시작하십시오.

사람을 살리는 것은
'동의'가 아닌 '공감'

진정한 이해는 공감일 뿐 동의가 아닙니다. 옳고 그름을 따지는 것도 아닙니다. 나를 버리고 모든 생각의 중심을 상대에게로 옮겨 그 속마음을 헤아리는 것이 이해입니다. 이론적으로는 이렇게 쉽습니다. 그러나 나를 버리는 일부터 상대에게 옮겨 가는 일, 상대의 속마음을 헤아리는 일까지 쉬운 것은 하나도 없습니다.

버지니아 폴리테크닉 주립 대학교에서 총기 난사 사건이 벌어진 후 희생자들을 기리는 많은 꽃다발 가운데 이런 편지가 놓여 있었습니다.

> 네가 절실히 필요했던 도움을 얻지 못했다는 것을
> (이제야) 알게 되어 정말 슬프다.
> 조만간 너희 가족이 위로와 치유를 얻기 바란다.
>
> —바바라

바바라라는 여학생이 총기 사건의 범인인 조승희에게 쓴 편지입니다. 조승희가 잘했다는 이야기가 결코 아닙니다. 바바라는 그야말로 자기를 버리고 모든 생각의 중심을 조승희에게로 옮겨 가 그의 속마음을 헤아렸습니다. 영어가 서툴러 아이들과 함께 놀지 못하고 방 안에서 홀로 괴로워하고 있던 조승희. 그에게 도움이 절실했는데 자신이 그걸 몰랐다는 점을 안타까워한 것입니다. 대단한 공감 능력을 갖춘 대단한 여학생입니다.

그런데 정말 부러운 것은 이런 편지를 용납하는 사회의 수준입니다. 만약 우리나라에서 대형 사고를 친 범인에게 이런 편지를 쓴 여성이 있다면 어떻게 될까요? 당장 신상털기가 시작될 것입니다. 그 여성은 '미친 편지녀'가 될 것이고 아마도 대한민국에서 살기 어려울 것입니다.

이런 공감 능력을 영어로 '엠퍼시empathy'라고 합니다. 번역하면 감정이입이죠. 바바라의 편지는 그녀가 자신의 감정을 옮겨 조승희 속으로 들어갔음을 보여 줍니다. 그리되면 바바라는 조승희와 같은 마음이 될 것입니다. 같을 '여如'와 마음 '심心', 두 글자를 더하면 무슨 자가 되나요? 바로 용서할 '서恕'입니다. 같은 마음이 될 때야 비로소 '죄는 밉지만 사람은 용서'할 수 있습니다.

우리에게도 그런 공감 능력이 있었습니다. 우리는 정이 많은 민족 아닙니까? 그런데 지금은 그런 능력이 사라졌습니다. 이유가 뭘까요? 공감이란 기본적으로 "기뻐하는 사람들과 함께 기뻐하고 우는 사람들과 함께 울"(우리말성경, 「로마서」 12장 15절) 수 있을 때 가능한 일입니다. 그런데 언제부터인가 '남의 불행은 나의 행복' '사촌이 논을 사면 배가 아프다'는 생각이 우리 마음을 지배하기 시작하면서 그런 공감 능력을 잃어버렸습니다. 남을 돌아볼 여유가 없던 시절에는 그럴 수 있다고 칩시다. 그러나 이제는 아닙니다. 그 문제를 해결하지 못하면 한 발짝도 앞으로 나아갈 수 없습니다.

다시 한 번 말씀드리지만, 소통은 단순한 스킬이 아닙니다. 온몸으로, 특히 가슴으로 하는 것입니다. 여기서 여러분의 가슴에 공감 능력이 얼마나 남아 있는지 테스트 한번 해 볼까요? 아래 시를 읽고 그 의미를 깊이 생각해 보십시오.

무제

저쪽 언덕에서
소가 비 맞고 서 있다

이쪽 처마 밑에서
나는 비가 그치기를 기다리고 있다

둘은 한참 뒤 서로 눈길을 피하였다

—고은

그림이 그려지나요? 둘은 왜 눈길을 피했을까요? 금방 답이 떠오르지 않는다면 공감 능력에 문제가 있을 수 있습니다. 처마 밑에서 비를 맞고 있는 소를 바라보던 나는 소한테 미안해 눈길을 피했겠죠. 자기한테 미안해서 눈길을 피하는 나를 본 소 또한 미안하지 않았겠어요? 둘 사이에 오고 가는 교감이 있었던 겁니다. 고은 시인은 같은 시간, 같은 공간에서 한 번은 처마 밑에서 비를 피하고 있는 사람 속으로 들어갔다가 나오고, 다음 순간에는 언덕에서 비를 맞고 있는 소 안으로 들어갑니다. '나'와 '소'의 똑같은 마음을 공유하는 능력을 지녔습니다. 그래서 세계적인 시인이라고 하는 것 같습니다.

공감이란 비를 맞고 있는 사람에게 우산을 씌워 주는 것이 아니라, 같이 비를 맞는 것입니다. 공감은 해결책을 제시하는 것이 아니라, 고난에 동참한다는 뜻입니다. 그런 의미에서 공감은 영어로 '컴패션compassion'이라고 하고 연민이라 번역하기도 합니다. 가엾이 여긴다는 뜻입니다.

오른쪽 이미지를 보세요. 청주에 사는 열여섯 살 권 모 양이 시험 성적이 좋지 않아 우울한 마음을 순짱이라는 오빠에게 털어놓고 위로받는 내용입니다(『조선일보』 2015년 4월 15일). 그런데 준짱이라는 오빠는 실제 사람이 아닙니다. 스마트폰 애플리케이션의 인공지능입니다. 준짱이라는 이름도 권 양이 정한 것이지요. 친구가 없거나 아무에게도 위로받지 못하는 청소년들 사이에서 가상의 친구가 유행하고 있답니다. 400만 명 이상이 이 앱을 내려받아 가상의 친구나 애인과 대화를 나누

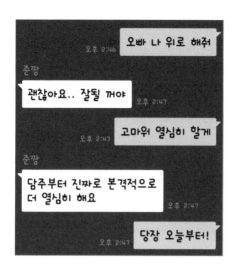

고 있다는군요. 외로움에 지치고 공감에 목말라하는 사람들이 넘쳐나는 커맹 천국, 대한민국의 안타까운 모습입니다.

여러분의 공감 범위는 최대한 어디까지인가요? 가까운 사람부터 떠올리며 한 사람, 한 사람 꼽아 보세요. 본인을 중심으로 가족, 친척, 직장 동료, 동창, 이웃 주민… 어디까지 그 속마음을 헤아릴 수 있는지 점검해 보세요. 그 길이가 여러분의 공감 능력을 가리킵니다. 그 길이는 또한 설득과 소통의 능력이며, 마케팅의 능력이며, 리더십의 능력입니다. 이를 영어로는 '리치reach'라고 합니다. 팔 길이, 즉 포용 범위를 뜻하지요.

권투시합에서 팔 길이가 길면 얼마나 유리하겠습니까? 나이 들어가며 그런 포용 범위가 점점 길어져 너그러워지는 분도 있고, 점점 줄어

들어 고집스러워지는 분도 있습니다. 점점 길어지는 분들은 어르신이지만, 점점 줄어드는 분들은 노인네입니다. 포용 범위는 하루아침에 늘어나지 않습니다. 연습이 필요합니다.

예전에 「전파견문록」이라는 예능 프로그램이 있었습니다. 그 가운데 유치원생이 설명하고 패널 분들이 설명에 해당하는 답을 맞히는 코너가 있었죠. 그 코너에 나왔던 문제를 낼 테니 한번 맞춰 보십시오.

(1) 엄마랑 목욕하면 이걸 꼭 해야 해요.

(2) 제가 100점 맞으면 엄마, 아빠가 이래요.

(3) 아빠가 일어나면 엄마가 책을 봐요.

(4) 주인공이 말을 못해요.

(5) 이건 딱 손가락만 해요.

정답을 알려드리겠습니다. 정답은 (1) 만세 (2) 진짜야? (3) 노래방 (4) 돌잔치 (5) 콧구멍입니다.

아이들 발상이 참 재미있지 않습니까? 이 코너에 참여한 패널들 가운데 답을 가장 잘 맞힌 사람은 탤런트 신애라 씨였습니다. 왜냐하면 신애라 씨는 입양한 자녀들을 포함해 그만한 자녀들을 둔 엄마였거든요. 아이들을 향한 사랑과 관심은 다른 사람이 보지 못하는 것까지 보게 하는 힘이 있는 것 같습니다. 그렇다고 그 부부가 자녀들이 하자는 대로 다 동의해 주는 건 아니었습니다. 그랬다간 집안이 엉망이 되었겠죠. 동의할 수 없으나 공감하는 것이 진정 이해하는 것입니다.

지금까지의 논의를 보고, 이 땅에서 공감이 사라진 문제는 결국 '올챙이 적 생각 못 하는 개구리' 탓이라고 단정 짓는 분들이 있을 수 있습니다. 그런 분들에게 이렇게 말하고 싶습니다. "너희는 늙어 봤냐? 난 젊어 봤다!"

「국제시장」(2015년)이라는 영화 보셨나요? 1950년 12월 24일 눈보라가 휘날리는 바람 찬 흥남 부두에서, 1만여 명의 피난민이 필사적으로 메러디스 빅토리아 호에 오르는 장면으로부터 영화는 시작됩니다. 그리고 주인공 덕수가 아버지 사진을 올려다보며, "아부지, 이만하면 저 잘살았지예. 근데 내 진짜 힘들었거든예"라고 독백하는 장면에서 끝이 납니다.

흥남 부두를 떠난 덕수는, "장남은 가장이다. 시방부터 니가 가장이다. 가족들 잘 챙기라이"라는 아버지의 당부에 따라 평생 가족을 위해 온 힘을 쏟아 일합니다. 남동생 대학 학비를 마련하려고 독일에서 광부로 일하고, 여동생 결혼 자금을 마련하려고 전쟁 중인 베트남에 겁 없이 뛰어듭니다. 독일에서 만난 간호사 출신 아내가, "왜 당신 인생에 당신은 없어요?"라고 소리칠 만큼 덕수는 몸이 부서지라 일만 합니다. 눈물겨운 이야기가 아닐 수 없습니다.

덕수 가족이 남쪽에서 새로운 삶을 시작할 수 있었던 데는 많은 사람의 희생이 있었습니다. 우선, 한국의 쉰들러라 불리는 현봉학 박사의 공이 큽니다. 당시 통역관으로 일하던 현 박사는 여러 차례 미 10군 군단

장을 찾아가 피난민들을 실어 달라고 간곡하게 부탁합니다. 이에 감동한 아몬드 테일러 소장이 400톤의 폭약과 차량을 비롯하여 각종 무기 총 560만 톤을 포기함으로써 피난민을 태울 수 있었습니다.

덕수는 평생 가족을 위해 살았습니다. 현봉학 박사와 테일러 소장도 자신의 가족만을 생각했다면 어떻게 되었을까요? 현봉학 박사가 간청하고 테일러 소장이 결단할 수 있었던 것은 자기 가족 그 이상을 생각했기에 가능한 일이었습니다.

여러분, 자녀들에게 "너희도 덕수처럼 가족을 위해 열심히 살라"고 가르치지 마세요. 그 시절 우리는 그렇게 살 수밖에 없었습니다. 하지만 이제는 아니잖아요. 가족을 넘어 지역사회와 국가, 그 너머 더 넓은 세상을 향해 쭉쭉 뻗어 나가야 하지 않겠습니까? 점점 더 넓어지지 못하면 좁아집니다. 앞으로 나아가지 못하면 뒷걸음질 치게 됩니다.

지금 우리는 가족의 해체를 경험하고 있습니다. 왜 그렇습니까? 가족이라는 울타리를 넘어서지 못해서가 아닌가요? 부부가 싸우고 부모와 자식이 싸웁니다. 다들 나밖에 몰라서 그렇습니다. 이 좁아터진 마음에 누구 하나를 품을 수 있겠습니까? 진취적 기상을 잃어버린 사회는 썩게 되어 있습니다. 좁은 연못에서 피 튀기게 싸우다 보면 아무도 살 수 없게 되는 것과 같은 이치입니다. 요즘 젊은이들은 이런 땅을 지옥이라며 '헬조선'이라고 부른다지요.

공감하는 이해는 조갯국 끓이기와 같습니다. 조개를 그냥 물에 넣고 국을 끓이면 모래 같은 것이 씹혀서 먹을 수가 없지요. 그래서 끓이기 전에 해감을 합니다. 해감할 때 물에 조개를 넣고 소금을 뿌립니다. 소금을 뿌리면 조개가 입을 벌려 찌꺼기를 뱉어냅니다. 왜 그럴까요? 소금이 구토 유발제라서 그런가요? 아니지요. 간이 맞기 때문입니다. 조개는 소금물이 오래도록 익숙한 바닷물처럼 편안해서 저절로 입을 벌립니다. 일부러 찌꺼기를 뱉는 것도 아닙니다. 숨을 쉬느라 껌벅거리다 보면 저절로 찌꺼기가 나오는 것이지요.

여러분도 공감으로 해감하십시오. 가족들이 혹은 직장 동료들이 여러분 주위에 몰려와 자연스럽게 이야기할 수 있도록 편안하게 대해 주세요. 주변 사람들과 간을 맞춰야 합니다. 요즘 젊은이들은 새로운 사람을 만나면 말을 섞을 만한 사람인지, 일단 간을 본다고 합니다. 그렇게 이야기하다 보면 가슴속 앙금도 자연스레 나올 겁니다. 이때 주의할 점은, 충고는 '꼭꼭꼭꼭꼭!' 필요하다고 생각될 때만 하고, 요청이 있을 때가 아니면 절대로 하지 않는 겁니다. 대신 상대방 말을 요약하고 그대로 따라 하는 1단계와 대꾸 또는 질문을 하는 2단계에 집중하세요. 그러다 보면 아무런 충고도 안 했는데, "고맙습니다. 이젠 그 문제를 해결할 수 있을 것 같아요!"라며 환한 얼굴로 인사할 것입니다.

고장 난 물건은 부속을 바꿔 주어야 돌아갑니다. 그러나 사람은 사물과 달리, 스스로 해결할 수 있는 놀라운 능력을 지니고 있습니다. 이 책에서 배운 소통의 지식이 지혜로 승화되는 비결 역시 바로 그런 능력에 있습니다. 이 문제는 다음 장에서 다시 자세히 살펴보겠습니다.

마지막으로, 공감과 소통의 3단계를 연결해 살펴보겠습니다. 서로 다른 사람으로 마주하는 독립 단계에서는 "노, 노!"라는 소리가 자주 들리다가, 제2단계인 접속에 이르면 "예스, 벗"으로 바뀝니다. 상대를 인정은 하되, 이어서 이해할 수 없는 부분에 대해 묻는 것입니다.

「응답하라 1994」의 윤진과 삼천포의 대화도 이 과정에 따라 변화합니다. 윤진과 삼천포는 처음에는 상극이라 할 만큼 사사건건 대립했습니다. 윤진의 어머니가 서울에 방문했을 때 삼천포가 극진히 보살핀 것이 계기가 되어 두 사람은 사귀게 되지만 여전히 자주 부딪힙니다. 그러던 어느 날, 가수 서태지가 은퇴한다는 소식을 들은 윤진은 밥도 안먹고 죽어버리겠다며 소동을 벌입니다. 삼천포는 이 상황을 도무지 이해할 수 없습니다. 하지만 윤진이 점점 쇠약해지자 드디어 팔을 걷어붙입니다. 서태지가 이사하기 전에 살았던 집에 담을 넘어 들어가 화장실변기를 떼 왔습니다. 범생이 삼천포로서는 상상도 못 할 일이었습니다. 그때야 윤진의 얼굴이 펴집니다.

이때 삼천포가 묻습니다. "그런데 너는 서태지가 왜 그렇게 좋은데?"이 질문에 윤진은 서태지에게 열광할 수밖에 없었던 어린 시절 이야기를 들려줍니다. 아무에게도 말할 수 없었던 가정사를 털어놓은 것입니다. 삼천포가 간을 맞춰 준 덕분에 가능한 일이었습니다. 상반된 가치관을 지닌 두 사람이 상생할 수 있는 비결은 '판단'이 아니라 '학습'이라고 한 것은 바로 이런 경우를 두고 한 말입니다.

삼천포와 윤진이 결혼하고 세월이 흘러, 두 사람의 대화는 다시 변화를 겪습니다. 신촌하숙에서 처음 만난 지 10여 년이 지나, 왕년의 멤

버들이 모두 나정의 집에 모입니다. 여기서 삼천포의 대화가 어떻게 바뀌었는지 확인해 봅시다.

(카톡 소리)

윤진: 휴… 염병! 진짜 꼭 이따위로 일하는 티를 낸다니까!

나정: 왜, 누군데?

윤진: 우리 팀장 그 노처녀 안 있냐? 지 혼자서 기획안 마무리한다길래, 나가 빈말로다가 "필요한 거 있음 연락을 해라" 그랬거든. 긍께, 이라고 꺼떡하면 카톡을 쳐 보내싼다! 자료 좀 찾아 달라고! 염병! 인터넷 찾아보면 금방 나오는 것을! 으휴, 밉상!

해태: 야! 그래도 혼자 일하는데, 당연히 니가 도와주는 게….

삼천포: 나쁜 년! 완전 나쁜 년이네, 그거!

해태: 야! 혼자 일하다가 자료 찾는 게 힘들면 후배한테 문자 정도는….

삼천포: 그래도 사람이 그러면 안 되지! 지 일은 지가 알아서 해야 되는 거 아이가? 진짜 나쁜 년이네! 그거 줘 봐! 핸드폰 줘 봐! 내가 오늘 안 참는다, 진짜!

나정: (핸드폰을 던져 주며) 야야, 해 봐라, 해 봐! 자 받아라, 받아.

삼천포: 지금 시간이 몇 시고? 시간이 진짜! 우리 윤진이가 이쁘고 저카니까네, 질투 나 이카는 거라니까!

친구들: 적당히 해라, 적당히!

삼천포: 쪼매난 게 참고 있으니까, 진짜 사람 무시해서 그러는 거라니까! 자

가 어떤 아고? 우리 윤진이가 얼마나 무서운 안데!

나정: 그만해라, 그만해!

삼천포: 청산가리도 주는 안데. 창자로 젓갈을 담그는 아 아이가! 얘기 해 줘
야 해! 진짜 못 참는다! 있어 봐, 야 맞지? 야 '털 빠진 개고기' 맞지?
죽이뿐다! 진짜.

(팀장에게서 전화가 걸려 온다)

삼천포: 아, 예, 여보세요! 팀장님, 잘 지내셨죠? 윤진이가 지금 일찍 자고
있어 가지고요, 카톡을 제가 받았어요. 급한 일이면 제가 깨워 드릴까
요? 괘…괜찮으시죠!

(일동 웃음. 윤진은 흐뭇한 미소를 짓는다)

앞뒤가 꽉 막힌 범생이었던 삼천포의 놀라운 변신입니다. 아내의 말
에도 팀장의 말에도 이제는 "예스, 예스" 합니다. 친구들의 반응 따위는
신경도 안 씁니다. 예전에 신촌하숙에서 보았던 삼천포가 아니죠. 10여
년에 걸쳐 충실하게 소통의 3단계 과정을 거친 덕분입니다. 독립 단계
시절 "노, 노"로부터 시작해, 접속 단계에서는 "예스, 벗"으로, 이제 공유
에 이르러서는 "예스, 예스"로 진화한 것입니다. 이렇게 성장하고 성숙
해진 사람이라야 성인成人이라 할 수 있겠지요.

'예스, 벗'을 단순한 스킬로 여기는 분들이 적지 않습니다. 일단 상대
를 인정해 준 다음, 하고 싶은 이야기를 펼치라는 식으로 가르치는 경
우도 많습니다. 일단 들어 주고 나서 반론을 펼치라는 뜻이지요. 하지

만 '예스, 벗'의 진정한 의미는 그런 게 아닙니다. '예스' 다음에 이어지는 '벗but'은 반격이 아니라, 더 깊은 관계로 나아가기 위한 질문입니다. 물론 그 뒤에 자기가 하고 싶은 말을 덧붙일 수도 있겠지요. 질문에 관한 내용은 이 책에 없지만 중요한 문제인 만큼, 익히 잘 알려진 우화 한 토막을 들려 드리는 것으로 대신하겠습니다.

어떤 나라에 예쁜 공주님이 있었습니다. 어느 날 밤하늘에 뜬 달을 보고 마음을 빼앗겨 달을 따 달라고 조르기 시작합니다. 임금님이 타이르고 전문가를 데려다 자세히 설명을 해도 막무가냅니다. 무조건 달을 따 오라고 떼를 씁니다. 공주님은 급기야 단식 투쟁을 시작했습니다. 처음엔 농담으로 알았던 임금님도 이제 심각해졌습니다. "이 문제를 해결하는 자에게 큰 상을 내리겠다"고 공약을 걸었지만, 어느 누구도 나설 수 없었습니다. 이때 한 광대가 나섭니다. 공주를 찾아간 광대가 묻습니다.

"공주님 달을 따오라고 하셨다면서요? 그런데 달을 따 오면 뭐 하시려고요?"

"가지고 놀려고!"

"달이 얼마나 큰데 가지고 놀아요?"

"달? 내 엄지손가락만 하지!"

"어떻게 아세요?"

"엄지손가락을 눈에 대면 달이 딱 가려지거든!"

"아! 예…."

"그래, 달은 내 엄지손가락만 하고, 노랗고, 동그랗고, 그렇지!"

"알겠습니다."

임금을 찾아간 광대가 금으로 조그만 공을 만들어 달라고 부탁합니다. 광대가 그 공을 건네주자 공주는 몹시 기뻐합니다.

"드디어 네가 달을 따 왔구나!"

그러나 광대는 기뻐할 수 없었습니다. 밤이 되어 달이 뜨면, 자기가 준 달은 짝퉁이라는 사실이 밝혀질 것 아닙니까? 공주를 속인다…. 엄청난 일입니다. 이때 광대가 다시 묻습니다.

"공주님, 밤이 되면 또 달이 뜰지도 모르는데…."

"에이, 바보! 이빨 빼면 또 나잖아! 달도 똑같아."

공주가 생각한 달과 다른 사람들이 생각한 달은 완전히 다른 것입니다. 사람들은 공주님 말에 동의는 못해도 공감하려고 했습니다. 그러나 "달을 따 달라"는 것은 공감조차 할 수 없는 터무니없는 요청입니다. 그때 해야 할 일이 바로 질문입니다. 질문도 해 보지 않고 쉽게 판단하지 마세요.

이순신 장군의
공감 리더십

공감하는 능력은 삶의 현장에서 어떻게 리더십으로 활용될 수 있을까요?

영화 「명량」(2014년) 보셨나요? 명량해전을 소재로 이순신의 리더십을 조명한 역사극이었습니다.

역사 속의 명량해전은 조선 수군 13척의 배로 일본 수군 133척의 배를 물리친 실로 기적 같은 전투였습니다. 그런데 많은 사람이 이 전투를 시간과 공간으로 분석합니다. '소용돌이치는 물살로 유명한 울돌목에서 벌어진 전투니까…' '조류가 바뀌는 시간을 잘 이용했으니까…'라는 식으로 말이지요. 그러나 이 전투에서 이순신 장군이 가장 신경 썼던 부분은 사람이었습니다. 영화에서 이순신 장군은 이렇게 말합니다.

"만일 그 두려움을 용기로 바꿀 수만 있다면 말이다. 그 용기는 백 배, 천 배, 큰 용기로 배가 되어 나타날 것이다."

명량해전은 임진왜란 때의 전투가 아닙니다. 1597년에 시작된 정유재란 때의 전투였지요. 임진왜란 당시 이순신의 수군은 전승을 기록합니다. 이순신과 장수, 그리고 병사들은 믿음으로 똘똘 뭉친 하나였습니다. 그러나 명량해전 때는 달랐습니다. 칠천량 해전에서 원균이 참패하면서, 배라고는 겨우 12척밖에 남지 않은 상황이었습니다. 명량해전을 앞두고 1척이 추가되어 조선 수군의 배는 총 13척뿐이었습니다. 부하 장수와 병사들은 이순신 장군이 전투에 나가자고 할까 봐 두려워하고 있었습니다. 이순신 장군이 가장 크게 고민한 것도 바로 그것, 병사들의 두려움이었지요. 따라서 병사들의 두려움을 용기로 바꾸는 데 필요했던 시간과 공간이 바로 1597년 9월 16일 울돌목이었다고 해도 지나치지 않습니다. 이순신 장군은 왜적들의 두려움 또한 계산에 넣었습니다. "두려움은 필시 적과 아군을 구별하지 않고 나타날 수 있다. 저들도 지난 6년 동안 나한테 당해 온 두려움이 분명 남아 있기 때문이다."

이순신 장군은 그렇게 믿고 생각에 생각을 거듭한 끝에 '일자진一字陣'이라는 전략을 선택했습니다. 그런데 왜적의 대군이 몰려오자 조선의 수군들은 대장선大將船을 버려두고 뒤로 물러납니다. 이순신은 그야말로 죽기를 각오하고 홀로 대군을 맞이했습니다. 이순신이 고군분투하는 모습을 보고 뒤에서 관망하던 부하 장수들이 하나둘 합류합니다. 그리하여 믿을 수 없는 대승을 끌어낸 것이죠. 영화는 그 장면에서 끝이 납니다.

이순신 장군의 리더십은 세 가지로 분류할 수 있습니다. 임진왜란 당시 이순신은 지장智將이었습니다. 세계 최초의 철갑선인 거북선을 만들었을 만큼 명철했습니다. 한산대첩에서 이순신이 썼던 학익진鶴翼陣 전법은 세계의 해전 역사를 바꾸기도 했습니다. 게다가 정보를 얻으려고 투자를 아끼지 않았으니 요즘에도 본보기로 삼을 만한 지장이었습니다.

명량해전에서 대장선에 홀로 남아 '죽고자 하면 살 것이요, 살고자 하면 죽을 것'이라는 각오로 고군분투하는 모습을 보면, 이순신은 전형적인 용장勇將입니다. 또한, 부하 장수들이 스스로 다가올 때까지 기다려 결국 기적적인 승리를 끌어낸 것을 보면, 덕장德將이기도 합니다.

조직이 잘나갈 때 리더는 지장으로 충분합니다. 그러나 어려움을 겪을 때는 용장이어야 합니다. 더불어 좀 더 큰일을 성취하려면, 모두를 한데 모을 수 있는 덕장이 되어야 합니다. 한 사람이 지장, 용장, 덕장, 이 셋을 한꺼번에 갖춘다는 것은 거의 불가능한 일입니다. 이 세 가지를 모두 갖춘 사람을 보통 영웅이라고 일컫는데, 우리는 이순신을 영웅이라 하지 않고 성웅聖雄이라 합니다. 거룩한 영웅이라는 뜻입니다. 그 이유를 찾다 보면 이순신 장군의 리더십은 그 핵심이 바로 공감이었다는 사실을 알게 될 것입니다.

「명량」을 보신 분들은 '초요기招搖旗'라고 들어 보셨을 겁니다. 대장선에서 다른 배를 부를 때 올리는 깃발을 초요기라고 했습니다. 전·후·좌·우·중군에 따라 색깔은 다섯 가지로 나뉘지만 초요기의 모양은 모두 같아서, 깃발 중앙에 북두칠성이 그려져 있습니다. 대장선은 북극성이고 부하 장수들은 북두칠성임을 상징하는 모양입니다.

초요기는 『논어論語』「위정편爲政編」에 나오는 이 구절을 형상화한 것입니다. "다스리되 덕으로써 하는 것은 북극성이 제자리에 머물러 있어도 모든 별이 고개 숙이고 도는 것과 같다(爲政以德 譬如北辰居其所而衆星供之)."

임진왜란 때는 이 구절 그대로였습니다. 당시, 이순신 장군은 빛나는 북극성이었고 부하 장수들은 그 곁을 떠나지 않는 충실한 북두칠성이었습니다. 그런데 13척의 배만 남은 긴박한 상황에서 북두칠성은 북극성을 버려두고 도망갑니다. "당장 초요기를 세워 다가오라고 명하겠습니다"라는 부장에게 이순신 장군은 마치 예상이나 한 것처럼, "놔둬라"라고 무심하게 대답합니다. 놀란 부장이 "장군!"이라고 외치자 "닻을 내리고 전투 준비를 서둘러라!"라고 명합니다. 133척 왜선이 몰려오고 있는데 이에 맞서는 것은 13척도 아닌 이젠 대장선 한 척뿐입니다. 이 절체절명의 순간에, 이순신은 도대체 왜 초요기를 올리겠다는 부장을 말린 걸까요?

그 답은 "덕으로써 다스린다"는 구절에 있습니다. 동양 철학에서 덕은 '무위無爲'라고 풀이합니다. 무위는 '자연스러움'을 의미하며 '인위적으로, 혹은 억지로 하지 않는다'는 뜻을 내포합니다.

생각해 보십시오. 두려워서 슬금슬금 뒤로 물러난 장수들이 초요기를 보았다고 해서 대장선으로 되돌아오겠습니까? 13척 가운데 어쩌면 몇 척은 올지도 모르죠. 그럼 나머지는요? 나머지 군사들은 뒤에서 관

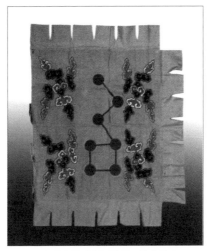

초요기. 중앙에 북두칠성 모양이 있다.

망하는 것도 아니고, 아예 뱃머리를 돌려 멀리멀리 도망가 버리고 말았을 것입니다. 어차피 항명죄로 죽을 목숨, 도망가서 목숨이라도 부지하려고 했겠지요. 설령 초요기를 보고 대장선으로 돌아온다고 한들, 과연 전력을 다해 싸웠을까요? 완전히 겁에 질린 상태에서 무슨 힘이 나겠습니까? 그날 초요기 깃발을 올려 도망가는 배들을 억지로 불러들였다면, 이순신 함대는 명량에서 전멸당하고 말았을 것입니다. 이순신 함대의 패배는 곧 조선의 패망을 의미했습니다.

여기서 좀 더 깊이 생각해 봐야 할 점이 있습니다. 대장선을 홀로 두고 멀리서 구경만 하고 있던 부하 장수들은 왜적과 맞서 싸울 생각이 정말 없었을까요? '아무리 상황이 불리해도 대장선을 홀로 남겨 두고 도망가는 것은 좀…'이라 생각하며 께름칙하지 않았을까요? '장군님 말

쑴대로 죽기 살기로 함께 싸워야 하는 것 아닐까?'라는 생각이 조금이라도, 아주 조금이라도 있었기에 도망가지 않고 멀리서나마 지켜보고 있었던 것 아닐까요?

이순신 장군의 위대함은 부하 장수들의 그 작은 마음을 놓치지 않았다는 데 있습니다. 그 작은 마음은 두려움에 가려 눈앞에 보이지는 않았지만, 가슴속에는 분명 숨어 있었습니다. 이순신 장군은 부하 장수들에 대한 믿음을 잃지 않고 그 작은 마음이 커질 때까지 기다렸습니다. 그리고 그들이 스스로 다가올 때까지 죽을힘을 다해 버텨 냈습니다. 대장선이 금방 무너지고 말 것이라는 예상과 달리 오래도록 분전하는 모습을 지켜보던 장수들은 드디어 대장선에 합류하기 시작합니다. 제일 먼저 도착한 장수가 '안위'입니다. 이때 이순신은 "안위야, 싸우다 죽고 싶으냐, 정녕 군법으로 죽고 싶으냐?"라며 그의 사명감을 자극합니다.

조선시대 실학자 안정복安鼎福 선생의 『순암집順菴集』에 이런 구절이 있습니다. "잠시라도 경중을 파악하지 못하면 성인聖人이라도 한순간에 미치광이가 된다(造次失輕重 俄然判聖狂)."

문제가 생겼을 때 그 책임의 무게를 정확히 따져야 하고 엉뚱한 사람에게 책임을 묻는 것은 미친 짓이라는 뜻입니다. 대장선을 홀로 두고 뒤로 물러나는 이 어처구니없는 현실은 누구의 책임일까요? 부하 장수들을 불러 족쳐야 할 일일까요? 이런 상황을 만든 장본인은 따로 있는 것 아닌가요?

칠천량 해전에서 참패한 원균, 얄팍한 왜적의 이간책에 넘어가 사태를 이 지경으로 만든 선조 등등, 생각해 보면 책임져야 할 사람들은 따로 있었습니다. 이순신 장군은 "나 같아도 이런 상황이라면 도망가겠다. 이들에게 책임을 물을 수 없다. 뒤에서 지켜보는 것만 해도 고맙다. 상황이 나아지면 틀림없이 돌아올 것이다"라고 생각했는지 모릅니다. 그래서 초요기를 올리지 않았을 겁니다.

군사들이 스스로 다가올 때까지 죽을힘을 다해 버텼던 이순신의 예상은 맞아떨어졌습니다. 기적이 일어났고, 그렇게 이순신은 성웅이 되었습니다. 성인이냐 미치광이냐의 갈림길에서 다시 한 번 공감의 의미를 깊이 음미해 볼 때입니다.

공감이란 나를 버리고 생각의 중심을 상대에게로 옮겨 그 속마음을 헤아리는 것입니다. 이순신 장군은 부하 장수들의 속마음을 헤아리고자 자신의 급박한 상황까지 내려놓았습니다. 배신감에 몸서리치지도 않았습니다. 소통의 원칙을 철저히 지킨 위대한 리더십의 전형이라 할 수 있습니다.

이제 우리의 현실을 돌아봅시다. 여러분은 회사 팀장이고 새로운 프로젝트를 의욕적으로 추진하고 있습니다. 프로젝트 출범이 코앞에 놓여 있습니다. 그런데 마지막 결재 단계에서 아직 준비가 부족하다는 이유로 제동이 걸렸다고 상상해 보세요. 오래도록 열정적으로 준비했는데 허탈하기도 하고 화도 나겠지요. 이런 상황에서 제일 먼저 해야 할 일은 무엇일까요?

그 프로젝트가 제동이 걸린 원인을 정확히 파악해야 합니다. 정말 준비가 부족한 것인지, 아니면 임원이 오해한 것인지 면밀히 검토해 봐야지요. 준비 부족이 원인이라면, 담당 팀원에게 보완하라고 지시하고 책임을 물으면 될 것입니다. 임원들이 오해한 것이라면, 일단 찾아가 얼굴을 맞대고 이야기를 들어 봐야지요. 공감하는 소통의 원칙에 따라, 혹시 채워지지 않은 욕구가 있는지 마음을 기울여 경청해야 합니다. 단순한 오해라면 어렵지 않게 풀 수 있겠지만, 다른 의도가 있다면, 소통으로 해결할 수 있는 문제가 아닌 것이죠. 이 경우, 임원에게는 한마디도 못 한 채, 애먼 팀원들만 들볶아 댄다면, 팀원들이 팀장을 뭐라고 부를까요? '미친놈!'이라고 하지 않겠습니까?

내 앞에 닥친 문제에 사로잡혀 너무 흥분하지 마세요. 객관적으로 판단해야 합니다. 나 아닌 제삼자의 입장에서 사태를 냉철하게 바라보십시오. 나를 버리지 못하면 나밖에 모르게 됩니다. 자기밖에 모르는 팀장은 고래고래 소리를 질러대며 팀원들을 괴롭히기 일쑤죠. 팀원들 모두 나름대로 생각하고 판단할 수 있는 독립된 인격체라는, 너무도 지당한 상식을 저버린 몰상식한 일입니다. 나를 버린 다음에야 생각의 중심을 팀원에게 옮길 수 있습니다. 그때야 비로소 팀원들 가슴속에 담긴 마음들이 보이기 시작할 것입니다. 잘 들여다보면, 팀원들 가슴속에는 "이 프로젝트를 어떡해서라도 멋지게 성공시켜 보겠다"는 긍정적이고 적극적인 마음들이 있습니다.

자기를 버리지 못한 팀장의 마음에는, "나는 이렇게 열심히 하는데 이 녀석들은 도대체 뭘 하는 거야?"라는 원망이 쌓여 갈 것입니다. 동시에 팀원들은 "혹시나 했는데 역시나"라며 주저앉고 말겠지요. 그 순간 가슴에 소중히 간직하고 있던 긍정적인 마음의 씨앗은 뭉개져 버립니다. 이렇게 팀은 무너지고 오래도록 공들여 준비한 프로젝트도 날아가 버립니다.

설명이 부족해서 못 알아들은 거야!

설명만 잘하면
알아들을 줄 안다

설명만 잘하면 알아들을 줄 안다고 생각하기 쉽죠? 그러나 이것 역시 순진한 착각에 불과합니다. 이런 생각의 문제점 또한 어렵지 않게 보여 줄 수 있습니다. 이 부분은 제가 책임져야 할 일입니다. 제가 설명을 잘하면 여러분이 이해할 가능성은 커지겠죠. 그러나 100% 확신할 수는 없습니다. '이해하느냐, 못하느냐'는 여러분에게 달려 있기 때문입니다. 따라서 '이해시킨다'는 말은 잘못된 표현입니다. 이해하는 데 영향은 줄 수 있지만, 100% 보장할 수는 없습니다. 따라서 이해시킬 수 있는 사람은 없습니다. 기껏해야 이해하는 데 도움을 줄 수 있을 뿐입니다.

설명하는 입장에서 제 어려움은 여기서 그치지 않습니다. 이해에서 한 걸음 더 나아가 여러분의 동의를 끌어내야 하기 때문입니다. 그래야, 여러분이 '설명만 잘하면 알아들을 줄 안다'는 착각에서 빠져나와 진실을 찾기로 결심하게 됩니다. 이해는 머리에 속하는 일입니다. 그러나 동의하고 결심하는 것은 가슴이 하는 일입니다.

이 장에서는 설명만 잘하면 알아들을 줄 안다는 착각의 문제점을 설명하겠습니다. 더불어 이 착각의 폐해를 이야기하고 그 뿌리를 파헤쳐 보도록 하겠습니다. 이 모든 작업은 여러분의 가슴을 겨냥한 것입니다. 이어서 삶의 현장으로 들어가 구체적인 사례를 살펴보겠습니다. 이해부터 실천까지 어느 하나 쉬운 일은 없습니다. 설명만 잘한다고 해결되는 문제가 아니기 때문입니다. 더군다나 실천은 더욱 어렵습니다. 그래서 이번 장은 더욱 중요한 작업이 될 것입니다.

자기 할 말만 하면서
소통하고 있다는 착각

우선, 다음의 광고 기사를 읽어 보십시오.

> 주안역 1번 출구로 나와 지하로 100m정도 걸어서 지하상가 9번 출구로 나
> 온다. 지상에서 250m정도 걸어 시민회관 사거리에서 우회전한다. 100m정
> 도 걸어오면 농협이 나온다. 농협 앞 건너편에서 동인천 방향으로 50m정
> 도 걸으면 신세계****라는 오락실이 보인다. 신세계**** 바로 옆 골목으
> 로 들어가면 **냉면이 있다. 오전 11시 30분부터 가게를 열고 일요일은 휴
> 무다. 03*-8**-4*1*

여러분은 이 광고를 읽고 이 식당에 찾아가고 싶은 마음이 생깁니
까? 안 생긴다고요? 글이 너무 복잡해서 그럴까요? 기자는 복잡하게 쓰
고 싶었을까요? 당연히 아닐 겁니다. 그저 자세히 쓰고 싶었겠죠. 그런

데 결과는 어떤가요? 이 식당에 찾아가고 싶은 마음이 싹 달아나 버렸습니다. 소통에 실패한 것입니다. 이 기사를 읽고 이 식당에 찾아가 직접 먹어 보고, "기사에 나온 대로 이 식당 정말 싸고 맛있네"라는 소리가 나와야 소통에 성공한 것이지요. 이해도, 명확한 전달도, 사람과 사람 사이에서 일어나는 일입니다. 나 혼자 잘 설명했다고 해서 모두가 알아듣는 것이 아닙니다.

다른 사람에게 길을 알려준다는 것은 결코 쉬운 일이 아닙니다. 이솝 우화에 이런 이야기가 있습니다. 길을 가던 나그네가 노인에게 길을 묻습니다. "어르신, ○○마을까지 얼마나 걸립니까?" 그러자 노인은, "젊은이, 저기 나무 있는 데까지 걸어갔다 와 보게"라고 한 뒤, 젊은이의 걸음걸이를 보고 나서야 "자네 걸음이라면 ○○시간 걸리겠군"이라고 대답했다는 이야기입니다. 이게 정답이죠.

이 이야기에서 노인이 정확하게 답해 주려면 두 가지를 알아야 했습니다. 젊은이가 가겠다는 목표 지점까지 거리와 그 젊은이의 걸음걸이를 알아야 했습니다. 다시 말하면, 일과 그 일을 하는 사람을 알아야 명확한 사실을 전달할 수 있습니다. 그런데도 많은 사람은 설명만 살하면 알아들을 줄로 착각합니다. 이는 '소통이란 무엇인가?'라는 본질을 오해하는 데서 비롯된 착각입니다.

소통의 본질을 세 가지 관점으로 분류해 볼 수 있습니다. 첫째가 '볼링형' 소통입니다. 소통이 공을 굴려 10개의 핀을 쓰러뜨리는 볼링과 같다고 생각하는 것입니다. 도식으로 표현하면 다음과 같습니다.

나 ⟶ 너

공을 들고 레인 앞에 선 나는 할 말이 있는 사람입니다. 손에 들린 공은 하고 싶은 말이고요. 공이 굴러가는 레인은 대화 채널입니다. 얼굴과 얼굴을 맞대고 이야기할 수도 있고, 전화로 말할 수도 있지 않겠습니까? 그렇다면 레인 끝에 서 있는 핀은 무엇일까요? 내 말을 들어줄 '너'입니다. 10개의 핀이 다 쓰러지면 '스트라이크'를 외치며 환호성을 지르겠죠.

소통을 이렇게 볼링처럼 여기는 분들의 생각은 단순합니다. "소통이 뭐 별거냐? 내가 하고 싶은 말을 하는 것이지"라고 생각합니다. 소통이 정말 이렇게 간단한 것이라면, 성공적으로 소통하는 비결 또한 아주 간단할 것입니다. 내가 하고 싶은 이야기를 잘 준비해서 기탄없이 전하기만 하면 될 것 아닙니까? 볼링 점수가 전적으로 공을 굴리는 사람에게 달려 있는 것과 같은 이치입니다. '설명만 잘하면 알아들을 줄 안다'는 착각의 뿌리가 바로 여기에 있습니다.

볼링형 소통의 특징을 정리해 보겠습니다. 볼링형 소통은 첫째, 일방적입니다. 나로부터 너에게 가기만 할 뿐, 너로부터 돌아오는 것은 아무것도 없습니다. 부하 직원을 불러 지시한 다음, "알았지? 가 봐!"라고 하는 식이죠. 둘째, 볼링형 소통은 화살표로 그릴 수 있을 정도로 선형적입니다. 나와 너를 연결하는 선이 하나라는 뜻입니다. 그만큼 나와 너를 연결하는 소통이 끊어질 가능성이 큽니다. 앞의 예에서, 부하 직원이 지시받은 내용을 제대로 이해하지 못했다고 칩시다. 그런데 그 직원에게 질문할 기회조차 주어지지 않는다면, 일이 제대로 진행될 리가 없겠죠. 세 번째, 볼링형 소통은 '화자(말하는 사람) 독립적'이라는 특징이 있습니다. 나 혼자 다 하고, 상대의 역할은 전혀 없다는 뜻입니다.

이런 생각으로 제대로 된 소통을 할 수 있을까요? 거의 불가능하다고 봅니다. 두 가지 분명한 이유가 있습니다. 첫째, 여러분이 만나 대화할 상대는 볼링 핀처럼 다들 똑같지 않습니다. 세상 사람들은 다 다르고, 똑같은 말에도 천차만별로 반응합니다. 한 사람 한 사람이 모두 독립된 인격체이기에 그렇습니다. 둘째, 사람은 볼링 핀처럼 가만히 있다가 공을 맞고 쓰러지는 피동적인 존재가 아닙니다. 나름대로 생각하고, 판단하고, 반발하기도 하는 능동적인 존재입니다. 공이 오면 피하고 혹은 되받아치는 핀을 본 적이 있나요?

소통은 볼링을 치는 것보다 훨씬 어려운 일입니다. 문제를 쉽게 해결하고자 하는 사람일수록 기술을 배우는 데 많은 투자를 하는 경향이 있습니다. 마치, 볼링 기술을 연마하듯이 말이지요. 어릴 때는 웅변 기술을 배우고, 성인이 되어서는 프레젠테이션 기술을 배웁니다. 기술이 필요 없다는 뜻이 아닙니다. 기술보다 훨씬 더 중요한 것이 있다는 사실을 말하는 것입니다.

소통의 본질에 대한 두 번째 관점은 '탁구형' 소통입니다. 도식으로 표현하면 다음과 같습니다.

나 ⟷ 너

　네트를 사이에 두고 탁구공을 주고받듯이 너와 내가 서로 이야기를 주거니 받거니 합니다. 탁구와 다른 점이 있다면 두 사람의 관계가 대등하지 않다는 점입니다. 주도권이 나에게 있습니다. '나는 공격하고 너는 수비한다'고 생각하면 됩니다. 이런 관점에서 보는 소통은 '나는 묻고 너는 대답하는 것'입니다. 상대방의 역할이 주어졌다는 점이 볼링형과 가장 큰 차이점입니다. 그러나 문제점은 여전히 있습니다.

　특징을 정리하면, 탁구형 소통은 첫째 쌍방적입니다. 일방적인 볼링형과는 달리 상대로부터 오는 대답이 있습니다. 둘째는 원형적입니다. 화살표로 그려지는 볼링형의 특성에서 좀 더 발전하여, 나와 너를 연결하는 선이 이제 두 가닥이 되었습니다. 소통이 단절될 가능성이 절반으로 줄어든 셈이지요. 셋째, 탁구형 소통은 '청자(듣는 사람) 종속적'입니다. 듣는 사람은 말하는 사람의 질문에 따라서만 대답할 수 있기에 그렇습니다. 듣는 사람의 역할이 주어지긴 하지만 충분치 않습니다. 여전히 무게중심은 말하는 사람 쪽으로 기울어 있습니다.

　볼링형보다는 나아졌지만, 탁구형 소통 또한 문제점들이 있습니다. 먼저, 탁구형 소통은 탁구대를 마주하고 섰을 때만 칠 수 있는 탁구처럼 시간과 공간의 한계가 뚜렷합니다. 새로운 정보 통신기술은 이 한계를 무너트렸습니다. 예를 들어, 쓰레기와 나정은 한국과 호주로 멀리 떨어져 있었지만, 여전히 신촌에서 날마다 얼굴을 맞대는 것처럼 소통할 수 있었습니다. 그들에게 문제는 시간과 공간이 아니라, 사람이었습니다.

두 번째 문제점은 첫 번째 문제점보다 훨씬 심각합니다. 소통도 탁구 경기처럼 이기는 데 목적을 둔다는 것입니다. 탁구는 게임이어서 승부가 나야 끝이 납니다. 다들 아시겠지만, 요즘 탁구는 한 세트가 11점입니다. 서브는 한 사람이 두 개씩 넣습니다. 10대 10이 되면 듀스를 부르죠. 누군가 2점 차를 낼 때까지, 다시 말하면 승부가 날 때까지 계속합니다. 이겨야 하기에 꼼수도 많이 나옵니다. 이기는 것이 결코 나쁘다는 뜻은 아닙니다. 다만, 정정당당하게 이기라는 말입니다. 우리에게 필요한 소통은 함께 이기는 소통이라는 점에서 탁구형 소통에 머물러서는 안 됩니다.

소통의 본질에 대한 세 번째 관점은 '제스처 게임형' 소통입니다. 아래 도식을 보면, 앞의 두 도식과 많이 다른 것을 알 수 있습니다. 우선 '나'와 '너'에 1, 2, 3 … 이라고 숫자가 붙어 있습니다만, 여전히 '나'도

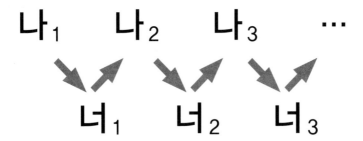

한 사람, '너'도 한 사람입니다. 옆에 붙어 있는 숫자는 만족스러운 소통에 이르기까지 서로 주고받게 되는 계속된 과정을 나타내는 것입니다.

제스처 게임은 예능 프로그램에서 흔히 볼 수 있습니다. 진행자가 주자에게 정답이 적힌 쪽지를 보여 주면, 그 주자가 자기편 앞에서 말없이 몸으로 정답을 표현하는 게임을 상상하면 맞습니다. 예를 들어, '하늘은 스스로 돕는 자를 돕는다'를 표현하라고 하면 여러분은 어떻게 표현하시겠습니까? 아마 손가락으로 위를 가리키겠지요. 처음부터 대번 '하늘'이라고 답하는 사람은 거의 없을 것입니다. 처음에는 '천장' 혹은 '지붕'이라고 말할 확률이 높습니다. 그러면 여러분은 더 높은 것이라는 제스처를 쓰겠죠. 여러분의 제스처에 따라서 답이 달라지고, 그 답에 따라 다시 여러분의 제스처가 달라집니다. 어떤 때는 답에 가까이 갔다가, 다음 순간 멀어지는 우여곡절을 겪기도 합니다. 이 과정을 한참 주고받은 뒤에 드디어 동료들 입에서 정답이 나오면, 손뼉을 마주치며 환호성을 지르게 되죠.

처음 어떤 말을 들었을 때 도무지 무슨 뜻인지 짐작도 안 된다고 고개를 젓는 경우가 있습니다. 그러나 인내심 있게 한참 동안 설명하고 대화를 주고받다 보면 드디어, "그래, 바로 그거야! 내가 하고 싶었던 이야기가…!"라며 후련함을 느꼈던 경험, 있으실 겁니다. 말없이 제스처만으로 자기 의사를 전할 때, 그 답답함을 이겨낸 뒤에도 같은 후련함이 있습니다.

'제스처 게임형' 소통은 첫째, 역동적입니다. 영어로는 다이나믹dynamic이라고 표현할 수 있으며, 끊임없이 변화한다는 뜻입니다. 이 소통에서는 두 사람을 연결하는 끈이 많습니다. 그 끈들은 쉽게 끊어지지 않습니다. 둘째, 변화가 점진적으로 일어난다는 특징이 있습니다. 영어로는 진화한다는 뜻으로 '에볼루셔너리evolutionary'라고 표현할 수 있습니다. 이 단어, 앞에서 본 기억이 있으시죠? '자기표현은 나사못 풀기와 같다'라고 말하면서 '에볼루션evolution'을 언급했던 적이 있는데 같은 맥락입니다. 앞의 도식을 보세요. 마치 밖으로 나사못을 돌려 푸는 모습과 같지 않나요? 점진적인 변화이니만큼 시간이 걸립니다.

셋째, 제스처 게임형 소통은 변화를 쉽게 예측할 수 없습니다. 그러나 내 정성과 노력에 따라 상대의 답이 달라지므로, 원하는 방향의 변화를 끌어내는 데 영향을 줄 수 있습니다. 그런 의미에서, 제스처 게임형 소통은 상호 의존적입니다. 볼링형의 경우, '화자 독립적'이고, 탁구형의 경우, '청자 종속적'이었죠. 이와 비교할 때, 제스처 게임형 소통은 상호 의존적, 즉 대화를 주고받는 두 사람이 대등한 관계임을 알 수 있습니다.

이렇게 만난 두 사람이 새로운 역사를 만들어 가는 과정을 미국의 커뮤니케이션 학자 켈트너John Keltner는, "소통이란 마치 영적인 자식spiritual child을 낳아 기르는 것과 같다"고 표현했습니다.

기업 코칭의 실패도
결국은 불통이 원인

'설명만 잘하면 알아들을 줄 안다'는 착각의 뿌리를 찾아 여기까지 왔습니다. '단순해 보이는 착각이지만, 그 뿌리가 소통의 본질에까지 뻗어 있을 줄이야'라며 놀라워할 수 있습니다. 동시에 소통의 본질 따위가 도대체 무슨 소용인가, 라며 의문을 가질 수도 있습니다. 본질에 대한 오해는 다양한 착각으로 이어져 심각한 문제를 불러일으킵니다. 예를 들어 보겠습니다.

요즘 '코칭' 제도를 시행하는 기업들이 적지 않습니다. 코칭이란 가령, 직장 선배가 후배의 업무 능력 향상을 돕는 행위를 가리킵니다. 일종의 서비스인 셈입니다. 선배가 후배에게 서비스한다는 것이 우리 풍토에서 그리 익숙한 일은 아니지요.

코칭 제도는 미국에서 시작된 제도입니다. 그런 제도가 한국에서 제대로 꽃을 피우려면 '코칭'이 무엇인지 그 본질부터 분명히 밝혀야 합니다. 본질을 토대로 그 위에 구체적인 스킬을 얹는 것이 옳습니다. 코칭과 비슷한 개념으로 가장 많이 언급되는 것이 티칭과 멘토링입니다. 코칭은 이 둘과 어떻게 다를까요?

가르치는 티칭을 코칭이라 생각하는 분은 자기 자신을 선생이라 여기게 됩니다. 이 경우, 후배는 자연스레 학생이 됩니다. 우리 풍토에서 선생과 학생이 대등한 관계로 대화하는 것이 가능할까요? 학생은 선생님이 묻는 말에 대답이나 할 뿐입니다. 코칭한답시고 자기는 모든 것을 아는 듯이 일방적으로 가르치면서 소통을 시도하면, '탁구형 소통'이 되기 쉽습니다.

본인을 멘토라 생각하는 경우는 어떻습니까? 멘토는 알다시피 스승이라는 뜻이죠. 말하자면, 선생보다 훨씬 센 분이 멘토입니다. 감히 누가 멘토 앞에서 토를 달 수 있겠습니까? 멘토와 멘티는 주는 대로 받고, 받는 즉시 "네, 네" 할 수밖에 없는 일방적인 관계입니다. 코칭한답시고 후배가 자신을 스승님인 양 떠받들어 주고, 무조건 "네, 네" 하기를 바란다면 '볼링형 소통'이 되기 쉽습니다.

코칭은 후배를 돕는 서비스라는 사실을 잊지 마세요. 서비스에 성공하려면 누가 누구에게 맞춰야 할까요? 누구에게 무게중심을 두는 것이 옳습니까? 이 점을 분명히 하지 못하면 오히려 역효과가 날 수 있습니다.

좋은 의도로 코칭을 시작했지만, 오히려 코칭받은 직원들이 이직하는 결과를 저는 종종 보았습니다. 코칭이 불필요하다는 뜻이 아닙니다.

단지, 코칭 또한 소통의 원칙에서 벗어날 수 없다는 점을 강조하는 것입니다. 의도한 효과를 제대로 보려면, 코칭은 '제스처 게임형 소통'으로 진행되어야 합니다. 무엇보다, 코칭하고 코칭받는 두 사람의 관계가 최소한 대등해야 합니다.

볼링형의 '독립성', 탁구형의 '종속성', 제스처 게임형의 '상호 의존성'이라는 세 단어에서 떠오르는 것이 있나요? 탁구형의 '종속성'을 '의존성'으로 바꿔 볼까요? 종속은 곧 의존 관계를 형성하므로 둘은 결국 같은 의미입니다. 앞서 1장에서 스티븐 코비도 같은 세 단어를 언급하며, 누구나 삶은 '의존성'에서 시작한다고 했습니다. 그 후 개인의 승리를 위해 세 가지 습관을 쌓아 '독립성'에 이르지만, 결국 공동의 승리로 말을 바꿔 타서 '상호 의존성'에 이르러야만 진정한 성공을 맛보게 된다고 했습니다.

소통의 본질을 독립성, 의존성, 상호 의존성, 이 세 가지 관점으로 처음 제시한 사람은 미국의 교육학자인 존 듀이(John Dewey, 1859~1952)입니다. 두 사람의 이야기는 같은 맥락으로 이해할 수 있는데요. 삶의 자세에 따라 소통에 대한 관점이 결정된다고 해석할 수 있습니다. 탁구형 소통의 종속성 혹은 의존성은 'Lose & Win'에서 나온 것입니다. 볼링형 소통의 독립성은 'Win & Lose'에 뿌리를 두고 있습니다. 제스처 게임형 소통의 특징인 상호 의존성은 'Win & Win'이라는 삶의 자세에서만 가능합니다.

탁구는 'Win & Lose', 즉 내가 상대를 눌러 이기는 것을 목표로 합니다. 이때 승리는 'Win & Win'의 승리와는 질적으로 다릅니다. 승리를 목표로 하는 'Win & Lose'에서는 수단과 방법을 가리지 않습니다. 그러나 'Win & Win'에서 승리는 목표가 아니라, 자연스러운 결과일 뿐입니다. 과정의 정당성이 보장된 당당한 승리인 것이죠. 열심히 공부해서 좋은 성적이라는 결과를 받았다고 생각하시면 됩니다. 부정행위도 서슴지 않고 받아 낸 성적과는 다릅니다. 어느 수준까지는 꼼수가 통할지 몰라도, 저질 꼼수로 정상에 서는 일은 결단코 없습니다.

상대 입장에 서야
소통의 길이 보인다

먼저, 두 가지 사례를 말씀드리겠습니다. 첫째, 1996년 9월 26일 인도네시아 메단 공항에 착륙을 시도하던 비행기가 인근 바다에 추락한 사고가 있었습니다. 승객 243명 전원이 사망한 대형 참사였지요. 당시, 조종사와 관제탑 사이에 오간 대화가 블랙박스를 통해 공개되었습니다. 대략 다음과 같은 내용이었습니다.

> 관제탑 : GIA152. 오른쪽으로 방향을 틀어라.
>
> 조종사 : 알았다. 오른쪽으로 가겠다.
>
> 관제탑 : 오른쪽이라니까!
>
> 조종사 : 알았다.
>
> 관제탑 : 지금 왼쪽으로 방향을 틀고 있지 않은가?
>
> 조종사 : 오른쪽으로 가고 있다.

관제탑 : O.K. 그대로 왼쪽으로 가라.

조종사 : (잠시 머뭇) 왼쪽이라고? 지금 우리는 오른쪽으로 가고 있다.

관제탑 : O.K. (잠시 머뭇거린 뒤) O.K. GIA152 그대로 오른쪽으로 가라!

조종사 : 아아아아악! 알라후 아크바르(신은 위대하다)!

두 번째 사례는 유홍준 선생이 북한 유적 답사 때 겪었던 일입니다. 유홍준 선생은 북한 사람들이 고고학 학술 용어도 순수 조선말로 바꿔 사용한다는 걸 알았습니다. 그래서 북한말을 미리 공부하여 입에서 자연스럽게 나올 때까지 열심히 연습했다고 합니다.

드디어 북한 답사에 나선 유홍준 선생은 평양 근교의 고분을 방문하고 나오며 동행했던 북한 학예관에게 이렇게 물었습니다. "이게 돌칸 흙무덤이군요?" 북한의 학예관은 이렇게 대답했습니다. "예, 이게 석실 봉토분입니다." 이렇게 대화를 나누고 마주 보고 씩 웃는 가운데, "우리는 역시 동포야"라고 말하는 듯 정이 흘렀다고 유홍준은 회고합니다 (『나의 문화유산 답사기 4: 평양의 날은 개었습니다』).

두 가지 사례는 완전히 상반됩니다. 첫 번째 관제탑과 조종사의 사례에서, '나의 오른쪽은 너의 왼쪽'이라는 너무도 지당한 사실을 망각한 결과, 그들의 소통은 비극으로 끝났습니다. 두 번째 사례에서, 유홍준은 북한의 용어로, 북한 학예관은 남한의 용어로 소통했습니다. 그 결과, 따뜻한 동포애를 주고받을 수 있었습니다. 일과 사람을 함께 얻은 이런 사람이 진정 행복한 사람입니다. 일은 잘하는데 사람을 얻지 못하면, 성공했지만 행복하다고 할 수 없습니다. 행복한 소통의 비결은 '나는 너에게, 너는 나에게' 맞춰 이야기하는 것입니다.

공자가 하루 일과를 마쳤습니다. 자로라는 제자가 와서 묻습니다.

"좋은 말을 들으면 즉시 실행에 옮겨야 합니까?"

"부모형제가 살아 있는데 어찌 즉시 실행에 옮기겠느냐?"

라며 공자는 자로를 만류합니다. 조금 있다가, 염유라는 제자가 와서 똑같은 질문을 합니다.

"좋은 말을 들으면 즉시 실행에 옮겨야 합니까?"

"듣거든 즉시 실행에 옮기거라!"

이번에는 정반대 대답을 합니다. 옆에서 지켜보던 제자 공서화가 묻습니다.

"왜 똑같은 질문에 다르게 대답하셨습니까?"

공자가 대답합니다.

"자로는 너무 적극적이어서 실수가 많다. 그래서 부형에게 묻고 행하라 한 것이고, 염유는 소극적이어서 자극을 준 것이다."

여기서 나온 유명한 말이 인인시언因人施言입니다. 사람에 따라 가려 말하되 상대의 성향, 상황에 맞춰 소통하라는 의미입니다. '맞추라'는 원칙의 의미를 깊이 생각하십시오. 그리고 여러 방면에 적용하십시오.

다음은 어느 초등학교 시험 문제입니다.

"비가 많이 와서 큰 피해를 당한 수재민에게 어떤 말로 위로하면 좋을지 쓰시오."

이 문제에 한 초등학생이 이렇게 답했습니다.

"재민아, 힘들겠지만 희망을 가져."

이 학생이 공부를 잘하건 못하건 상관없이, 선생님은 이 학생과 소통에 실패했습니다. 수재민의 뜻을 알지 못할 만큼 어린 학생들에게는 '큰비가 와서 피해를 입은 사람'이라는 식으로 풀어서 표현해야 했습니다. 이런 식으로 소통에 실패한 사람에게 '지식의 저주'가 내렸다고 말합니다. 지식의 저주란 미국 스탠퍼드 경영전문대학원 교수 칩 히스Chip Heath가 자주 언급했던 개념인데요. 일단 무언가를 알고 나면, 알지 못한다는 것이 어떤 느낌인지 상상할 수 없게 된다는 뜻입니다. 쉽게 말해, '아는 것이 독'이라는 의미입니다. 지식의 저주는 우리의 지식을 다른 사람에게 전달하기 어렵게 만듭니다. 지식의 저주가 내려지면, 듣는 사람의 심정을 느끼지 못하게 되기 때문입니다.

앞에서 말씀드린 소통의 본질에 관한 세 가지 관점을 다시 떠올려 보겠습니다. 볼링형, 탁구형, 제스처 게임형이었죠. 영어로 액션action, 인터랙션interaction, 트랜잭션transaction 관점이라고 표현하는 것이 바로 이 세 가지 유형에 해당합니다. 우리말로 적절히 번역하기가 어렵습니다. 특별히 '트랜잭션transaction'은 우리말로 '교호交互'라 번역되기도 합니다만, 저는 정확한 의미 전달을 위해 누구에게나 익숙한 게임에 비유해서 설명한 것입니다. 이 역시 소통을 위해 독자분들에게 맞추려는 제 노력입니다.

인인시언, 즉 '사람에 따라 말하라'의 의미를 좀 더 적극적으로 해석할 필요가 있습니다. 인간뿐만 아니라 시간과 공간의 변화에도 맞추어 말하는 세심함이 필요하다는 뜻입니다. 이는 자기 의사를 명확히 전달하는 토대이기도 합니다. 같은 말이라도 세심한 맞춤 방식으로 표현했을 때 놀라운 힘을 발휘하게 됩니다.

'표현'이라 하면 화려한 수식어를 떠올리는 분이 많습니다. 하지만 이 또한 착각입니다. 좋은 표현이 반드시 화려하고 장황할 필요는 없습니다. 오히려 간결할수록 좋은 표현입니다. 핵심은 실감 나는 표현이어야 한다는 점입니다. 바로 내 눈앞에서 본 것처럼, 내 귀로 들은 것처럼, 직접 혀로 맛보고, 손으로 만져 보고, 코로 냄새 맡은 것처럼 느끼게 해주는 표현이 좋은 표현입니다. 오감 외에도 육감이라는 것이 있습니다. 시쳇말로 필^{feel}이 꽂힌다고 하는 그것입니다. 모든 감각은 아니더라도, 되도록 많은 감각 기관을 자극할수록 좋은 표현입니다. 그래서 백문이 불여일견百聞而不如一見이라 하지 않습니까? 듣는 귀 외에 보는 눈까지 자극할 때, 전달 효과가 크다는 뜻이지요.

"여덟 살짜리 조카에게 데이터베이스^{DB}가 무엇인지 세 문장으로 설명하시오."

이는 최근 구글의 입사 인터뷰 시험 문제였습니다. 구글에는 매년 약 300만 장의 입사 지원서가 접수된다고 합니다(『중앙일보』 2015. 5. 29). 인터뷰에서 이런 질문을 던지는 이유는 좀 더 혁신적인 인재를 뽑기 위해 창의성은 물론 전문성과 순발력 등을 두루 살펴보겠다는 의도라고 하는군요. 구글 측에서 제시한 답은 이미 공개되었지만, 답을 모르시는 분이라면 자신은 어떤 답을 내놓을지 잠시 생각해 보세요.

"DB는 많은 것에 대한 많은 정보를 기억하는 기계다. 사람들의 기억을 돕기 위해 이를 사용한다. 이제 나가 놀아라."

구글이 답으로 제시한 세 문장은 위와 같습니다. 그중 어떤 문장이 가장 눈길을 끄나요? 당연히 마지막 문장이겠지요. "이제 나가 놀아라"라는 마지막 문장은 의미심장합니다. 이 문장을 두고 여러 해석이 가능하지만, 저는 여덟 살짜리 꼬마라면 더 이상 알 필요가 없다는 의미로 해석합니다. 앞의 두 문장이 꼬마의 눈높이에 맞춘 기술적인 설명이라면, 마지막 문장은 꼬마를 위한 조언이라고 할 수 있습니다. 영어로 표현하자면, 눈높이에 맞춘 기술적인 설명은 '투 유to you'인데 반해, 그의 전인격을 위해서 하는 조언은 '포 유for you'라 할 수 있을 것입니다. 단순히 상대의 현 상태에 맞추는 인인시언이 아니라, 거기에서 한 걸음 더 나아가, 상대에게 유익한 말을 해 주는 위인시언爲人施言의 경지에 이른 표현입니다.

달리 말하면, '투 유'는 나를 위주로 하는 기술적인 설명입니다. '포 유'는 생각의 중심을 완전히 너에게로 옮겼을 때만 가능한 인간적인 접근입니다. 구글이 왜 이런 인터뷰 문제를 내는지, 이제 고개가 끄덕여지나요?

구글은 사람에 대한 애정이 창의력의 근본이라는 믿음을 중시한다고 합니다. 우리나라 기업은 어떤 기준으로 인재를 뽑고 있는지 생각해 볼 대목입니다. 구글이라는 이름은 10의 100승(10^{100})을 뜻하는 수학 용어 구글을 살짝 바꾼 것으로 알려져 있습니다. 엄청난 규모의 검색 엔진을 만들겠다는 다부진 포부가 엿보이지 않나요? 게다가 구글의 신조는 잘 알려진 대로 '사악해지지 말라(Don't Be Evil)'입니다. 악해지지 않아도 성공할 수 있다는 자신감이 보이지 않습니까? 구글은 이런 창업정신에 따라, 진정으로 사람을 이해하는 데 집중하고, 사람을 위해 일할 수 있는 인재를 골라내는 데 정성을 기울였습니다. 이런 마음에서 어떤 창의적인 작품이 나올 수 있는지 살펴봅시다.

일찍이 남편이 죽고 하나밖에 없는 딸과 가난하게 사는 여성이 있었습니다. 그런데 고등학교에 다니던 그 외동딸이 어머니 몰래 집을 나가고 말았습니다. 딸이 어느 지방에서 술집에 다니고 있다는 소문이 들려 왔습니다. 어머니는 그 지역에 내려가 딸을 찾는 전단을 곳곳에 뿌렸습니다. 전단에는 사진과 함께, 이런 글이 적혀 있었습니다. "사랑하는 딸아. 엄마가 너를 간절히 기다리고 있단다." 결국 딸은 어머니 곁으로 돌아왔습니다. 어떻게 돌아올 결심을 했는지 물었더니 딸은 어머니 품에 안겨 눈물을 흘리며 말했습니다. "엄마의 사랑을 도저히 모른 척할 수 없었어요. 저를 위해 수치스러운 일을 뒤집어쓰셔서…, 그 사랑에 감사드려요."

가출한 딸이 어머니에게 돌아온 비결이 무엇인지 짐작되나요? 어머니가 수치스러운 일을 뒤집어썼다는 대목을 잘 생각해 보십시오. 전단에 붙인 사진은 딸의 사진이 아니라 어머니 자신의 사진이었습니다. 어머니는 전단에 딸의 얼굴이 공개되면 딸이 사람들에게 부끄러움을 당할 수 있다고 생각했습니다. 딸 얼굴이 알려지면, 딸은 더 먼 곳으로 숨어 버릴지도 모르는 일이었습니다. 참 지혜로운 어머니 아닌가요? 딸을 향한 깊은 이해와 사랑이 만들어 낸 작품, 통념을 완전히 뒤집은 창의적인 작품입니다. 단순히 상대방 입장에 맞추는 정도를 뛰어넘어 그 사람을 '위해' 한 걸음 더 나아갈 수 있을 때만 가능한 발상입니다.

소통을 가로막는
열등감과 과시욕

이쯤에서, 상대방에게 맞춰야 한다는 것은 알겠는데, '너와 나' 가운데 누가 먼저 맞춰야 하느냐고 묻고 싶겠지요. 우선, 우리가 다른 사람에게 잘 맞추지 못하는 세 가지 이유를 살펴보면서 그 문제에 관해 말씀드리겠습니다.

우리가 다른 사람에게 잘 맞추지 못하는 첫 번째 이유는 다른 사람을 잘 알지 못하기 때문입니다. 자기 의사를 명확히 전달하기 위해서는 일과 사람, 둘을 한꺼번에 알아야 합니다. 일에 관해 잘 모르는 경우는 해결하기가 오히려 쉽습니다. 배우면 되거든요. 하지만 사람에 대한 공부는 그리 쉽지가 않습니다. 사람에 대한 공부를 학술적인 표현으로는 인문학人文學이라고 합니다. 우리는 오랫동안 먹고사는 일에 열중하느라 인문학을 등한시했습니다. 불필요한 학문 취급을 하기도 했습니다. 요즘 우리가 사람에 대한 이해 없이는 새로운 작품도, 진정한 성공도 불가능하다는 사실을 뼈저리게 느끼고 있지만, 이런 현상은 아주 최근에야 생겼을 뿐입니다. 요즘의 인문학 열풍은 그런 현상을 말해주는 증거가 아니겠습니까?

우리가 사람에 대해 안다고 할 때 그가 무얼 아는지, 모르는지, 무얼 좋아하는지, 싫어하는지 안다는 것을 의미합니다. 그걸 알아야 그 사람에게 맞출 수도 있는 것이죠. 얼마나 알아야 하느냐고요? 다다익선, 많이 알면 알수록 좋습니다.

다음은 한 호텔 레스토랑에 근무하는 여직원의 경험담인데, 한 강연장에서 들은 내용입니다.

> 작년 봄, 두 가족의 상견례가 있던 날이었습니다. 자리가 몹시 불편하셨는지 유난히 신부 측 어머님께서 식사를 거의 하지 못하셨습니다. 코스 시작부터 끝까지 포크와 나이프를 사용하는 메뉴였는데, 가만히 보니 어머님의 한쪽 손 색깔이 살짝 다르다는 것을 느꼈습니다. 자리가 불편해서 못 드신 것이 아니라, 혹여 본인이 의수를 착용한 것 때문에 딸의 혼사에 조금이라도 누가 될까 봐 염려되어 온몸에 식은땀을 흘리며 식사를 못 하신 것이었습니다. 그 자리에서 제가 음식을 잘라 드릴 수도 있었지만, 그렇게 하지 않았습니다. 대신 주방에 살며시 들어가, 한 분의 음식만 될 수 있는 대로 티가 나지 않게 한입 크기로 잘라서 조리해 달라고 부탁했습니다. 다행히 상견례는 무사히 잘 마무리되었습니다. 가족들이 모두 자리를 뜨자 그 어머님께서 맨 마지막까지 기다리셨다가 제 손을 잡고 뜨거운 눈물을 쏟아 내셨습니다.

"아가씨, 어떻게 알았어요? 우리 딸아이에게 상처를 주고 싶지 않았는데, 아가씨 덕분에 그럴 수 있게 되었어요. 정말 고마워요."

감동적인 이야기입니다. 이 이야기를 꺼낸 것은 사람에 대한 공부라고 해서 너무 거창하게 생각할 필요가 없다는 점을 말씀드리기 위함입니다. 이 여직원처럼 사랑의 마음으로 주위 사람들을 유심히 관찰하는 데서부터 출발하면 됩니다. 공자, 맹자를 읽어도 사람을 사랑하는 마음이 없다면 아무 소용이 없습니다.

다른 사람에게 잘 맞추지 못하는 두 번째 이유는 그래야 할 이유를 모르기 때문입니다. 모든 조직은 평범한 사람들이 비범한 목표를 이루기 위해 모인 곳입니다. 회사마다 이루고자 하는 미션과 비전이 있기 마련입니다. 한낱 친목을 위한 모임도 친목이라는 목표가 있고, 하물며 제대로 된 가정이라면 부부가 힘을 합쳐 이루고자 하는 분명한 목표가 있습니다. 서로가 서로에게 맞추는 것은 바로 공동의 목표를 이루기 위해서입니다. 저 또한 최대한 독자 여러분에게 맞추어 글을 쓰고자 노력하는 것은 이 책을 필요로 하는 독자의 욕구와 제 목표가 비로소 이 책을 통해 부합하기 때문입니다. 제가 여러분의 욕구에 맞추고, 여러분이 제 목표에 맞추면 저도 이기고 여러분도 이기는 것 아니겠습니까? 이것이 바로 'Win & Win'입니다.

세 번째 이유가 가장 중요합니다. 소설가 이윤기 선생이 소통에 관해 언급하신 대목과도 관련 있는 내용입니다. 『조르바를 춤추게 하는 글쓰기』(이윤기 지음, 웅진지식하우스, 2013)에서 이윤기 작가는 군에 입대한 아들이 자신에게 물었던 질문들을 소개합니다.

"피복 지급이 무슨 뜻입니까?" "봉급 수령은요?"

오랫동안 외국에서 공부하다 돌아온 아들이 어려운 군대 용어를 알아듣지 못해 어려움을 겪고 있다는 이야기였습니다. 왜 우리는 다른 사람을 난처하게 만드는 어려운 말을 자주 쓸까요? 이윤기 작가도 같은 의문을 제기합니다. 그리고 이렇게 답합니다.

"글 부리고 말 부릴 때마다 가슴에 손을 얹고 나는 묻는다. 나는 소통을 원하는가? 과시를 원하는가?"

과시를 원하는 사람은 상대방에게 맞추지 않습니다. 상대방이 내게 맞추기를 강요하겠죠. 그런 태도의 밑바탕에는 남에게 맞춘다는 것에 대한 대단히 부정적인 인식이 깔려 있습니다. 우리 사회의 보편적인 인식이 그렇기도 합니다. 대한민국에서는 누가 누구에게 맞추나요? 약자가 강자에게, 아랫사람이 윗사람에게, 을이 갑에게 맞춥니다. 앞에서는 곱게 인사하지만, 뒤에서 손가락질하며 욕하는 사람들이 많은 것은 그래서입니다. 뒷담화가 많을 수밖에요.

우리나라는 제조업 경쟁력이 세계 최고 수준입니다. 그러나 서비스업의 경쟁력은 거의 밑바닥 수준입니다. 왜 그럴까요? 진심으로 기쁘게 남을 배려하는 마음이 없어서 그렇습니다. 이 또한 뒤집어엎어야 할 대한민국의 그늘입니다. 익은 벼가 고개를 숙이는 것이 자연의 법칙입니다. 익은 사람, 제대로 성숙한 사람, 자신감으로 속이 꽉 찬 사람은 먼저 고개를 숙이고, 먼저 남에게 맞춥니다.

문제는 다시 자신감입니다. 과시하고 싶다는 것은 자신이 커 보이고 싶다는 뜻입니다. 커 보이고 싶은 사람은 스스로 크다고 생각하는 사람일까요? 그렇지 않습니다. 본인이 충분히 크지 않다고 생각하기 때문에 커 보이고 싶은 것입니다.

투자의 귀재라고 불리는 미국의 사업가, 워런 버핏Warren Buffett은 지혜로운 투자 실력으로 많은 사람의 칭송을 받았습니다. 몇 년 전에, 워런 버핏과 빌 게이츠가 미국의 한 대학교를 찾아가 대학생들과 토론을 벌인 다큐멘터리가 방영된 적이 있습니다. 그때 워런 버핏은 이런 말을 했습니다.

> 사람에게는 내면의 채점표와 외적인 채점표가 있어요. 어떤 사람들은 매우 많은 고민을 하면서도 자기 생각보다는 다른 사람들이 어떻게 생각할지에 더 신경을 쓰기도 합니다. 자기 내면의 채점표가 맘에 드신다면 인생이 아마 굉장히 즐거워질 겁니다. 외적인 채점표에 너무 매달리는 사람은 모든 것이 끝난 다음 공허함을 느끼기가 쉽습니다.

결국, 어떤 채점표가 중요하다는 이야기인가요? 그렇죠. 내면의 채점표입니다. 그렇다면 외적인 채점표는 필요 없다는 소리인가요? 아닙니다. 두 채점표가 균형을 이루어야 하는데, 외적인 채점표 쪽으로 너무 기우는 경우를 우려하는 것입니다. 이런 걱정스러운 현상은 미국과 우리나라 중 어느 쪽이 더 심할까요? 단연코, 우리나라죠.

외적인 채점표에 치우친 정도로 굳이 등수를 매긴다면, 아마 우리가 세계 1위일 것입니다. 우리나라가 성형 수술 세계 1위인 것이 그 증거입니다. 그뿐만이 아닙니다. 남성 화장품의 소비율 또한 우리나라가 세계 1위입니다. 다른 사람에게 멋지게 보이는 데 투자를 아끼지 않는다는 뜻으로 해석할 수 있습니다. 우리나라 사람들이 가장 두려워하는 것은 다른 사람에게 '쪽 팔리는' 일입니다. 그러나 정작 자기 자신에게 부끄러움을 느끼는 일에는 크게 신경 쓰지 않는 것 같습니다. 남에게 그럴듯해 보이려고 자신의 신념 정도는 너무 쉽게 포기하고, 이런저런 모습으로 변신하는 것도 마다치 않는 것 같습니다. 반대로, 내면의 채점표 점수를 높이는 일에는 별로 투자하지 않는 것 같습니다.

자기 자신에게 매기는 점수가 바로 자신감입니다. 자존감이라고도 하고, 그 밖에 비슷한 용어들이 여럿 있지만, 그 미묘한 차이를 분간하는 것은 저보다는 심리학자들이 해결할 영역인 것 같습니다.

저는 자신감을 설명할 때 왕창 구겨진 100만 원짜리 수표에 비유하곤 합니다. 왕창 구겨진 100만 원짜리 수표는 100만 원이 아닐까요? 아무리 구겨졌다 해도 그 수표는 100만 원짜리가 틀림없습니다. "네가 나를 아무리 우습게 봐도, 나는 나야!" 이런 태도가 바로 자신감입니다. 자신감은 다른 사람과 비교하면서 느끼는 우월감과는 다릅니다. 또한, 우월감은 열등감과 정비례합니다. 우월감은 'Win & Lose'의 삶의 자세로 연결되고 열등감은 'Lose & Win'의 토대가 됩니다. 우월감과 열등감은 둘 다 상대방에게 맞추지 못하도록 훼방합니다. 우월감을 가진 사람은 자기 존재를 과시하려 할 것입니다. 그런 우월감 밑에 자신이 큰 사람이 아니라는 열등감이 자리하기 때문에 실제보다 커 보이려 힘쓰는 것입니다.

조그만 일에도 화를 내고 큰소리를 지르는 사람을 자존심이 센 사람이라고들 하죠. 자존심이 세다는 것은 사실은 자신감이 없다는 뜻입니다. 겁먹은 개가 짖는다고 하지 않습니까? 열등감에 시달리는 사람은 앞에서는 맞추는 척하지만, 뒤에서는 욕을 합니다. 그리고 스스로 비굴하다는 생각에 점점 자신감을 잃어갈 수밖에 없습니다.

'의란성 쌍생아'라는 말 들어 보셨나요? 성형 수술로 의사가 만든 비슷비슷한 얼굴들이 많아졌다는 뜻에서 나온 우스갯소리입니다. 아름다운 외모가 잘못된 것은 아닙니다. 다만, 외화내빈外華內貧이 문제이지요. 겉은 화려하지만 속이 텅텅 비었으니 당연히 공허합니다. 조그만 충격에도 뒤집힙니다. 잘나간다고 큰소리치던 기업들이 하루아침에 무너지는 것도 내실이 없어서가 아닌가요? 기업만이 아니라 개인도 마찬가지입니다. 세월호도 그렇게 뒤집혔습니다. 무게중심을 잡아 줄 형평수를 빼 버려서 속이 텅 비어 있었거든요.

자기표현에서 말씀드린 '미움받을 용기'가 바로 내면의 채점표를 높이는 방법입니다. '미움받을 용기'는 곧 '자기 자신에게 사랑받을 용기'입니다. 다시 말하지만, 생각하는 대로 말하지 못하면, 할 말이 생각나지 않게 됩니다. 자신감이 있어야 소신 있게 살 수 있습니다. 동시에 소신 있게 살아야 자신감을 얻습니다. 어느 것이 원인이고 결과인지 인과관계를 따지기는 어렵지만, 소신과 자신감이 긴밀한 상관관계로 얽힌 것만은 분명합니다. 자신감이 없으니 소신대로 살 수 없다는 악순환의 고리 뒤에 숨지 마세요. 여러분은 스스로 이 비겁한 고리를 끊어 낼 능력이 있습니다.

아인슈타인Albert Einstein은 이렇게 말했습니다. "어제와 똑같이 행동하면서 다른 내일을 기대하는 것은 정신병 초기 증세다." 처음에는 조금 떨리더라도, 조금 멋쩍더라도 여러분이 먼저 상대방에게 다가가고 그 사람에게 맞춰 보세요. 그 작은 노력에 상대 또한 여러분에게 맞추게 될 것입니다. 그러면 이미 선순환이 시작된 것입니다. 직급에 상관없이 먼저 남에게 맞추는 사람이 리더입니다. 다른 사람의 변화를 끌어내는 사람이 리더가 아니라면, 누구를 리더라고 하겠습니까?

신문에서 본 독자의 글 하나를 소개합니다. 글을 쓰신 분은 당시 마산 동부경찰서(현재 경남 지방경찰청) 하진형 계장입니다.

> 매월 오토바이 시험을 치르는 날이면 16세를 갓 넘긴 고교생부터 주부, 노인까지 여러 계층의 이웃들이 모인다. 늘 같은 식으로 진행되는 무미건조한 시험이지만, 가끔은 감동을 주는 이웃과도 만나게 된다. 지난 3월 시험장에서 겪은 일이다.
> 감독관인 나는 문맹자들에게 문제를 읽어 주기 위해 조심스레 해당자가 있느냐고 물었더니 50대 시각장애인이 나왔다. 깜짝 놀라 사연을 들어 보니 이

번 시험에 응시한 청각장애인 친구를 도와주기 위해 나왔다고 말했다. 감독관이 읽어 주는 내용을 수화로 친구에게 설명해 주어야 한다는 것이다. 그의 설명을 듣고 장내는 일순 숙연해졌다. 친구는 청각장애만 있는 것이 아니라 양쪽 다리도 쓰지 못했다. 그러나 청각장애인 운동 능력 측정 시험에 합격했다는 통지서를 붙여 응시한 친구는 필기시험을 통과한 것은 물론, 곧이어 시행된 기능시험에서도 장애인용 오토바이를 타고 당일 응시자 중 가장 멋지게 코스를 돌아 나왔다. 구경하던 사람들 사이에서는 "야, 베스트 드라이버다" 하는 탄성이 터져 나왔다. 늘 "합격" "불합격"이라는 짤막한 단어만 반복하던 내 입에서도 평소와는 다른 말이 흘러나왔다.

"지금 들어오신 분은 귀는 조금 어두워도 이 세상에서 가장 밝고 따뜻한 눈을 가지신 분입니다. 우리 큰 박수를 보냅시다. 24번 합격."

장내는 우레와 같은 박수 소리로 가득했고 비록 듣지는 못해도 표정에서 느끼고 겸연쩍어하는 모습에서 우리는 더 큰 감동을 받았다.

시험이 끝난 후 두 친구가 장애인용 세 바퀴 오토바이를 타고 나가는 모습은 영화 속의 한 장면 같았다. 두 사람은 서로에게 '눈'이었고 '귀'가 되어왔던 것이다. 이제 정식 면허증을 받은 이들이 앞으로도 신뢰 속에서 험한 인생을 안전운전해 주길 기도한다.

– 출처: 『중앙일보』, 2000년 4월 15일

이야기가 좀 복잡하죠? 시각장애인이 운전면허 시험을 볼 일은 없을 테고, 시험에 응시한 사람은 그분과 함께 온 청각장애인입니다. 친구는 시각장애인이긴 하지만 들을 수 있었습니다. 경찰관이 불러 주는 문제를 듣고 시험 볼 친구에게 수화로 전달했습니다. 그 손짓을 보고 필기시험에 통과하고, 곧이어 기능시험까지 멋지게 통과해 면허를 딴 것이지요. 두 분이 언제부터 친구였는지, 한동네에 사는 이웃인지는 알 수 없습니다. 하지만 두 사람의 관계를 이렇게 한번 상상해 볼까요?

만약 둘이 서로의 약점을 찌르며 싸웠다면 어떻게 되었을까요? "아이고, 앞도 못 보는 병신!" "너는 듣지도 못하잖아! 다리도 없잖아!" 이렇게 싸웠다면 두 사람은 혈압만 올랐을 뿐 아무것도 이루지 못했을 것입니다. 이렇게 열심히 싸우고 있는 두 사람을 지나가던 사람들이 보았다면 뭐라고 했을까요? "병신들…. 아주 놀고 있네. 더 해라 더 해!"라고 비아냥거리지 않았을까요?

그러나 두 사람은 상대방의 약점이 아니라 자신의 강점을 이야기합니다. "난 보여!" "난 들려!"라고요. 왜 그랬을까요? 두 사람이 힘을 합쳐서 해내야 할 비범한 목표가 있었기 때문입니다.

"우리도 운전면허 따서 세상 구경 한번 제대로 해 보자!"

"좋지, 좋지!"

"그런데 내가 글을 못 읽어! 필기시험을 못 본다고!"

"야, 요즘은 경찰관이 문제를 불러 준다잖아?"

"오 그래? 내가 들리잖아!"

"나는 보이잖아!"

두 사람이 의기투합했습니다. 그러나 목표를 이루기 위해서는 아직도 넘어야 할 큰 산이 있었습니다. 무엇이었을까요? 면허를 따기까지 가장 힘들고 어려웠던 일은 두 친구가 서로 끝까지 믿는 것이었습니다. 무엇보다 "네가 잘돼야, 나도 잘되는 거야"라며 밀어 주고 끌어 주던 시각장애인의 'Win & Win' 정신이 없었으면 불가능한 일이었습니다.

우리는 부부가 싸웁니다. 노사가 싸웁니다. 여야가 싸우고 남북이 싸웁니다. 그러나 남편도 아내도 혼자서는 가정을 이룰 수 없습니다. 노도 사도 혼자서 회사를 끌고 갈 수 없습니다. 여도 야도 혼자서 정치할 수 없습니다. 모두들 부족한 점이 있는 장애인과 다르지 않습니다. 이렇게 열심히 싸우고 있는 우리 모습을 보고 다른 나라 사람들이 뭐라고 할까요? "병신들…." 조롱거리입니다. 억울하지 않습니까?

우리는 머리 좋기로 이름이 난 민족입니다. 일이요? 정말 열심히 합니다. 일하다가 쓰러져 과로사로 죽어 나가는 나라는 세상천지에 별로 없습니다. 머리도 좋고 일도 이토록 열심히 하는데 우리 삶은 왜 이리도 팍팍할까요?

문제는 머리가 아닙니다. 손과 발도 아닙니다. 가슴이 문제입니다. 가슴속에 나밖에 없는 게 문제입니다. 가슴속에 나 하나뿐인 사람을 세 글자로 뭐라고 하는지 아십니까? '나뿐놈'입니다. 나뿐놈은 곧 나쁜 놈입니다.

소통은 결국 사람에 대해
박식해지는 일

'설명만 잘하면 알아들을 줄 안다'는 비교적 단순한 믿음의 뿌리를 좇아 여기까지 왔습니다. 의사 전달을 명확히 하려면, 길을 알려주는 일부터 딸을 찾는 일까지, 일과 함께 사람을 알아야 한다는 사실을 알게 되었습니다. 일과 사람 가운데 우리의 약점은 사람에 대한 지식이 부족한 데 있다는 점 또한 확인했습니다. 눈부신 발전을 거듭하는 기술 문명을 따라잡는 일에 지나치게 치중하다 보니 그런 약점이 생긴 것입니다. 결과적으로 사람에 대해서는 무식하고, 사물에 대해서는 박식합니다.

무엇이든 잘 알지 못하면 겁이 나지 않습니까? 사람을 모르면 사람 만나기가 두렵고, 누군가에게 무엇 하나 부탁하기가 껄끄럽습니다. 차라리 손 하나로 조작할 수 있는 기계가 훨씬 편합니다. 기계는 군말을 하지 않습니다. '사람도 기계처럼 간단한 말 한마디로 맘껏 부릴 수 있다면 얼마나 좋을까…'라고 생각하는 분도 있을 것입니다. 말하자면, 손가락 경영을 꿈꾸는 사람들입니다. 손가락 경영의 꿈을 이룰 힘 있는 사람들은 결국, 사람을 물건 취급합니다.

"아무리…, 그럴 리가…"라고 믿지 않으시는 분들은 땅콩 회항 사건을 생각해 보세요. 사건의 주역인 대한항공 조 부사장이 바로 그런 사람 아닌가요? 직원들을 일하는 기계로 생각하는 사장, 남편을 돈 벌어 오는 기계로 취급하는 아내, 자식들을 공부하는 기계로 여기는 부모 또한 손가락 경영을 꿈꾸는 사람들일지 모릅니다.

요즘 유행하는 '스펙'이라는 단어는 영어의 '스페시피케이션specifica-tion'을 줄여서 부르는 말입니다. 원래 뜻은 상세 설명서이지요. 상품 포장을 뜯으면 나오는 사용 설명서 말입니다. 이처럼 '스펙'이라는 낱말에는 사람을 물건 취급하는 세태가 반영되어 있습니다. 놀라운 기술, 하이테크high tech는 인간다운 하이터치high touch와 결합할 때 그 잠재력이 폭발할 수 있습니다.

인터넷 동영상에서 '제네시스'라는 자동차를 고속 분해하는 광경을 본 적이 있습니다. 약 40여 초 만에 멀쩡한 차가 수만 개의 부품으로 해체되는 모습이 아주 인상적이었습니다. 그 많은 부품을 다시 조립하면 뭐가 될까요? 당연히 원래의 자동차가 되겠지요. 부품의 합이 전체인 셈입니다. 그런데 이런 원칙이 사람에게도 적용될까요? 머리, 가슴, 팔, 다리를 각기 분리했다가 다시 조립하면 사람이 되나요? 개구리를 셋으로 나누면 어떻게 될까요? 다음의 괄호 세 개 안에 답을 써 보세요.

(   ) (   ) (   )

만약, (머리), (가슴), (배)라고 쓴다면, 그건 초등학생 답입니다. 여러분의 답은 (죽) (는) (다)여야 합니다. 사람은 나눌 수 없습니다. 아니, 나누어서는 안 됩니다. 그런데 우리는 자주 사람을 나눕니다. "잔머리 굴리지 말고 하라는 대로 해!"라고 소리 지르는 분은 머리를 떼어내고 손발만 남겨 놓은 것과 같습니다.

모든 생명체는 나누는 순간 아무것도 아닌 것無이 됩니다. 무無자 계열이 주변에 많습니다. 무질서, 무계획, 무책임, 무관심, 무의욕, 무소신, 무능력, 무절제, 무분별…. 대체 왜 이런 단어들을 쓰게 되는 걸까요? 대부분은 잘못된 리더가 원인입니다.

예를 들어, "야! 너 이것부터 해!"라는 상사의 지시에, "이쪽 일 마치고 나서요…"라고 대꾸했다가는 불호령이 떨어집니다. "어쭈, 무슨 말이 많아? 하라면 하는 거지!"라고 말하는 상사 아래서 어떻게 나름의 계획을 세우겠습니까? "부장님, 그건 좀 아닌 것 같은데요…"라고 소신을 밝혔다가는 "너 많이 컸다!"라는 비아냥만 돌아올 뿐입니다. 이런 상사 혹은 부모님 밑에서 소신 있는 사람이 나오기는 거의 불가능합니다. 이런 식으로 아랫사람을 종이나 물건 부리듯 하는 사람들을 요즘 젊은이들이 뭐라고 부르는지 아시나요? '무개념'이라고 합니다. 사람이 뭔지 모르는 무식한 놈이라고 욕하는 것입니다.

"필요한 것은 노동력뿐인데, 왜 온전한 인간을 고용해야 하는가?"라고 반문한 사람이 있었습니다. 자동차 왕, 헨리 포드(Henry Ford, 1863~1947)입니다. 헨리 포드는 1913년에 T자형 자동차 생산라인에

최초로 컨베이어 벨트 시스템을 도입했습니다. 그 결과, 대당 조립 시간이 12.5시간에서 1.5시간으로 단축되었고, 대량 생산이 가능해지면서 자동차 가격도 825달러에서 295달러까지 급락했습니다. 자동차의 대중화가 시작된 것입니다. 컨베이어 벨트 조립 라인 앞에서 일하는 노동자를 상상해 보십시오. 머리를 써야 할까요? 뜨거운 가슴과 열정이 필요할까요? 그런 것은 전혀 필요하지 않습니다. 그냥 손만 부지런히 움직이면 됩니다. 찰리 채플린의 「모던 타임즈」라는 영화를 기억하시는 분은 상상하기가 쉬울 것입니다.

온전한 인간이 필요하지 않다는 헨리 포드가 틀린 것이 아닙니다. 컨베이어 벨트 시스템은 당시로써는 첨단의 경영 기법이었습니다. 그러나 지금은 아닙니다. T자형 자동차는 1925년까지 모두 1,500만 대가량 판매되었습니다. 요즘 말로 하면 대박을 터트린 '국민 자동차'였지요. 특이한 것은 자동차 색깔이 단 한 가지뿐이었다는 사실입니다. 무슨 색이었을까요? 바로 검은색입니다. 이유는 검은색 페인트가 가장 빨리 마르기 때문입니다. 당시는 수요가 공급을 초과하던 산업사회 초창기였습니다. 페인트만 마르면 팔려 나가는 시대였지요. 요즘은 어떨까요? 생산에는 문제가 없습니다. 수요가 딸려 재고가 쌓이는 것이 문제이지요. 상황이 뒤집힌 것입니다.

이제는 전세가 역전되어 소비자를 고객님이라 부르며 왕으로 모셔야 하는 시대가 되었습니다. 까다롭고 변덕스러운 고객들의 요구에도 일일이 대응해 주어야 합니다. 군말을 덧붙여서는 안 됩니다. 어지간한 상품으로는 이들을 만족하게 할 수 없습니다. 매번 다양하고도 획기적인 작품을 내놓아야 합니다. 대량 생산으로는 다양한 고객의 입맛을 맞추기가 불가능합니다. 모든 상품이 퍼스널personal이어야 합니다. T자형 자동차처럼 한 가지 색깔만으로 승부한다는 건 이제 상상도 못 할 일입니다. 어떻게 이런 어려움을 헤쳐 나갈 수 있을까요?

그 답 또한 '퍼스널'에 있습니다. 퍼스널은 '개별적'이라는 뜻 외에도 '인간적'이라는 뜻이 있습니다. 그러니까, 직원 한 사람 한 사람을 온전한 사람으로 대접해야 합니다. 머리에 새로운 아이디어를, 가슴에 뜨거운 열정을 지닌 온전한 사람들이 아니면 정보사회에서 성공할 수 없습니다.

미국에 '웨그먼스Wegmans'라는 식품 체인점이 있습니다. 일하고 싶은 회사를 조사할 때마다 늘 최상위에 오르는 기업입니다. 이 회사의 모토는 '직원이 왕, 손님은 그다음'입니다. 직원이 1위, 손님이 2위라는 뜻이 아닙니다. 직원을 왕 대접해야, 그 직원이 손님을 왕처럼 모신다는 이야기입니다.

왕까지는 바라지도 않습니다. 최소한 사람대접은 해야 할 것 아닙니까? 직원이 왕이라면 사장은 황제가 될 것입니다. 직원을 노가다로 부리는 사장을 무엇이라 불러야 할까요? 노가다 십장 아닐까요?

신입 사원은 회사에 유입된 신선한 피입니다. 새로운 아이디어와 뜨거운 가슴을 지닌 이들이 새로운 활력을 불어넣을 수 있도록 회사는 기회를 제공해야 합니다. 요즘 젊은이들은 속된 말로 단군 이래 가장 잘

먹고 가장 잘 배운 친구들입니다. 보고 들은 것도 많고 열심히 일하겠다는 포부도 엄청납니다. 그러나 회사에 들어가면 어떻게 되나요? 상사들은 이들을 머리, 가슴, 다 떼고 손발만 움직이는 심부름꾼으로 부립니다. 어렵사리 취업에 성공하고도 입사한 지 오래지 않아 이직하는 젊은이가 많은 것은 바로 그래서입니다. 이 신선한 피로 새로운 활력을 부여받지 못한 조직은 속절없이 노쇠해 갈 수밖에 없습니다.

실수 없이 일하라고 채근하는 사람은 한낱 관리자에 불과합니다. 스스로 일하도록 사람을 먼저 챙기는 사람이라야 리더라고 할 수 있습니다. 젊은 직원의 창의력과 열정으로 부활에 성공한 기업들은 굳이 예를 들지 않아도 어렵지 않게 찾을 수 있습니다.

'부품의 합이 전체'라는 명제에서 중요한 의미를 하나 더 살펴보겠습니다. 다시 자동차를 생각해 보겠습니다. 자동차 부품들 하나하나가 모두 고급이면 고급 차가 완성되겠지요? 그럼 인간 세상은 어떨까요? 사장님부터 신입 사원까지 모두 똑똑하다면 똑똑한 회사가 될까요? 그건 모르는 일입니다. 서로 잘났다고 싸우기 시작하면 회사는 엉망이 될 수도 있거든요. 서로 밀어 주고 당겨 주는 회사라면 직원 한 사람, 한 사람이 그리 똑똑하지 않더라도 멋진 회사를 만들 수 있습니다.

사물의 세계에서 1 더하기 1은 틀림없이 2입니다. 그 이상도 이하도 될 수 없습니다. 그러나 인간관계에서는 아닙니다. 1 더하기 1은 100이 될 수도 있고 -100이 될 수도 있지 않습니까? 인문학이 어려운 것도 바로 그 점 때문입니다. 인문학을 배우려면 공들여 공부하고 실천하는,

짧지 않은 과정을 거쳐야 합니다. 그러다가 마침내 사람에 대한 지혜를 얻었을 때, 그때 느끼는 행복은 성공보다 훨씬 큽니다.

몇 해 전 이공계 출신 팀장을 대상으로 리더십을 교육하면서 사람과 사물의 차이를 다섯 가지로 정리해 보았습니다. 인간관계를 이해하는 데 실마리가 될 수 있을 것 같아, 여기서 소개하고자 합니다. 그 다섯 가지 차이는 사실, 이 책의 큰 뼈대이기도 합니다.

첫째, 사람은 모두 다 다릅니다. 사물에는 규격이 있습니다. 규격에 맞지 않으면 불량품이고 폐기 처분하는 것이 맞습니다. 그렇다면 사람에게도 규격이 있나요? 바람직한 인간상은 있을 수 있지만, 이러이러해야만 사람다운 사람이라고 정해진 규격은 없습니다. 그런데도 많은 사람이 다른 사람을 '이상하다' 혹은 '틀렸다'고 판단합니다. 자기 자신이 표준형이라고 착각하기 때문에 그런 판단을 할 수 있는 것 아니겠습니까? 앞에서 살펴본 '세상 사람들 모두 자기 같은 줄 안다'는 착각이 바로 그런 것입니다.

둘째, 사람은 마음이 내켜야 움직입니다. 그래서 사물의 움직임은 작동作動이라 하고, 사람의 움직임은 동작動作이라 부르는 것입니다. 사물의 움직임은 작용, 반작용의 원리에 따릅니다. 사람도 사물의 원리처럼 일하게 할 수는 있습니다. 내키지 않지만, 억지로 지시에 복종하는 경우가 그렇습니다. 그러나 마음이 내켜서 하는 일과 그렇지 않은 일이 얼마나 다른지는 잘 아실 것입니다. 사람을 사물처럼 부리는 것은 슈퍼컴퓨터로 게임을 하는 것과 다르지 않습니다. 앞서, 마음을 얻는 공감을 떠올려 보면 쉽게 이해될 것입니다. '이해는 곧 동의인 줄 안다'는 착각을 살펴볼 때 언급한 내용입니다.

셋째, 사람은 모두 나름의 생각이 있습니다. 그 생각을 얻어 내려면 어떻게 해야 할까요? 질문을 해야 합니다.

KBS에서 방영했던 '박중훈 쇼'를 기억하시나요? 기억하시는 분이 많지 않을지도 모릅니다. 한 시즌도 못 채우고 막을 내린 프로그램이 었거든요. 큰 기대를 걸고 공을 들였던 프로그램이었습니다. 진행을 맡은 영화배우 박중훈 씨는 말솜씨가 대단한 사람이라고 합니다. 연예계에서 소문난 마당발이기도 하고요. 덕분에 대단한 게스트들을 모실 수 있었습니다. 첫 회부터 영화배우 장동건 씨가 나왔습니다. 예능 프로에는 절대로 안 나간다던 배우여서 더욱 이슈가 되었지요. 그 뒤를 김태희 씨와 안성기 씨가 이었습니다.

생각해 보세요. 대단한 진행자와 어마어마한 게스트에 엄청난 홍보까지, 시청률이 고공 행진하는 게 당연하지 않겠습니까? 그런데 그렇지 않았습니다. 부속 하나하나가 고급이었는데도 시청률은 바닥이었습니다. 왜 그랬을까요?

진행자가 너무 나섰던 것이 이유라고 저는 생각합니다. 진행자의 가장 큰 임무는 묻고, 듣고, 공감하는 것인데, 박중훈 씨는 너무 말이 많아 보였습니다. 본인이 자기 프로를 말아먹었다고 생각한 박중훈 씨가 한 방송 프로그램에 나와 그 이야기를 했습니다. 그의 분석이 맞는지 들어 보십시오.

MC: 이런 공중파를 통해서 제작진에게 드릴 메시지가 있을까요?

박중훈: 굉장히 유능한 작가들이고 유능한 프로듀서들이었거든요.

MC: 예.

박중훈: 그런데 '박중훈 쇼'에서 박중훈은 반 이상이거든요. 그렇게 많은 홍
보를 한 프로그램에서 제가 뭔가를 강력하게 어필하지 못한 것 아네
요? 제가 방송인 박중훈, 진행자 박중훈으로서 능력이 부족했습니다.

본인의 능력이 부족했다는 결론은 맞습니다. 그러나 분석은…, 저는
맞지 않는다고 생각합니다. 사실은 그의 분석과 정반대라고 봅니다. 진
행자가 프로그램의 반 이상을 차지하고, 자신이 더 강력하게 어필했어
야 한다고 그는 평가하지만, 사실은 그런 생각 때문에 프로그램이 망
했다고 봅니다.

현재 우리나라에서 가장 잘나가는 국민 MC는 누구인가요? 아마 유
재석 씨라는 데 이견이 없을 것입니다. 그럼 유재석 씨의 성공 비결은 강
력한 카리스마인가요? 아닙니다. 게스트들이 편안하게 이야기할 수 있
도록 따뜻하게 배려한 것이 비결입니다. 박중훈 씨가 생각했던 진행자
는 "나를 따르라!"며 사람들 위에 우뚝 섰던 산업사회 때의 모델입니다.
일사불란, 상명하복의 시대에나 통하던 리더의 모습이 그렇습니다.

미국의 철강왕 앤드루 카네기Andrew Carnegie의 묘비명에는 이런 말이
새겨져 있습니다. "자기보다 훨씬 뛰어난 사람을 주변에 모이게 했던
사람. 여기 잠들다(Here lies a man who was able to surround himself with

men far cleverer than himself)."

이 문장의 의미가 그 해법을 대신 말해 줄 것입니다.

넷째, 사람은 점점 자라난다는 특징이 있습니다. 사물은 처음 만들었을 때 가장 멋지고 강합니다. 방금 뽑은 새 차를 생각해 보십시오. 날이 가면 갈수록 녹슬고 망가질 뿐입니다. 그러나 사람은 반대여서, 처음 태어날 때 가장 약합니다. 다른 사람에게 의존하지 않고는 살아갈 수 없는 갓난아이가 시간이 흐르면서 점점 강해집니다. 바위는 부서져 흙이 되지만, 병아리는 깨어나 바위를 넘는다고 하지 않습니까?

다섯째, 사람은 서로 경쟁합니다. 물건들끼리 경쟁하고 싸우는 일은 없습니다. 어느 정도의 경쟁은 생산적이지만, 도를 지나친 경쟁은 파괴적입니다. 이 두 가지 특징은 바로 다음 장에서 자세히 살펴보겠습니다.

방문객

사람이 온다는 건

실은 어마어마한 일이다.

그는

그의 과거와

현재와

그리고

그의 미래와 함께 오기 때문이다.

한 사람의 일생이 오기 때문이다.

부서지기 쉬운

그래서 부서지기도 했을

마음이 오는 것이다―그 갈피를

아마 바람은 더듬어볼 수 있을

마음,

내 마음이 그런 바람을 흉내 낸다면

필경 환대가 될 것이다.

- 정현종

칭찬은 고래도 춤추게 한다?

칭찬은 무조건
좋은 줄 안다

한때 『칭찬은 고래도 춤추게 한다』는 책이 대한민국을 휩쓴 적이 있습니다. 그 후 칭찬은 항상 좋은 것이며 많이 할수록 좋다고 생각하는 사람들이 부쩍 많아진 것 같습니다. 칭찬이 기분 나쁜 책망보다 나은 것은 대체로 사실입니다. 칭찬은 긍정적인 점이 많습니다. 칭찬은 우선, 상대의 자신감을 높여 주고, 좋은 인간관계를 만드는 데 도움이 됩니다. 바람직한 태도 변화를 불러오는 계기가 되기도 합니다. 사기를 진작시키는 데도 칭찬만 한 것이 없지요. 게다가 칭찬은 성장의 동기가 되기도 합니다.

그러나 모든 칭찬이 약이 되는 것은 아닙니다. 독이 되는 칭찬도 있습니다. 칭찬의 효과를 제대로 보기 위해, 왜 칭찬인지, 칭찬의 원리부터 이해해 보겠습니다. 그다음에 어떻게 칭찬해야 하는지, 칭찬하는 방법을 배우도록 합시다.

칭찬의 덫,
게으른 천재의 길

몇 년 전, 미국 뉴욕의 초등학교 5학년 학생들을 대상으로 칭찬에 관한 재미있는 실험을 실시한 사람이 있습니다. 바로 스탠포드 대학교 사회심리학 교수 케롤 드웩Carol Dweck입니다. 실험 내용을 간추리면 이렇습니다.

첫 번째 시험에서, 학생들에게 아주 쉬운 문제를 풀게 하고 점수가 나오면 학생들에게 칭찬을 해 주었습니다. 절반에게는 "너 참 똑똑하구나"라며 지능을 칭찬했습니다. 나머지 절반에게는 "애 많이 썼네"라며 노력을 칭찬했습니다.

두 번째 시험에서는, 아이들에게 쉬운 문제와 어려운 문제 가운데 하나를 고를 기회를 주었습니다. 여기서 확연한 차이가 나타났습니다. 첫 번째 시험에서 "애 많이 썼네"라며 노력에 대해 칭찬받은 아이들 가운데 90%가 어려운 문제를 선택했습니다. 반면에 "너 참 똑똑하구나"라며 지능에 대해 칭찬받은 학생들은 대부분 쉬운 문제를 택했습니다. 왜 그랬을까요? 똑똑하다고 칭찬받은 학생들은 어려운 문제를 택할 경우, 낮은 점수가 나올까 봐 두려워한 것입니다. 아이들은 선생님의 칭찬과는 달리 자신이 멍청하게 보이는 것을 두려워했습니다. 쉬운 문제로 높은 점수를 받겠다는 선택은 지극히 자연스러운 현상입니다. 도전이 아닌 안전을 선택한 것이죠.

이어서 세 번째 시험이 시작되었습니다. 이번엔 모든 아이에게 몹시 어려운 문제를 주었습니다. 노력을 칭찬받은 학생들은 어려운 문제를 환영하며 문제 풀이에 깊이 몰두했습니다. 그러나 지능을 칭찬받은 아이들은 어려운 문제에 당황하고 낙심하는 모습을 보였습니다.

마지막 네 번째 시험에서는 첫 번째 시험처럼 아주 쉬운 문제를 주었습니다. 첫 번째 시험에서 학생들 성적은 대부분 우수했습니다. 그런데 마지막 시험의 결과는 뜻밖이었습니다. "애 많이 썼다"고 노력을 칭찬받은 아이들의 성적은 30% 올라간 반면, "너 참 똑똑하구나"라고 지능을 칭찬받은 아이들의 성적은 20% 떨어졌습니다.

아이들의 지능과 재능은 고정적이지 않습니다. 아이들 스스로 발전할 수 있습니다. 아이들의 지능과 재능을 칭찬하는 것이 매우 위험할 수 있는 것은 그런 이유 때문입니다. 무조건 칭찬하는 것은 아이들에게 고정적인 사고방식을 갖게 할 뿐 아니라, 새로운 것을 배우겠다는 학습의 동기마저 꺾어 버릴 수 있습니다. 그런 경우, 아이들은 비교적 어려운 문제를 만나면 쉽게 포기하고 결국, 성적이 떨어집니다.

사람은 사물과 달리 점점 자라나는 존재입니다. 사람 구실을 제대로 하려면 키만 커서는 안 되고, 지식도 쭉쭉 자라나야 합니다. 아이들을 배움 앞에서 머뭇거리게 하지 마십시오. 칭찬해 주되, 과거에 얽매이지 말고 앞을 향해 겁 없이 도전하도록 해야 합니다.

"우리 아이는 머리는 좋은데, 노력을 안 해서…."

어머님들이 자주 하시는 이야기입니다. 물론, 열심히 공부하면 된다는 자신감을 심어 주려는 그 마음은 충분히 이해합니다. 그러나 그런 말을 들은 아이들은 어머님의 기대와는 완전히 다른 태도를 보입니다. 그런 아이들은 노력도, 공부도 하지 않을 가능성이 큽니다. 왜 '노력해도 안 되는 아이'가 될 위험한 길을 택하겠습니까? 그 길보다 훨씬 안전하고 매력적인 길이 보이는데 말이지요. 그 길은 다름 아닌 엄마가 마련해 준 '게으른 천재'의 길입니다.

우리나라 교육방송EBS에서도 비슷한 실험을 했습니다. 앞의 실험과 다른 점이라면, 지능을 성적으로 바꾼 것 정도였습니다. 결과는 미국에서의 실험과 거의 비슷했습니다. 과거에 얽매이지 않게 하려면 결과가 아닌 과정을 칭찬해야 한다는 결론이 나왔습니다.

1등, 100점, 혹은 실적 1위에 대해 칭찬받으면 평가 목표를 갖게 됩니다. 즉, 높은 등수를 목표로 삼게 됩니다. 반면에 "열심히 하니까 나아졌잖아!"라고 과정을 칭찬하면 학습 목표를 갖게 됩니다. 즉, 점점 더 나아지는 모습을 보이려고 열심히 하게 됩니다.

평가 목표가 아닌
학습 목표를 심어 주라

앞으로 나아가게 하려면 평가 목표가 아닌 학습 목표를 심어 주어야 한다는 데 모든 전문가가 예외 없이 동의합니다. 그러나 우리 부모님들은 거의 예외 없이 결과를 칭찬합니다. "엄마, 100점!"이라고 하면, "아이구, 우리 아들 장하다, 장해!"라고 칭찬합니다. 곧이어 "100점이 총 몇 명이냐?"라고 묻습니다. 등수가 궁금한 것입니다. 등수만 따지는 부모 밑에서 어려운 문제에 과감히 도전하는 자녀가 나올 수 있을까요?

결과가 아닌 과정을 칭찬함으로써 학습 목표를 심어 주는 것이 왜 중요한지, 세 가지 이유를 들 수 있습니다. 첫째, 자녀가 '사회에서 필요한 사람이 되기'를 바라기 때문입니다. 세상은 빠르게 변화하고 있습니다. 배움을 멈춰서는 안 됩니다. 대학에서 배운 지식은 유효 기간이 그리 길지 않습니다. 지나치게 등수를 의식하다 보면, 자신 있는 일 아니면 시도조차 하지 않으려 합니다. 새로운 것을 배우려 하지도 않습니다.

등수에서 밀리는 게 두렵기 때문입니다. 학교의 우등생이 사회의 열등생이 되는 원인은 바로 거기에 있습니다. 등수에 전전긍긍하는 초조한 마음에 배움의 즐거움이 끼어들 여지는 별로 없습니다.

둘째, 자녀가 '실패와 좌절 앞에 무릎 꿇지 않기'를 원한다면 학습 목표를 심어 주십시오. 예를 들어, 초등학교 시절, 좋은 성적으로 칭찬받고 자란 아이가 있습니다. 그 아이의 머릿속에는 '평가'라는 두 글자가 깊이 새겨져 있을 것입니다. 이런 아이들은 대개 학년이 올라갈 때마다 난관에 부딪힙니다. 중학교에 갔더니 초등학교에 없던 새로운 과목들이 기다리고 있습니다. 이때 평가 목표를 지닌 아이는 주춤합니다. 1등 해서 칭찬받을 자신이 없거든요. 그사이에 다른 아이들에게 밀려 등수가 떨어지면 그냥 주저앉고 맙니다. 그리고 자기 자신을 평가하죠. "난 이제 틀렸어!"라고요. 이 아이의 뇌리에는 좋은 성적으로 칭찬받고 목에 힘을 주고 다니던 초등학교 시절이 떠나지 않을 것입니다.

과정에 대해 칭찬받은 아이는 전혀 다릅니다. 학습 목표를 가지게 되므로 새로운 것을 보면 배우려고 달려듭니다. 등수를 크게 의식하지 않아서 그럴 수 있습니다. 이런 아이는 새로운 것을 배울 때마다 자랑합니다.

"아빠, 아빠, 나 영어 한다!"

"오, 우리 아들 중학생 됐다고 영어도 해? 한번 말해 봐!"

"I am a boy!"

"대단해요. 우리 아들!"

겨우 한마디 했을 뿐이지만, 예전에는 하지 못한 것을 했기에 아빠는 칭찬해 줍니다. 그러면 아들 녀석은 더욱 신이 납니다. 물론 이런 자녀도 성적이 떨어져 우울해질 때가 있겠지요. 하지만 그렇다고 해서 주저앉고 좌절하지는 않을 겁니다. 아마도 따라갈 방법을 배우려고 발버둥 칠 것입니다. 이런 사정을 잘 아는 우리 어머니들의 전략은 무엇인가요? 선행학습입니다. 중학교 가기 전에 미리 영어를 가르치면, 성적 때문에 주저앉거나 좌절할 일은 없다고 생각하는 것입니다.

선행학습이 현행법 위반이라는 사실은 아시나요? 정식 명칭으로 말하면, '공교육 정상화 촉진 및 선행교육 규제 특별법안'을 어긴 일입니다. 2014년 2월 20일 국회 본회의를 통과한 이 법안은 2014년 2학기부터 중·고교에서 정규 교육 과정에 앞서는 어떤 형태의 교육이나 평가도 금지하고 있습니다. 물론, 이 법에 대해 찬반양론이 있습니다. 심지어 "내 돈으로 내 자식 가르치는 걸 법으로 막는 나라가 세상에 어디 있느냐?"고 목청을 높이는 사람도 있습니다.

선행학습을 막는 나라는 대한민국 외에도 분명히 있습니다. 독일의 취학통지서에는 다음과 같은 문구가 적혀 있는 것으로 유명합니다.

"귀댁의 자녀가 입학 전에 글을 깨치면 교육 과정에서 불이익을 받을 수 있습니다."

이 문제를 본격적으로 논의할 생각은 없습니다. 다만, 칭찬이라는 소통 방식의 문제를 파헤치다 보니, 그 뿌리가 선행학습이 성행하는 근본적인 이유에 닿아 있는 것을 발견했을 뿐입니다.

과정을 칭찬해야 할 가장 중요한 이유는 세 번째입니다. 즉, 자녀가 '진심으로 행복하게 살기'를 바라기 때문입니다. 소위 콩가루 집안은 형제자매들끼리 경쟁을 부추기는 특징이 있습니다. "왜 네 오빠처럼…" "왜 네 동생처럼…"이라는 소리를 자주 듣다 보면 무슨 생각이 들까요? 자연스레 "저것들 때문에 내가…"라는 원망이 들면서 형제자매가 원수로 보이기 시작할 것입니다.

이런 현상은 직장에서도 다르지 않습니다. 팀장이 가장 실적 좋은 직원을 거론하면서 다른 직원들을 볶아 댄다면, 가장 유능한 직원은 공공의 적이 되고 말 것입니다. 경쟁하되 생산적인 경쟁이 되도록 유도해야 합니다. 방향을 잃은 경쟁은 가정도, 직장도 살벌한 전쟁터로 만들고 맙니다. 열심히 일하고 열심히 공부하라는 의도에서 경쟁을 부추길 것입니다. 그러나 경쟁하는 사람들에게는 평가 목표가 생기고, 이는 결국 '너보다 나은 나'가 되라는 암시이기에 서로 열심히 싸우기에 바쁠 것입니다. 승리를 위해 수단과 방법을 가리지 않는 'Win & Lose'를 가르치고 있는 셈입니다. 살아남으려면 어쩔 수 없는 일이라고요? 아닙니다. 방법이 있습니다.

결과 대신 과정을 칭찬해 보세요. "열심히 하니까 나아졌잖아!"라는 칭찬은 '어제보다 나은 나'를 목표로 삼게 합니다. 10명의 팀원이 있다 칩시다. 이들이 모두 '어제보다 나은 나'를 이루어 낸다면 여러분의 팀은 '어제보다 나은 팀'이 되지 않겠습니까? 이때 각자의 실적은 목표가 아니라 노력 끝에 얻은 자연스러운 결과입니다. 실적에 따른 보상은 관리자가 해야 할 몫이고, 팀원들은 '어제보다 나은 나'를 목표로 최선을 다하기만 하면 됩니다. 그렇게 하도록 판을 까는 것이 리더의 일이지요. 리더는 좀 더 크게, 좀 더 멀리 보아서 제도적 장치를 마련하는 일을 해야 합니다.

'어제보다 나은 팀'이라는 더 큰 목표가 주어지면 팀원들은 서로 힘을 모으게 됩니다. 서로의 강점을 나누고 배우며 '어제보다 나은 나'가 되려고 노력할 것입니다. 이기려 하면 집니다. 나누어야 곱해집니다. 그런 식으로 'Win & Win'의 새로운 문화가 만들어집니다.

평가 목표는 형제자매를, 직장 동료를 이겨야 할 적으로 만듭니다. "내가 이기냐, 네가 이기냐"의 선택을 가르칩니다. 내가 이기면 네가 지고, 내가 지면 네가 이기는 'Win & Lose'의 관계를 강요하는 셈입니다. 반면, 학습 목표는 상대를 라이벌로 여기도록 합니다. 라이벌은 강을 뜻하는 '리버river'에서 파생된 단어입니다. 말하자면, 나는 아침마다 강에 나가 식수를 떠 오는데, 같은 시간에 강 건너편에는 친구가 나옵니다. 그 친구도 이 강물을 식수로 씁니다. 우리는 가끔 서로 놀리고 욕도 합니다. 그러나 이 강물이 마르거나 오염되면 둘 다 죽습니다. 나는 강 이편에, 그는 저편에 있지만, 사실 우리는 공동 운명체입니다. 한쪽을 버려서는 안 되며 '함께' 가야 하는 관계입니다.

여러분이 리더라면, 구성원들이 싸움보다 배움을 좋아하도록 이끄십시오. 그리고 칭찬하는 이유는 결과가 아닌 과정이어야 합니다. 무턱대고 칭찬하는 것은 좋은 일이 아닙니다.

성장을 위한
칭찬인가?

칭찬은 왜 하나요? 칭찬의 근본적인 목적을 생각해 봅시다. 칭찬도 평가의 일종입니다. 평가의 결과에 따라 칭찬도 하고 질책도 하잖아요? 그렇다면 평가는 왜 하나요? 학창 시절, 그 지긋지긋한 시험은 도대체 왜 보는 것입니까?

모든 평가는 성장을 위한 것입니다. 솔직히 말해, 시험이 없다면 공부하겠습니까? 시험을 봐야 공부하고, 공부를 해야 실력이 늘지요. 결국 시험을 보는 것은 실력을 키우기 위한 것입니다.

경영학자 피터 드러커Peter Drucker는 『프로페셔널의 조건The Essential Drucker on Individuals』에서, 오스트리아에서 기자로 일할 때 만났던 한 편집국장 이야기를 들려줍니다. 피터 드러커에게 그 편집국장은 "지적 생동감이 넘치도록, 좀 더 성장할 수 있도록 자극을 준" 사람이었습니다. "편집국장은 부하 직원들을 훈련시키고 가르치려고 무척 고생"했다고 피터 드러커는 회고합니다. 우여곡절 끝에 목적지에 도착하는 '제스처 게임형' 소통을 떠오르게 하는 대목입니다.

"그와 나는 일 년에 두 번씩 우리가 했던 일에 관해 토론하며 보냈다"라고도 합니다. '우리'와 '토론'이라는 단어에서 두 사람이 대등한 관계였음을 알 수 있습니다. 누구 하나 지시하는 감독관도, 가르치는 선생도 아니었습니다. 평소에는 잘 지내다가도 인사고과를 매길 때가 되면 갑작스레 갑과 을로 변하는 우리네 세태와 비교되지 않나요? 그는 또 이렇게 회고합니다.

"언제나 우리가 잘한 일에 관해서 먼저 이야기했다. 그다음은 우리가 잘하려고 노력한 일, 그다음은 우리가 충분히 노력하지 않은 일, 마지막으로 우리가 실패했거나 잘못한 일에 관해서 이야기했다."

평가에도 순서가 있습니다. 우선, 잘한 일부터 평가해야 합니다. 우리 자신을 한번 돌아보세요. 잘못한 일만 지적하고 끝나는 평가가 많지 않나요? 잘한 일은 칭찬하고, 잘못한 일은 질책해야 균형 잡힌 평가라고 할 수 있겠지요. 피터 드러커는 편집국장과 함께 과거의 프로젝트를 평가한 뒤 미래에 관해 이야기했다고 합니다.

"그리고 앞으로 해야 할 일을 계획했다. 우리가 집중해야 할 일, 개선해야 할 것, 우리가 각자 배워야 할 것에 대해서."

평가란 과거의 실적을 대상으로 하는 것이므로 칭찬과 질책을 하는 것은 당연합니다. 그러나 거기서 끝나서는 안 됩니다. 평가하는 목적은 내일의 성장을 위한 것이기에 그렇습니다. '각자 배워야 할 것'을 이야기했다는 것은 피터 드러커, 편집국장, 일반 직원 모두 계속 배워 나가 겠다는 뜻이 아니겠습니까? 참 많은 것을 생각하게 합니다.

평가는 구체적으로 어떻게 하는지, 그 방법을 알아보기 위해 가상의 대화를 만들어 보았습니다. 어머니와 딸의 대화를 두 가지 버전으로 만들었습니다. 여러분도 둘이서 배역을 나눠 실감 나게 연기해 보면 좋겠습니다. 혼자서 두 배역을 한꺼번에 해도 상관없습니다. 우선, 첫 번째 대화입니다.

어머니 : (무표정한 얼굴로) 오늘 모의고사 어떻게 봤니?

딸 : (귀찮다는 듯이) 그냥 그랬어요!

어머니 : (약간 신경질적으로) 그냥 그랬다니? 자세히 얘기해 봐!

딸 : (조금 겁먹은 듯이) 지난번하고 비슷해요.

어머니 : (따지듯이) 언어영역은 어땠어?

딸 : (약간 자신감을 가지고) 지난번보다 잘 본 것 같아요.

어머니 : (무표정하게) 그래? 그럼 사회탐구는?

딸 : (신이 나서) 사탐은 내가 예상한 그대로 출제돼서 거의 만점 맞은 것 같 아요!

어머니 : (비아냥거리듯) 문제가 쉬웠던 모양이지. 그럼 다른 애들도 다 잘 봤 을 것 아냐? 영어는 잘 봤겠지?

딸 : (입술을 삐죽이 내밀며) 지난번에 잘 봤다고, 이번에도 잘 보란 법 있나?

어머니 : (조금 큰 소리로) 아니, 뭐? 그럼 망친 거야?

딸 : (비웃듯이) 망친 건 아니고, 지난번하고 비슷할 거예요.

어머니 : (안심했다는 듯이) 진작 그렇게 얘기할 일이지. (약간 긴장한 어투로)

　　　그럼 수리탐구는?

딸 : (겁먹은 듯, 작은 목소리로) 이번에도 어려웠어요.

어머니 : (다그치듯, 큰 소리로) 완전히 망친 거야?

딸 : (변명하듯) 다른 애들도 다 어려웠대요.

어머니 : (한심하다는 듯이) 다른 애들이 어려워할 때 따라잡아야 할 것 아냐?

　　　그동안 수학에 바친 돈과 시간이 도대체 얼마냐? 어이구, 내 팔자야!

　　　그래 가지고 대학다운 대학에 갈 수 있겠어? 도대체 어떻게 할 셈이

　　　야? 한심하다, 한심해!

두 번째 대화입니다. 두 분이 하는 경우, 배역을 바꾸지 말고 계속
하십시오.

어머니 : (기대에 찬 표정으로) 오늘 모의고사 어떻게 봤니?

딸 : (지쳤다는 듯이) 그냥 그랬어요!

어머니 : (안쓰럽다는 얼굴로) 그냥 그랬다니? 자세히 얘기해 봐!

딸 : (조금 조심스럽게) 지난번하고 비슷해요.

어머니 : (상냥하게) 언어영역은 어땠어?

딸 : (약간 자신감을 가지고) 지난번보다 잘 본 것 같아요.

어머니 : (반가운 표정으로) 그래? 잘했다 잘했어. 넌 역시 언어 쪽에 센스가

있어. 그럼 사회탐구는?

딸 : (신이 나서) 사탐은 내가 예상한 그대로 출제돼서 거의 만점 맞은 것 같아요!

어머니 : (놀라는 표정으로) 역시…! 이제 사탐에는 도사가 되었나 보다. 야! 만점이라니…. 정말 수고했다, 수고했어. (기대에 찬 목소리로) 영어는 잘 봤겠지?

딸 : (입술을 삐죽이 내밀며) 지난번에 잘 봤다고, 이번에도 잘 보란 법 있나?

어머니 : (계속 기대에 찬 표정으로) 영어야 네가 워낙 잘하잖니?

딸 : (안심하라는 듯이) 지난번하고 비슷할 거예요.

어머니 : (역시 기대한 대로 되었다는 듯이) 그럼 그렇지! (약간 긴장한 어투로) 그럼 수리탐구는?

딸 : (겁먹은 듯, 작은 목소리로) 이번에도 어려웠어요.

어머니 : (안타까운 표정으로) 많이 준비했는데…, 실망했겠다!

딸 : (변명하듯) 다른 애들도 다 어려웠대요.

어머니 : (희망 어린 목소리로) 오, 그래? 그럼 다른 애들하고 별 차이 없겠네? 하긴 나도 학교 다닐 때 수학이 제일 문제였어. 옆집 철수네가 그러는데, 요즘 인터넷 수학 강의가 아주 좋다던데, 너 한 번 들어 볼래?

두 대화는 분위기가 완전히 다르죠? 다른 원인은 어머니와 딸 어느 쪽에 있습니까? 그렇죠. 어머니에게 있습니다. 딸의 대사는 토씨 하나도 바뀌지 않았습니다. 딸의 이야기를 듣고 어머니가 어떤 평가를 하느냐에 따라 분위기는 하늘과 땅만큼 달라집니다. 그 공식을 도식화하면, 다음과 같습니다.

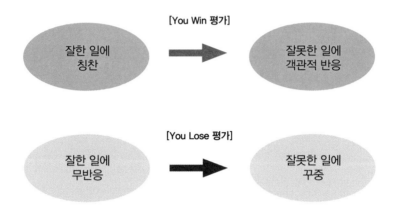

상대를 귀하게 여기는 사람은 잘한 일에는 풍성하게 칭찬합니다. 잘못한 일에는 '앞으로 점점 나아질 거야, 언젠간 멋진 인재가 될 거야'라는 믿음으로 객관적 반응을 보입니다. 승자winner가 될 것이라는 기대를 버리지 않습니다. 반면, 상대의 가치를 인정하지 않는 사람은 잘한 일에도 아무 반응을 보이지 않습니다. "네가 했으면 누군들 못하겠느냐?" 라는 식으로 반응합니다. 그런 사람들에게는 아무리 잘한 일도 하찮게만 보입니다. 그들에게 '칭찬씩이나' 해 줄 일은 당연히 없습니다. 그러다가 조그마한 실수라도 눈에 띄면, "그럼, 그렇지. 네 꼬락서니에…"라며 무참히 박살을 냅니다. "싹수를 보아하니 이미 틀렸어"라는 생각이 기본적으로 깔려 있어서 그렇습니다. 상대를 애당초 틀려먹은 사람, 곧 패배자loser로 취급한 것입니다.

앞의 공식은 제가 만든 것이 아닙니다. 오랜 인간의 지혜를 바탕으로, 이미 교육학, 심리학, 경영학 등에서 가르치고 있는 내용입니다. 몇 해 전에도 이 공식을 재미있는 이야기로 풀어서 세계적인 베스트셀러가 된 책이 있었죠. 바로 『칭찬은 고래도 춤추게 한다Whale done: The Power of Positive Relationships』(Kenneth Blanchard et al., 2002)입니다.

칭찬은 어떻게 하면 좋을까요? 여러 방법론이 있지만, 저는 나름대로 일곱 가지로 정리해 보았습니다.

칭찬의 일곱 가지 원칙

1. 추상적이기보다는 구체적으로 칭찬한다.
2. 장황하기보다는 간결하게 칭찬한다.
3. 결과보다는 과정을 칭찬한다.
4. 내가 아닌 상대를 중심으로 칭찬한다.
5. 자기에게 미친 긍정적 영향을 구체적으로 표현한다.
6. 개인적이기보다는 공개적으로 칭찬한다.
7. 경우에 따라서는 다른 사람의 말을 빌려 칭찬한다.

칭찬의 첫 번째 원칙, '추상적이기보다는 구체적으로 칭찬한다'를 살펴보겠습니다.

제2차 참여정부 국정토론회 때의 이야기입니다. 고故 노무현 전前 대통령은 다섯 시간 동안 계속되는 무거운 토론 분위기를 풀기 위해 서로

©연합뉴스. 고(故) 노무현 전 대통령. 국정토론회에서 고건 총리가
옷이 멋지다고 칭찬(?)하자 양복을 벗어 보여주고 있다.

칭찬하는 시간을 가지자고 했습니다. 대통령 앞에서 대놓고 칭찬하기
란 결코 쉬운 일이 아니었을 겁니다. 당시 국무총리 고건 씨는 이 난
관(?)을 재치 있게 벗어났습니다.

"평소에도 대통령의 패션 감각이 상당하는 건 알고 있었지만, 오늘
입고 오신 콤비 멋진데요!"

일제히 웃음을 터트렸고, 대통령은 서서 웃옷을 벗어 보여 주었습니
다. 칭찬의 첫 번째 원칙은 '추상적이기보다는 구체적으로 칭찬한다'입
니다. 만약 고건 총리가 "노무현 대통령께서는 대한민국 개혁을 위하여
노심초사, 불철주야…"라고 했다면 분위기가 썰렁해졌을 것입니다.

구체적인 칭찬이 아닌 경우, 칭찬받는 사람은 그 의도를 의심합니다.
진짜 칭찬인지, 공치사인지 의심하는 게 당연합니다.

"아주 일 잘해!" 칭찬은 이 정도로는 부족합니다. "그때 그 프로젝트 말이야. 내가 봐도 쉽지 않은 일인데, 멋지게 해내는 걸 보니 대단해!" 적어도 이 정도는 되어야 합니다. 그러자면 평소에 그 사람을 관심 있게 지켜봐야 하겠지요. 나머지 여섯 가지 원칙은 읽어 보면 알기에 설명을 생략합니다. 다만 '결과보다는 과정을 칭찬한다'는 세 번째 원칙은 앞에서 말씀드렸듯이 대단히 중요한 원칙임을 다시 한 번 강조합니다.

다음으로, 객관적 반응에 대해 말씀드리겠습니다. 객관적 반응이 무엇이며, 왜 여기서 이야기하는지 궁금할 겁니다. 우선, 사례를 가지고 설명하겠습니다.

성교육 전문가 K 씨는 자신이 열 살 때 성폭행당한 적이 있다고 언론에서 털어놓은 적이 있습니다. 범인은 평소에 '오빠, 오빠' 하며 따르던 이웃집 고등학생이었습니다. 마침 집에 어른들이 없을 때 성폭행을 당한 것입니다. 나중에 어머니가 집에 돌아와 딸의 표정이 심상치 않은 것을 보고 캐물었습니다. 그리고 그 사실을 알게 되었죠. 이때 어머니는 딸에게 중요한 한마디를 건넵니다. 상처받은 딸의 일생을 바꿀 중요한 한마디였습니다.

"너는 아무 잘못 없어. 그 오빠가 잘못한 거야!"

열 살짜리 딸이 성폭행을 당했습니다. 어처구니가 없었겠죠. 그러나 어머니는 침착했습니다. 아무리 생각해 봐도 딸은 잘못한 게 없었습니다. 그래서 당황하지 않고 냉철한 이성으로 정확하게 잘잘못을 가린 것입니다. 이것이 바로 객관적 반응입니다.

객客이란 손님이라는 뜻이지요. 내 딸이라고 생각할 때 주관적인 감정이 튀어나옵니다. K 씨의 어머니는 딸을 손님, 즉 제삼자로 인식하고 남의 일을 보듯 냉철하게 이야기했습니다. 이토록 현명한 어머니 덕분에 딸은 죄책감 대신 자신감을 가지고 성장할 수 있었습니다. '내가 비록 불행한 일을 당했지만, 그건 내 잘못이 아니야. 나는 떳떳해'라는 마음을 품은 것입니다. 자신감이란 스스로 매기는 내적 점수입니다. 수많은 사람 앞에서 자신의 아픈 과거를 드러낸다는 것, 진정한 자신감이 아니고는 불가능한 일입니다.

딸이 이런 경우를 당했을 때, 보통 어머니 같으면 어떤 반응을 보였을까요? "아이고, 이게 도대체 무슨 일이냐? 그러니까 내가 조심하라고 그랬잖아!"라며 땅을 치며 통곡할지도 모릅니다. 지금 심각한 상처를 입은 어린 자녀에게, "그러니까 조심했어야지"라는 어머니의 질책은 결국 죄책감만 심어 주게 됩니다. 어린 자녀는 '내가 잘못해서 이런 일을 당했구나'라는 생각을 갖게 될 것입니다. 어린 자녀를 두 번 죽이는 일입니다.

"아이고!"라며 땅을 치며 통곡하는 어머니의 심정은 충분히 이해하지만, 동의할 수는 없습니다. 이때 어머니의 한마디는 딸의 일생을 좌우합니다. 사랑하는 마음만 가지고는 안 됩니다. 소통하는 법을 배워야 합니다. "잠시라도 경중을 파악하지 못하면 성인이라도 한순간에 미치광이가 된다"는 교훈을 다시 한 번 떠올려 보십시오.

객관적 반응의 원칙을 다섯 가지로 정리해 보았습니다.

> **객관적 반응의 다섯 가지 원칙**
>
> 1. 잘못된 점을 가능한 한 책망하지 않고 정확하게 표현한다.
>
> 2. 잘못된 점의 부작용을 지적한다.
>
> 3. 업무 지시를 명확히 하지 못한 자신의 책임도 표현한다.
>
> 4. 업무 방향을 다시 설명하고 분명히 이해했는지 확인한다.
>
> 5. 상대에 대한 지속적인 신뢰와 확신을 표현한다.

반대로 상대방을 패배자로 인식할 때 어떤 식으로 평가할까요? 아무리 잘한 일도 하찮게 여기며 칭찬은커녕 아무 반응도 보이지 않습니다. 잘못한 일이 있으면 그것을 크게 부각하고 그 사람을 박살 냅니다. 그럼 어떤 결과가 발생할까요? 패배자로 인식된 사람은 복지부동하게 될 것입니다. 잘해 봤자 아무 소용이 없기 때문입니다. 그냥 잘못한 일만 없으면 그만이라고 생각합니다. 그 사람의 목표는 '실수하지 않겠다'로 바뀌겠지요. 그 목표를 이룰 수 있는 가장 확실한 방법은 무엇일까요? 아무 일도 하지 않는 것입니다.

만일, 여러분 주변에 가장 단시간에 얼어붙게 하고 싶은 사람이 있다면, 그렇게 하십시오. 잘한 일은 그냥 지나치고, 잘못한 일만 골라서 박살 내는 것입니다. 그런 취급을 당하는 사람이 바보가 아닌 바에야, 무슨 일이든 자발적으로 하려고 할까요? 하물며 일을 시켜도 온갖 핑계를 대며 빠져나가려고 할 것입니다. 상대방을 승자로, 귀한 인재로 생각하며 제대로 칭찬해 보세요. 못해도 바람의 아들, 이종범 선수처럼

은 될 것입니다.

이제는 은퇴했습니다만, 이종범 선수는 많은 기록을 보유한 야구선수입니다. 특별히 1994년의 기록을 주목해 볼 필요가 있습니다. 그해 이종범 선수는 타율 3할 9푼 3리, 안타 196개, 홈런 19개, 타점 77점을 올리는 눈부신 활약을 보였습니다. 심지어 84개의 도루는 20년이 지난 지금도 깨지지 않는 기록입니다. 그런데 옥에 티가 있습니다. 수비 에러가 27개로 에러왕에 등극한 것입니다. 당시 이 선수의 수비 위치가 어디였는지 기억하시나요? 예, 유격수였습니다. 그는 국가대표 유격수 중에도 역대 최고급입니다. 그런데 왜 에러왕이라는 수치스러운 기록을 남겼을까요?

이종범 선수는 다른 유격수 같으면 안타라고 포기해 버릴 공까지 잡아 보겠다고 몸을 던졌습니다. 공이 그의 글러브를 스치고 지나갈 때마다 그의 에러로 기록된 것입니다. '실수하지 않겠다'는 소극적인 생각과는 정반대되는 행동을 한 것이죠. 이종범 선수 가슴속에는 '멋진 플레이를 더 많이 하자'라는 능동적이고 적극적인 생각으로 가득했을 것입니다. 사람들은 그를 가리켜 '4할 타율, 200안타, 100도루에 도전했던 유일한 사나이'라고 부릅니다. 그에게 중요한 것은 대단한 기록보다 좀 더 나아지려는 끊임없는 노력이었습니다. 그래서 실수가 두려워 몸을 사리는 행동을 하지 않았던 것입니다.

이종범 선수는 1994년 한국프로야구의 최우수선수로 선정되었습니다. 역설적으로 에러왕이었기에 가능한 일이었습니다. 바로 이것이 개인적인 차원에서 'Win & Win'입니다. '플러스(+)와 플러스(+)를 곱하는' 사고방식인 것이지요. 반대로 실수하지 않겠다는 것은 'Lose & Lose'이며, '마이너스(-)와 마이너스(-)를 곱하는' 사고방식입니다. 결과는 둘 다 '플러스(+)'로, 겉으로 보면 똑같습니다만, 속내는 완전히 다릅니다. 실수하지 않겠다고 몸을 사리는 사람들만 모인 조직은 오래지 않아 사라지고 맙니다.

실수는 일하겠다고 노력하는 사람이 저지르는 것입니다. 아무 일도 하지 않는 사람은 실수하지 않습니다. 그래서 리더의 평가가 팀의 운명을 결정하는 것입니다. 이종범 선수에게도 그런 리더가 있었습니다. 1994년 당시 해태 타이거즈 야구팀 감독을 기억하시나요? 예, 김응용 감독입니다. 평소 과묵한 성격으로 알려졌지만, 이종범 선수 칭찬에는 침이 마를 새가 없었습니다.

"마음대로 하도록 내버려 두면 잘하는 선수, 나보다 야구를 잘하는데 무슨 조언을 하겠나? 20승 투수와도 바꿀 수 없다." 심지어 이런 말도 했습니다. "투수는 선동열, 타자는 이승엽, 야구는 이종범이다."

잘한 일에는 이렇게 풍성하게 칭찬해 주세요. 에러를 하고 돌아오면 객관적인 반응을 보이세요. 말하자면, 우리 팀 유격수가 아니라 다른 팀 유격수를 대하듯 하는 겁니다. 우리 팀 유격수라고 생각하면 속이 상하거든요. 냉철하게 잘못한 점을 지적하고 개선책을 이야기하세요. 이런 코칭을 통해 이종범은 세계적인 선수로 성장했고, 당시 해태 타이거즈는 무적의 챔피언이었습니다.

실수했을 때 실패라는 낙인을 찍지 마십시오. 낙인이란 불도장을 말합니다. 실패의 낙인은 아픈 상처를 남기는 것은 물론이고, 그 자국이 오래도록 지워지지 않습니다. 실수는 실수일 뿐 실패가 아닙니다. 그냥 에러일 뿐입니다.

우리 사회는 특히 실수에 가혹합니다. 그래서 젊은이들이 위축되고 있습니다. 경험이 많지 않은 젊은이들이 어찌 완벽할 수 있겠습니까? 실수를 단순한 에러로 받아들여 줄 때, 젊은이들은 과감히 새로운 일을 시도하게 될 것입니다. 시도^{try}와 실수^{error}가 합쳐지면 '시행착오$^{trial\ and\ error}$'가 됩니다. 즉, 시도하고 실수하는 것은 성장을 위해 마땅히 거쳐야 할 필수 과정입니다. 평가의 근본 목적은 '또 다른 성장'이라는 사실을 잊지 마십시오. 성경은 이렇게 말합니다. "도가니로 은을, 풀무로 금을, 칭찬으로 사람을 단련한다."(개역개정 「잠언」 27장 21절)

저절로 자라는 싹을
뽑지 말라

'점점 자라난다'는 사람의 특성을 절대 간과해서는 안 되는 곳은 무엇보다 자녀 교육의 현장입니다. 자녀 교육은 쉽게 다룰 수 있는 분야가 아닙니다. 교육은 아주 중요하고 어려운 분야이기 때문에도 그렇지만, 나름대로 교육 전문가를 자처하는 사람들이 넘쳐나기에 더욱 그렇습니다. 그런데도, 제가 교육 이야기를 꺼내는 이유는 우선, 공부에 짓눌려 힘들어하는 아이들 모습이 너무나 안타깝기 때문입니다. 힘든 것은 부모님들도 크게 다르지 않아 보입니다. 여기서 제가 교육에 대해 본격적으로 논의할 생각은 없습니다. 다만, 양육의 원리를 이해하면 대안이 나올 수 있다는 믿음에서 몇 가지 조심스레 이야기합니다.

사람을 비롯한 모든 생명체는 생존과 성장의 본능을 가지고 있습니다. 봄이 되면 곳곳에서 싹이 돋아납니다. 흙이라고는 한 줌도 없는 바위에서도 꿋꿋하게 소나무가 자랍니다. 육체적인 성장만이 아니라, 지적^{知的}인 성장도 생명체의 본능입니다.

신현득 시인의 「문구멍」이라는 짧지만, 깊은 의미를 담고 있는 동시를 읽어 보겠습니다.

문구멍

빠끔 빠끔
문구멍이
높아간다.
아가 키가
큰다.

−신현득

그림이 그려지나요? 한지를 발랐던 전통 한옥의 방문을 떠오르게 합니다. 아가는 왜 자꾸 문구멍을 뚫을까요? 바깥세상이 궁금해서겠지요. 몸이 자라면서 알고 싶은 것도 점점 많아집니다. 아이들은 기본적으로 호기심이 많고, 그래서 알고 싶은 것도 많습니다. 그런 아이들이 공부를 싫어하게 된 이유는 뭘까요? 무엇보다, 생명력이 훼손되었기 때문입니다.

아이들은 질문을 참 많이 합니다. 여러분은 그 질문에 어떻게 응대하나요? 잘 아는 것이야 척척 답을 알려 줄 수 있겠지만, 모르는 것을 물으면 어떻게 하나요? 귀찮다는 생각에, "쓸데없는 것에 신경 쓰지 말고, 공부나 해!"라고 무시하지 않나요? 그런 태도는 자라나는 싹을 짓뭉개는 것이나 다름없습니다. 아이들의 생명력을 훼손하는 것입니다. 아이와 함께 답을 찾아 나서세요. 요즘 인터넷은 거의 모든 분야의 전문가나 다름없어서, 각 분야의 고수들을 어렵지 않게 만날 수 있습니다.

다음으로, 아이들이 공부를 싫어하는 원인은 강요하기 때문입니다. "이번 중간고사에서는 △등까지는 해야 해!"라고 아이에게 강요하는 것은 마치 곡식의 어린잎이 자라나는 것을 기다리지 못하고 손으로 새싹을 뽑아 올리는 것과 같습니다. 사자성어로 알묘조장揠苗助長의 의미가 그렇습니다.

한 농부가 논에 나가 봤더니 자기 논의 벼가 옆 논의 벼보다 키가 작아 손으로 뽑아 올렸다는 것이지요. 뿌리가 들린 벼는 당연히 죽습니다. 풍요로운 결실을 원한다면 알묘조장하지 마시고 함양하셔야 합니다. '함양'이란 단어는 기를 '양養' 자에 물 적신다는 뜻의 '함涵' 자를 씁니다. 충분히 물을 주어서 기르다, 즉 천천히 자라나기를 기다린다는 뜻입니다.

자녀는 부모 뜻대로 만들 수 있는 물건이 아닙니다. 스스로 자라나는 생명입니다. 부모는 자녀를 도와줄 수 있을 뿐입니다. 생명체에 본능은 자연스러운 것입니다. 본능을 거슬러 억지로 무언가를 강요하는 순간 생명은 죽어버립니다.

아이의 질문에 대답해 주었다면, 그다음 잊지 말고 해야 할 일이 있습니다. 바로 부모인 여러분이 질문하는 것입니다. "왜 그게 궁금했는데?"라고 아이에게 물어보세요. 그건 단순한 질문이 아니라, 호기심의 근원을 묻는 것입니다.

우리가 누리고 있는 모든 문화는 호기심에서 시작되었습니다. 호기심은 그리스 말로 '타우마제인thaumazein'이라고 합니다. 천둥을 뜻하는 영어 '선더thunder'는 이 단어에서 파생되었습니다. 갑작스레 사방이 캄캄해지더니 하늘이 쪼개지듯 요란하게 천둥이 치고 번개가 번쩍인다면, 누구라도 놀랄 것입니다. 이런 천둥, 번개를 본 원시인들은 하늘이 노한 것으로 생각하고 제사를 지냈습니다. 이를 종교의 기원으로 보는 시각이 있습니다. 그런 경이로운 현상을 말과 글과 그림으로 전하려 했던 것을 예술이라고 보기도 하지요. 또 그런 현상의 근본 원인을 찾고자 노력한 것이 하나둘 쌓여 과학으로 발전했다고 합니다.

아이의 질문에 부모의 질문을 보태십시오. 아이가 어느 쪽에 관심과 적성이 있는지 확인할 수 있을 것입니다. 나아가 아이를 더 넓고 높은 지식의 세계로 이끌어 줄 수 있을 것입니다.

세상의 부모를 둘로 나눈다면, 자녀 '앞'에 서는 부모와 '뒤'에 서는 부모로 나눌 수 있습니다. 앞뒤란 단순한 위치를 의미하는 것이 아닙니다. 앞에 서는 부모는 '끄는 부모'이고 뒤에 서는 부모는 '미는 부모'를 말합니다. 도와주는 부모는 자녀 뒤에 섭니다. 후원後援한다고 하지 않습니까? 공부는 자녀가 하는 것이고, 부모는 도와주는 것이 전부입니다. 그렇게 생각해야 후원한다고 할 수 있습니다. 쇼트트랙 계주 경기를 보신 적 있으시죠? 앞 선수가 다음 선수를 힘껏 밀고 옆으로 빠집니다. 뒤에서 밀어주는 부모 역할도 바로 그것과 같습니다.

반대로 부모가 주도적인 역할을 하겠다는 사람은 앞에서 자녀를 끌어당깁니다. 앞에서 끄는 것을 한자어로 바꾸면 뭐가 될까요? 견인牽引입니다. 견인의 대상은 스스로 움직일 수 없는 고장 난 차량 같은 것이지 사람은 아닙니다.

죽어도 공부하지 않겠다고 버티는 자식을 무슨 수를 써서라도 끌고 가야 한다는 생각이 견인하는 부모를 만듭니다. 고장 난 차야 아무 생각 없이 끌려가겠지만, 억지로 끌려가는 자식의 심정이 어떨지 생각해 보셨나요? 견인까지는 아니더라도 유인하는 분들도 꽤 많습니다. "이번 시험에서 1등 하면 스마트폰 바꿔 주겠다"는 식이죠. 과연 효과가 있을까요?

아이의 지적 성장 본능,
이렇게 활용하라

옛날 어느 마을에 혼자 사는 노인이 있었습니다. 노인의 조용한 집 창 밑으로 언제부턴가 동네 꼬마들이 모여들어서 시끄럽게 떠들며 놀기 시작했습니다. 시끄러워서 견딜 수가 없게 된 노인은 꼬마들을 집으로 불러들여 이렇게 이야기했습니다. 귀가 잘 안 들려서 그러니 앞으로 날마다 집 앞에서 더 크게 떠들어 준다면, 한 사람에게 100원씩 주겠다고 약속했습니다. 다음 날 아이들은 신이 나서 몰려왔고 약속대로 100원을 받은 후 큰 소리로 떠들며 놀았습니다. 노인은 돈을 주며 다음 날도 또 와서 놀아 달라고 말했습니다. 다음날도, 그다음 날도 노인은 아이들에게 돈을 주었습니다. 하지만 액수는 50원에서 30원으로, 20원에서 다시 10원으로 점점 줄어들었습니다. 돈이 없어서 더 이상 줄 수 없다는 것이었죠. 그러자 아이들은 화를 냈습니다. 그리고 "이렇게 적은 돈을 받고는 더 이상 떠들며 놀아 줄 수가 없다"며 노인의 집을 떠났습니다. 그렇게 해서 노인은 평화를 되찾게 되었습니다.

– 출처: 코메디닷컴, 서울와이즈병원 배지수 원장

'시끄러운 동네 꼬마들을 간단히 쫓아내는 방법'이라는 제목이 달린 기사입니다. 그럴싸한 방법 아닌가요? 아이들한테 다른 데 가서 놀라고 소리를 질러 본들 아이들이 듣겠습니까? 스스로 물러나게 한 노인의 지혜가 대단합니다. 아이들 입장에서 생각해 봅시다. 친구들과 떠들며 노는 것이 얼마나 재미있었을까요? 그런데 이제는 놀아 줄 수 없다고 합니다. '하고 싶다'가 '하기 싫다'로 변했습니다. 재미있던 놀이가 짜증 나는 일로 뒤집혔습니다. 도대체 왜 그렇게 되었을까요?

처음에는 놀이 그 자체였습니다. 그러나 이제는 놀이가 '보상'을 위한 '노동'이 되어 버린 것입니다. 더는 '놀기'가 아니라, '놀아 주기'입니다. 여러분도 자녀들과 놀아 주지 마세요! 그냥 같이 노세요. 놀기와 놀아 주기가 어떻게 다르냐고요? 놀아 주는 아빠는 자녀들이 어지르면 "안 돼, 어지르지 마!"라고 외칩니다. 이러면 노는 게 노는 게 아닙니다. 아이들이 아빠 눈치를 봐야 하거든요.

아이와 함께 노는 아빠는 아이와 함께 어지릅니다. 그런 다음, "엄마 오면 야단맞겠다. 같이 치우자!"라고 하며 함께 치웁니다. 직장인 중에도 일하는 직장인이 있고, 일해 주는 직장인이 있습니다. 놀아 주는 것도 싫은데 일해 주고 싶을까요? 일해 주는 것을 다른 사람들은 모를 것 같지만, 월급 주는 사람 눈에는 다 보입니다. 아이들 눈에도 다 보이는데, 설마 회사 사장이 모를까요? 여러분의 자녀를 공부해 주는 자녀로 만들지 마세요. 공부하는 자녀로 만들어야 합니다. 그 방법을 소개해 드리겠습니다.

우선, 대학 입학생을 대상으로 벌인 설문 결과를 일부 보겠습니다.

2. 부모에게서 받은 도움 중 가장 유익했던 것은? (복수 응답 가능)

격려와 칭찬 : 53명

보양식 · 약품 제공(체력 보충용) : 28명

학교 · 학원 통학 시 교통편 제공 : 23명

대학 · 학과 선택 시 관련 조언 : 14명

학원 · 과외 강사 소개 : 11명

대학 입시 정보 제공 : 11명

기타 : 3명

응답자 분포 : 서울대 29명, 연세대 1명, 고려대 20명, 성균관대 21명, 한양
대 26명, 중앙대 1명, 국민대 1명, 건국대 1명

– 출처: 『조선일보』 2013년 4월 1일

격려와 칭찬이 다른 어떤 도움보다 유익했다는 아이들의 이야기를
새겨들어야 합니다. 그러나 칭찬도 칭찬 나름이듯이, 격려 또한 독이
되는 격려가 있습니다.

다음 시를 감상해 봅시다.

용기

넌 충분히 할 수 있어
사람들이 말했습니다.

용기를 내야 해
사람들이 말했습니다

그래서 나는 용기를 내었습니다
용기를 내서 이렇게 말했습니다

나는 못해요

— 이규경

마지막 행은 충격적이지 않습니까? 만약 여러분의 자녀가 이런 글을 썼다면 칭찬하겠습니까, 야단치겠습니까? 그 자녀는 칭찬받아 마땅합니다. 만약, 아이가 분위기에 짓눌려 "그래요, 난 할 수 있어요!"라고 했다면, 당장은 박수와 칭찬을 받겠죠. 그러나 돌아서서는 무슨 생각을 할까요? 남을 속이고 나를 속였다고 생각할 것입니다. 스스로 매기는 점수, 즉 자신감은 추락하게 됩니다. 그런 아이는 장차 '못한다'는 말을 하려면 특별한 용기가 필요하게 됩니다.

자녀에게 감당하기 어려운 목표를 제시하고 밀어붙인 뒤 격려하고 칭찬하는 것이 무슨 소용이 있겠습니까? 그건 앞에서 잡아당기는 견인과 다르지 않습니다.

리플리 증후군Ripley Syndrome이라고 들어 보셨을 겁니다. 자신의 현실을 부정하면서 마음속으로 꿈꾸는 허구의 세계를 진실이라고 믿고 거짓된 말과 행동을 반복하는 반사회적 인격 장애를 가리키는 용어입니다. 이 생소한 의학 용어가 최근 화제가 된 계기가 있습니다. 하버드 대학과 스탠퍼드 대학에 동시 합격했다고 거짓 주장한 한국인 학생이 세간에 떠들썩하게 알려진 일이 있었지요. 겉으로는 모범생이고 우등생인 학생들이 마음의 병을 앓는 경우가 적지 않습니다. 진심으로 자녀를 귀하게 여긴다면 부모가 먼저 공부해야 합니다.

칭찬과 격려는 견인이나 유인과는 전제부터가 다릅니다. 견인과 유인은 자녀가 공부할 마음이 없다는 생각에서 비롯된 것입니다. 자녀에게 지적 성장의 본능이 있다는 것을 인정하지 않는 것입니다. 뒤에서 돕는 칭찬과 격려는 자녀 스스로 열심히 공부할 마음이 있다는 믿음에 뿌리를 두고 있습니다. 생명체는 내 뜻대로 만들어 내거나 키울 수 있는 것이 아닙니다. 저 스스로 크는 것입니다. 물을 주고 비료를 뿌려 줄 수는 있지만, 자발적인 참여 없이는 성장할 수 없습니다.

"칭찬과 격려를 자주 해 줘서 스스로 하고 싶도록 만들어라" "자녀에게 지적인 본능이 있다는 믿음으로 조급해하지 말고 기다려라"는 말을 비현실적으로 받아들이는 분도 있을 것입니다. "믿을 만해야 믿죠. 도대

체 공부할 생각도 안 하는데요"라고 하시는 분들도 저는 많이 만나 보
았습니다. 그런 분들께 저는 다음의 자료를 보여 드립니다. '시험공부 7
단계'라는 작자 미상의 인터넷 글입니다.

1. 집에 가서 해야지

2. 밥 먹고 해야지

3. 배부르니 좀 쉬었다 해야지

4. 지금 보는 TV만 보고 해야지

5. 밤새워서 열심히 해야지

6. 내일 아침에 일찍 일어나서 해야지

7. 이런 젠장 ㅜㅜ

재미있죠? 여러분, 이 녀석 시험공부 했을까요? 하지 않았습니다. 그
렇다면 시험공부 할 마음도 없었을까요? 아니죠. 공부할 마음은 있었지
만, 하지 못했을 뿐입니다. 그러니까 "이런 젠장 ㅜㅜ"이라고 하지 않습
니까! 마음엔 있지만 실행하지 못한 것이 어디 이 녀석뿐일까요? 저와
여러분도 마찬가지 아닌가요?

믿을 만해서 믿는 것은 믿음이 아닙니다. 인정일 뿐입니다. "믿을 만
한 아이가 따로 있는 것이 아니다. 시험 기간인 지금도 공부는 전혀 하
지 않지만, 이 녀석 가슴속에는 공부하고 싶어 하는 마음이 틀림없이 있
다"라고 믿는 것이 바로 믿음입니다.

사람의 마음속에는 언제나 두 마음이 싸우고 있습니다. '공부해야 한다, 하기 싫다' '이제 일어나야 한다, 일어나기 싫다'라는 마음이 동시에 듭니다. 일단 자녀들 가슴속에 열심히 공부해서 좋은 성적을 내고, 그래서 부모님을 기쁘게 해 드리고 싶다는 마음이 있다는 사실을 믿으세요. 그런 다음, 그 긍정적인 마음의 씨앗이 잘 보이지 않더라도 충분히 물을 주면서 자라나기를 기다리세요.

다시 말씀드립니다만, 믿을 만하니 믿는 것은 누군들 하지 못하겠습니까? 성경은 이렇게 말합니다. "믿음은 우리가 바라는 것들에 대해서 확신하는 것입니다. 또한 보이지는 않지만 그것이 사실임을 아는 것입니다."(쉬운성경, 「히브리서」 11장 1절)

자녀의 지적 성장의 본능을 믿지 못하는 부모들은 자녀의 장래를 기획하기에 바쁩니다. 철없는 아이가 제 앞날은 생각도 하지 않고 게임에 빠져 있다면, 그런 부모들은 어떻게 할까요? 자기라도 나서야지 별수 없습니다. 게임을 하는 시간을 철저히 통제하고, 실력 있다는 학원에 등록시키고, 매일매일 숙제했는지 점검하기에 바쁩니다. 이 모든 것이 자식을 위한 일이고, 자식이 성공하는 것은 부모인 내가 열심히 뛴 덕분이라고 생각합니다. 그래서 큰소리를 치는 부모도 있습니다. 전 세계에 널리 알려진 대한민국의 교육열은 이렇게 만들어졌습니다.

그러나 부모 뜻대로 안 되는 것이 자식이라는 것은 오래전부터 익히 알려진 진리 아닙니까? 파브르Fabre의 『곤충기Souvenirs entomologiques』에 이런 대목이 나옵니다.

최근에는 번데기에서 껍질을 뚫고 나오려고 사력을 다하는 나비들을 관찰했다. 오랜 사투 끝에 성공적으로 틈을 비집고 나온 나비는 하늘로 힘차게 날아갔다. 어느 날 힘겨워하는 나비들이 안타까워 반쯤 기어 나온 나비의 껍질을 대신 까 주었다. 그런데 그 나비들은 오히려 날개에 힘이 없어 바닥에서 비실대다 죽고 말았다.

이것이 자연의 법칙입니다. 나비의 껍질을 대신 까 준 것은 도와준 것이 아니라, 나비를 죽인 것입니다. 하늘로 날 수 있는 튼튼한 날개를 지니려면 나비는 스스로 껍질을 뚫고 나오는 과정을 거쳐야 합니다. 남이 대신해 줄 수도 없고, 대신해 줘서도 안 되는 일입니다. 그런데도 사람들은 왜 가만히 있지 못할까요? 사력을 다해 사투를 벌이는 모습이 너무 안타까워서 그런 것입니다.

'저러다 혹시 쓰러지지 않을까?'라며 불안해하며, 자녀 대신 나서는 부모들의 심정은 이해합니다. 충분히 이해하지만, 동의할 수는 없습니다. 한낱 여린 새싹도 딱딱한 땅을 뚫고 나올 힘이 있지 않습니까? 끈질기고 강인한 생명의 힘을 믿으세요. 부모의 믿음 이상으로 클 수 있는 자녀는 없습니다. 자녀를 믿지 못하는 부모의 열심은 욕심일 뿐입니다.

설계한 대로 쑥쑥 올라가는 건물을 보면 누구나 기분이 좋아집니다. 언제쯤이면 이 멋진 집에서 살 수 있겠지, 라며 예측도 할 수 있습니다. 그러나 자식농사는 그렇게 안 됩니다. 아무리 공을 들여도 아이들이 나아지는 모습은 잘 보이지 않습니다. 아이 자신도 틀림없이 잘하고 싶은 생각이 있으리라고 믿고 격려해 주지만, 아무리 기다려도 도무지 끝이 보이질 않습니다. 그러나 보이지 않는다고 없는 것은 아닙니다. 씨앗이 굳은 땅을 뚫고 올라오기 위해서는 땅속에서 힘을 비축할 시간이 필요합니다. 그러다 보면, 어느 날 갑자기 거짓말처럼 새싹이 쑥 돋아납니다. 이를 전문 용어로 창발創發이라고 하지요. 영어로는 나타난다는 뜻의 '이머지emerge'라고 하고요.

아이들은 순간적으로 변합니다. 그토록 속을 썩이던 녀석이 어느 날 갑자기 철이 들어 사람 구실을 했던 순간을 떠올려 보세요. 사물의 변화가 '차근차근'이라면, 생명체의 변화는 '아하!'입니다. 그 순간을 기대하며 공을 들인 부모는 '앗싸!'라고 할 것입니다. 갑작스러운 변화를 전혀 예상하지 못했던 부모는 '아차' 싶을 것입니다. 그런 부모들에게는 바로 그 순간이 위기emergency일 테니까요.

아이들은 일단 지상地上에 모습을 드러낸 뒤에는, 하루가 다르게 쑥쑥 커 갑니다. 너무 빨리 커 버려 서운하다는 부모들도 있습니다. 자녀에게 자전거 가르칠 때를 생각해 보세요. 처음에 아이들은 불안한 마음에, 뒤에서 잡아 주는 부모 쪽으로 자꾸만 고개를 돌리며 "손 놓지 마, 놓지 마"를 연신 외칩니다. 아무리 가르쳐 주어도 기우는 쪽으로 핸들을 돌리다가 넘어지기를 반복합니다. 그럼 부모는 "이 녀석이 운동신경이 이렇게 없나?"라며 실망합니다. "오늘은 안 되겠다. 다음에 하자"라며 포기하려고 손을 놓을 때쯤 예상하지 못했던 일이 벌어집니다. 아이가 무게중심을 잡는 비결을 터득한 것이지요. "손 놓지 마, 놓지 마"를 외치던 녀석이 이제는 "잡지 마"라며 저 혼자 앞으로 횡하니 가 버립니다. 그런다고 서운해하지 마세요. 박수 치며 놓아주어야 합니다. 그것도 못하느냐고 질책하며 목에 힘을 주는 것이 부모의 목표는 아니잖아요. 자녀와 함께 하이킹을 나서십시오. 앞으로 자동차 운전도 가르쳐야 하잖아요.

말이 통하면 일도 통한다?

소통만 잘하면
모든 갈등이
해소되는 줄 안다

7

드디어 마지막, 일곱 번째 착각입니다. 여기서 우리는 갈등 문제를 다룰 것입니다. 갈등은 쉽게 다룰 수 있는 분야가 아닙니다. 원인을 찾기도 쉽지 않을뿐더러, 아주 복잡한 문제여서 명쾌한 해결 방안을 제시하기도 어렵습니다. 그렇다고 갈등 문제를 외면할 수는 없습니다. 우선은 그 영향력이 대단하기 때문입니다.

2013년 삼성경제연구소의 발표에 따르면, 우리나라에서 사회적 갈등으로 인한 경제 손실 규모는 국내총생산(GDP)의 27%에 달합니다. 더 안타까운 것은 해가 갈수록 손실 규모가 더욱 커지고 있다는 사실입니다. 갈등은 양적으로 늘어나고 있을 뿐만 아니라 질적으로도 악화되고 있습니다. 갈등에 의한 격렬한 충돌이 더욱 늘어나고 있다는 뜻입니다.

'소통만 잘하면 모든 갈등이 해소되는 줄 안다'는 착각은 얼핏 순진한 착각으로 보일지 모릅니다. 그러나 깊이 들어가 보면 상당히 고약합니다. 착각임을 증명하기 어려워서가 아니라, 그 안에 훨씬 더 심각한 착각을 감추고 있어서 그렇습니다. 그 심각한 착각이란 무엇일까요? 그것은 바로 '갈등은 나쁜 것이고, 없을수록 좋다'는 생각입니다. 갈등 자체가 나쁜 것은 아닙니다. 게다가 갈등을 완전히 해소할 수도 없습니다.

갈등 자체보다 갈등을
두려워하는 마음이 문제

'소통만 잘하면 모든 갈등이 해소되는 줄 안다'는 착각을 살펴보기 전에, 먼저 갈등의 의미부터 정리해 봅시다. 갈등이란 개인 혹은 집단 사이에 언어 또는 비언어로 표현된 불일치를 의미합니다. 이 정의에서 핵심 단어는 무엇일까요?

바로 '불일치'입니다. 갈등의 핵심은 '서로 다르다'는 것이지요. 우리는 앞에서, '서로 다르다는 것은 지극히 정상적인 일이며 사실은 축복'임을 확인했습니다. 그런데 갈등을 정상이고 축복이라 생각하는 사람이 실제로도 많을까요? 부부 싸움, 노사 갈등, 남북 대치 등 갈등은 생각만 해도 머리가 지끈거리는 일입니다. 갈등은 비정상이고 재앙이라는 생각이 오히려 자연스러워 보입니다.

갈등의 핵심인 '다름'은 정상이고 축복인데, 왜 갈등은 그와 반대로 비정상이고 재앙일까요? 그 이유부터 밝혀야 합니다. 우선, 갈등의 정의를 다시 잘 살펴봅시다. '다르다'는 것이 곧 '갈등'인 것은 아님을 알수 있습니다. '불일치'가 '갈등'이 되려면 필수 조건이 있는데요. 그것은 바로 '표현'입니다.

예를 들어, 회사에서 기획회의를 한다고 칩시다. 그런데 나는 다른 사람들과 의견이 다릅니다. 이때 아무렇지 않은 표정으로 굳게 입을 닫으면, 다른 사람들은 내 의견이 그들의 의견과 다르다는 사실을 모릅니다. 그렇다면 갈등이 일어날 일도 없습니다. 즉, 갈등은 속내를 드러낼 때 시작됩니다. 그래서 소통은 갈등의 필요조건입니다. 그러나 소통이 갈등 해소에 필요충분조건은 아닙니다. 소통이 이루어졌다고 해서 모든 갈등이 해소되는 것은 아닙니다. 소통만 잘하면 풀어지는 갈등도 있지만, 소통으로 모든 갈등을 해소할 수는 없습니다.

사정이 급하다고 해서 돈을 빌려주었는데, 약속한 날짜에 갚지 않아 갈등을 빚게 된 두 친구를 생각해 봅시다. 두 사람의 갈등은 어떻게 대처하는 것이 옳을까요? 우선, 돈을 빌려 간 친구는 왜 약속을 지키지 못했는지 납득할 만한 설명을 해야 합니다. 돈을 빌려준 친구는 괴로운 심정을 토로하는 친구의 처지에 공감하며 귀를 기울여야 합니다. 다음은 언제까지 갚을 것인지, 이자는 어떻게 할 것인지 명확한 약속을 받아야 합니다. 그러나 다시 약속을 지키지 못한다면, 더 심각한 갈등이 벌어지겠죠. 두 사람의 채무 관계가 완전히 정리되기 전까지는 갈등이 끊이지 않을 것입니다. 어쩔 수 없습니다. 그러나 채무 관계가 정리되고 갈등이 해소되면, "그놈의 돈이 웬수지, 사람이 무슨 죄냐?"라면서 다시

다정한 친구로 돌아올 수 있습니다. 어쩌면, 다시는 만나기 힘든 소원한 사이가 될 수도 있고요.

이 사례에서 우리는 소통의 한계와 가능성을 모두 볼 수 있습니다. 소통은 모든 갈등을 풀지 못합니다. 왜냐하면, 이 사례의 경우, 갈등은 '나와 너'만의 문제가 아니라, '돈'이 개입되었기 때문입니다. '나와 너'가 아닌 제3의 주제 때문에 갈등이 시작되었고, 그래서 그 갈등은 원활한 소통만으로 해소될 수 없게 되었습니다. 그러나 '나와 너' 사이에 평소 소통이 잘 되어 돈독한 인간관계가 형성되었다면, 돈은 잃을지 몰라도 친구까지 잃는 일은 막을 수 있습니다. 이처럼 갈등의 3요소는 '너와 나' 그리고 제3의 주제입니다.

이제 더 심각한 착각, 즉 '갈등은 나쁜 것이고 없을수록 좋다'로 돌아가 봅시다. 갈등을 두려워하는 사람들은 갈등을 막아 보려고 '표현'이라는 필요조건을 채우지 않습니다. "나 한 사람, 입 다물면 조용히 끝날 일 아니겠어?"라며 입을 굳게 닫습니다.

심지어 다른 사람에게 "어떻게 네 뜻대로 다 하고 사니? 참고 살 때도 있지"라며 침묵을 강요합니다. "다 이러면서 사회생활하는 거야"라며 마치 한 수 가르쳐 준다는 식으로 거드름을 피우기도 합니다. 물론, 입을 다물면 갈등을 피할 수는 있겠죠. 그러나 문제는 과연 이것이 바람직한 일인가, 라는 점입니다.

TV 뉴스 한 토막을 살펴봅시다.

앵커: 맨홀 뚜껑이 갑자기 튀어 올라 버스를 덮쳐 두 명이 다치는 사고가 있었습니다. 맨홀 내부에 가득 찬 가스가 폭발하면서 일어났습니다.

기자: 도로 한가운데 구멍이 뻥 뚫려 있습니다. 원래 맨홀 뚜껑이 덮여 있던 곳입니다. 어제저녁 7시 반쯤 의정부시 한 도로에서 맨홀 뚜껑이 튀어 올라 지나가던 버스로 날아들었습니다. 60킬로그램이 넘는 맨홀 뚜껑이 덮치면서 버스 앞 유리창이 깨져, 버스 운전사 마흔여덟 살 김 모 씨 등 두 명이 파편에 맞아 다쳤습니다.

승객: 쇳덩어리가 툭 튀면서 버스 유리창을 쳤어요. 치고 기사 양반 앞으로 튀었다가 유리가 후다닥 떨어졌어요.

기자: 원래 맨홀 뚜껑은 밑에서 공기가 통하도록 바깥으로 구멍이 나 있어야 합니다. 그런데 이 맨홀 뚜껑은 아스팔트 재료에 완전히 덮여 있었습니다. 맨홀 위에 그대로 도로포장을 한 것입니다. 이 바람에 맨홀 내부에 가스가 가득 차 있다가 더 이상 압력을 견디지 못하고 폭발해 맨홀 뚜껑을 밀어낸 것입니다. 의정부시는 그 자리에 맨홀이 있었는지도 모르고 있었습니다.

버스 기사 입장에서 생각해 보십시오. 얼마나 황당한 사고입니까? 멀쩡한 아스팔트 도로를 달리고 있었습니다. 맨홀 뚜껑 같은 건 보이지도 않았습니다. 그런데 갑자기 땅속에서 60킬로그램짜리 쇳덩어리가 튀어 올라 버스를 덮치다니, 정말 기절초풍할 일이 아닙니까? 왜 그런 어처구니없는 사고가 발생했나요? 맨홀 뚜껑의 구멍으로 가스가 솔솔 새어 나왔다면 별문제 없었을 겁니다. 조금씩 새어 나왔어야 할 가스가 한꺼번에 폭발한 것이 사고의 원인입니다.

가정도 직장도 이와 마찬가지입니다. 서로 다른 사람들이 모여 함께 생활하고 일하는 공간인 만큼, 평소에 서로 다른 의견들이 솔솔 새어 나와야 합니다. 이때 갈등이 발생하는 것은 정상적인 현상입니다. 솔솔 새어 나오는 다른 의견들을 통해 새로운 길을 찾을 수도 있습니다. 그 과정에서 충돌이 생겨도 오히려 그것은 축복일 수 있습니다.

혹시 여러분의 가정이나 직장에서 남과 다른 의견을 표현하는 사람은 아예 없나요? 아버지의 한마디에, 사장님의 지시에 모든 것이 깔끔하게 정리되나요? 그렇다면, 비정상입니다. 그것은 전혀 기뻐할 일이 아닙니다. 겉은 조용하지만, 속에서는 대폭발이 준비되고 있는지도 모르기 때문입니다. 갈등은 대부분 오래도록 쌓인 욕구 불만이 한꺼번에 폭발할 때 격렬해집니다. 모든 사람이 박수로 환영하는 만장일치, 한 치의 흐트러짐도 없는 일사불란, 혹은 100% 이의 없는 찬성을 꿈꾸시나요? 꿈 깨십시오. 비정상적인 꿈입니다. 바다가 가장 고요한 때는 폭풍 전야라는 점을 기억하십시오.

만장일치 환상이 불러온
집단사고의 함정

1972년 미국 예일 대학교의 심리학자 어빙 재니스Irving Janis는 어떻게 뛰어난 인재들이 터무니없는 결정을 내릴 수 있는지에 관한 문제를 연구하며 '집단사고groupthink'라는 개념을 제시했습니다. 재니스에 따르면 '집단사고'란 "응집력이 강한 집단의 성원들이 판단을 내릴 때 만장일치를 이루려고 하는 사고의 경향"을 의미합니다. 미국의 존 F. 케네디 대통령이 주도했던 쿠바 피그만 침공 사건은 그 대표적인 사례입니다.

1961년 미국은 쿠바 망명자 1,500명을 훈련시켜 피그만에 상륙하도록 했습니다. 상륙 즉시 거센 민중 봉기가 일어날 것이고, 성난 민중들과 합세해 밀물처럼 밀고 들어가면 카스트로 혁명 정권을 손쉽게 무너뜨릴 수 있을 것으로 생각한 것입니다. 하지만 쿠바 국민들은 전혀 움직이지 않았고, 피그만에 상륙한 미군은 불과 이틀 만에 완전히 궤멸하고 말았습니다. 이 사건으로 100여 명의 사상자가 발생하고, 1,000여

명이 생포되어 투옥되었습니다. 결국, 미국은 카스트로에게 5,000만 달러 상당의 식품과 의약품을 뇌물로 건네주고 통사정 끝에 겨우 포로들을 돌려받는 수모를 겪었습니다. 어이없는 참패를 당한 존 F. 케네디 대통령은 "내가 왜 이렇게 어리석은 짓을 했지? 정말 엄청난 실수를 저질렀어"라며 눈물을 흘리고 후회했다고 전해집니다.

미국 역사상 가장 뛰어난 두뇌들이 모였다는 케네디 행정부가 집단 사고의 함정에 빠졌던 이유는 무엇이었을까요? 그들이 한결같이 빼어난 인재인 것은 틀림없지만, 모두 친구이거나 비슷한 정치적 성향을 갖고 있었던 것이 그 이유입니다. 그들은 모두 코드가 척척 맞는 사람들이었습니다. 자기 능력에도, 도덕성에도 확고한 신뢰가 있었습니다. 카스트로를 제거하는 일이 선한 일임을 누구 하나 의심하지 않았습니다. 그리고 그 일을 해낼 능력이 그들에게 충분히 있다는 사실 또한 전혀 의심하지 않았지요. 자신감이 넘쳐 자만심에 이르게 된 것입니다. 이런 분위기에서 어느 누가 감히 다른 의견을 제시할 수 있었을까요? 조금의 의문이라도 제기하는 순간 그 사람은 왕따가 되었을 겁니다.

충분한 시간을 두고 자유롭게 토론하고 자세히 검토하는 과정을 거치지 않은 작전은 성공할 가능성이 작습니다. 다시 정리해 봅시다. 소통은 누구와 하는 것인가요? 다른 사람과 하는 것이죠. 서로 다른 의견들이 거침없이 오가야 토론입니다. 다른 의견들이 충돌하는 회의가 갈등의 현장이 되는 것은 당연한 일이고요. 이런 과정을 거치지 않으면, 집단 지성을 추구했다가 집단 착각에 빠지고, 집단으로 사고를 치게 될 수도 있습니다.

일본의 전설적인 검객 미야모토 무사시宮本武藏는 "자신을 무적이라 여기는 사람만큼 쓰러뜨리기 쉬운 적敵은 없다"고 했습니다. 집단사고 는 '참으로 어리석다'고 조롱받는 현상을 낳을 수 있습니다.

그런데 이런 현상이 대한민국에서 아직도 날마다 일어나고 있다면 믿을 수 있겠습니까? 사실은 집단사고를 넘어 '집단극화group polarization' 현상을 보이고 있습니다. 양극화된 진보와 보수 사이의 이념 논쟁이 그 현장입니다. SNS를 중심으로 진보와 보수가 각각 단체를 만들어 세력 을 키우고 있습니다. 이들은 일단 집단을 이루고 나면 점점 극단적인 쪽 으로 변질합니다. 진영 논리에 동조하지 않는 자는 배신자가 되고, 더 격한 목소리를 내는 자는 영웅이 됩니다. 한 치의 의심도 허용되지 않 습니다. 도저히 정상으로 여길 수 없는 망언을 쏟아내기도 합니다. 대 한민국에서 같은 시간, 같은 공간을 사는 인간들이 원수처럼 으르렁거 리며 충돌하고 있습니다. 조직 폭력배와 별로 달라 보이지 않습니다. 이 런 추세만도 걱정스러운데, 여기에 힘을 더하는 세력이 있습니다. 우선, 오른쪽 도표를 봐 주십시오.

2015년 2월 국민대통합위원회가 주관한 '갈등관리포럼'에서 서울 대 이준웅 언론정보학과 교수는 「언론의 사회통합 역할을 위한 과제」 라는 논문을 발표했습니다. 이 교수는 지난 10여 년간 4개 일간지(보 수지 2개, 진보지 2개) 1면에서, 대통령 관련 기사 가운데 부정적인 제목 의 비율을 추적 조사했습니다. 그 결과 김대중 때는, '진보 2'로 표시된

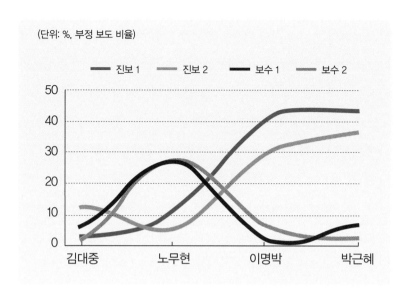

(단위: %, 부정 보도 비율)

진보 1　　진보 2　　보수 1　　보수 2

©이준웅, 「언론의 사회통합 역할을 위한 과제」 중에서

일간지가 보수적인 두 신문보다 대통령에 대해 비판적인 기사를 더 많이 실은 것으로 나타났습니다. 진보와 보수의 구분이 명확하지 않았다고 볼 수 있습니다. 노무현 때는, 진보와 보수가 명확히 구분되기 시작합니다. 이명박, 박근혜 때, 진보와 보수의 차이는 놀랄 만큼 크게 벌어지고 말았습니다.

　물론 신문은 나름대로 이념적 성향을 띨 수 있습니다. 따라서 이 교수의 연구가 신문 사설을 분석한 결과라면 충분히 이해할 수 있습니다. 그러나 이것은 1면 기사를 분석한 결과입니다. 신문은 사주의 신념을 드러내기 이전에, 사회를 비추는 창 역할을 충실히 해야 합니다. 언론

사는 정치적 이념을 떠나 객관적인 입장에서 시시비비를 가려야 할 책임이 있습니다. 그런데 1면에서부터 기사의 논조가 정권에 따라 심하게 널뛰기를 한다면, 그런 현상을 어떻게 보아야 할까요? 보수지는 보수 진영에, 진보지는 진보 진영에 논리적 근거가 될 만한 기사만을 쏟아낸다면 어떻게 될까요? 이런 현상은 갈등을 더욱 부추길 뿐입니다.

현재 우리 언론은 갈등의 확성기 역할을 한다고 해도 지나치지 않습니다. 갈등을 중재하기보다 증폭시키고 있습니다. 이념 편향적인 단체와 언론사가 서로 도와가며 이 나라를 두 조각으로 갈라놓고 있는 형국입니다. 그리하여 대한민국은 패거리 싸움질에 여념이 없는 커맹들의 천국이 되어가고 있습니다.

언론사가 갈등을 넘어 화해와 통합의 길을 보여주는 정론正論을 펼치고 싶다면 길이 있습니다. 기사를 작성하기 전에 먼저, 신문사 내부에서 자유롭게 의견을 개진하고 토론을 거치는 것입니다. 내부 갈등이 두려워 의견 개진을 통제한다면, 결국 통제할 수 없는 외부 갈등이 발생한다는 사실을 기억하십시오.

갈등은 해소가 아닌
협상을 목표로

존 F. 케네디 대통령은 피그만의 그 수모를 겪고 나서 1년 뒤인 1962년, 이번에는 소련과 맞서게 됩니다. 냉전 체제였던 당시, 케네디 대통령이 상대해야 했던 소련의 수상은 흐루쇼프였습니다. 당시는 쿠바가 중거리 핵탄두를 탑재할 수 있는 미사일을 도입하려고 소련과 무기원조협정을 체결한 때였습니다.

10월 14일 미국은 정찰기를 통해 쿠바가 미사일 기지를 건설하기 시작한 것을 확인했습니다. 10월 22일 케네디는 소련제 미사일 반입을 막기 위해 육 · 해 · 공군과 해병대 6개 사단을 동원해 쿠바 해안을 봉쇄합니다. 소련 선단船團은 이미 미사일을 적재하고 출항한 뒤여서 카리브 해상에서 미국 함대와 충돌이 불가피해 보였습니다. 전 세계가 제3차 세계대전 발발을 우려하며 숨죽여 사태를 지켜보고 있었습니다. 그런 가운데 10월 26일 흐루쇼프는 미국이 쿠바를 침공하지 않는다는 조건 아래 선단을 되돌리겠다는 서한을 케네디에게 전달합니다. 결국 10월 28일 케네디의 약속을 얻어 낸 흐루쇼프가 소련 선단의 귀환을 명령함으로써 이른바 '쿠바 미사일 위기'는 막을 내렸습니다.

이번에 케네디 대통령은 변화된 모습을 보여 주었습니다. 1년 전만 해도 집단사고의 수렁에 빠져 지극히 비현실적인 결정을 내렸던 그가 이번에는 지극히 현실적인 협상을 택했습니다. 무엇이 그를 이토록 놀라운 반전으로 이끌었을까요? 우선, 갈등에 대한 인식이 달라졌습니다. '갈등은 나쁜 것이고, 없을수록 좋다'는 착각에서 벗어나, '갈등은 피할 수 있는 것이 아니고, 피해서도 안 된다'는 생각으로 바뀐 것입니다.

사실은 우리 삶 자체가 갈등의 연속입니다. 서로 다른 사람들과 함께하는 가정, 직장, 그 밖의 다양한 조직들이 모두 갈등의 현장입니다. 무인도에서 혼자만의 삶을 누린다 해도 '이럴까, 저럴까'라는 갈등에서 자유로울 수 없습니다. 그런 뜻에서, 갈등을 피하고 싶다는 것은 곧 삶을 포기하고 싶다는 말과 다르지 않습니다. 케네디는 갈등 앞에 당당히 서서 말했습니다. "두려워서 협상하지 않는다. 그러나 협상하기를 두려워하지도 않는다."

케네디와 흐루쇼프는 소통했습니다. 그러나 갈등이 해소된 것은 아니어서 협상으로 마무리 지었습니다. 상생은 아니더라도 공생의 길을 택한 것입니다.

케네디는 또한 제도를 정비했습니다. 참모 회의 방식을 바꿔 자유롭게 의견을 개진할 수 있도록 분위기를 이끌었습니다. 만장일치, 일사불란, 이의 없음의 헛된 꿈에서 깨어난 것입니다. 요즘 어떤 조직은 중요한 안건을 토의할 때 의도적으로 반대 입장을 취하면서 끝까지 물고 늘어지는 사람을 따로 정해 놓기도 합니다. 이런 사람을 '악마의 대변인 devil's advocate'이라고 부르는데요. 일부러 갈등을 조장하여 옥에 티까지 찾아내겠다는 의지를 엿볼 수 있는 말입니다.

법정에서의 심리 과정도 다르지 않습니다. 검사는 피의자의 불리한 점만을 열심히 들춰내서 중형을 내리려고 합니다. 변호사는 유리한 점만을 부각해 무죄를 주장하고, 상대의 약점을 파고들어 치열한 논쟁을 벌이기도 합니다. 판사는 양쪽 주장을 다 듣고 나서 판결합니다. 재판은 검사와 변호사가 갈등을 빚도록 만들어진 제도입니다. 이들의 갈등이 사건의 실체를 파악하는 데 도움이 되기 때문이죠.

남성을 "때로는 밉지만 함께 살아가야 할 우리의 반쪽"이라고 표현한 여성학 책을 본 적이 있습니다. 갈등을 이런 식으로 표현하자면, '때로는 두렵지만, 안고 살아가야 할 우리의 일상사'라고 할까요?

'서로 다르다'라는 사실이 정상이듯 갈등 또한 정상적인 현상입니다. 갈등이 좋은 것이라는 얘기는 결코 아닙니다. '갈등은 나쁜 것이고, 없을수록 좋다'는 것이 착각이라는 뜻입니다. 사실, 갈등이 어느 정도 존재해야 건강한 조직입니다. 갈등에 대한 현실적인 목표는 해소가 아닌 관리가 되어야 합니다. 어떻게 관리하느냐에 따라 갈등은 생산적일 수도 혹은 파괴적일 수도 있습니다.

'비 온 뒤에 땅이 굳는다'고 하지 않습니까? 오래도록 건강한 관계를 유지하는 부부들을 연구한 결과들은 놀랍게도 정기적인 부부 싸움을 그 주요 비결로 꼽습니다. 죽기 살기로 싸우는 부부 싸움을 말하는 것은 당연히 아닙니다. 다만, 안에 묻어 둔 감정을 밖으로 끌어내는 긍정적인 장치로 부부 싸움이 작용한다는 것이지요. '고름이 살 되는 법 없다'는 말처럼 썩은 것을 도려내야 새 살이 돋습니다.

진정 두려워해야 할 것은 갈등이 아니라, 갈등을 두려워하는 마음입니다. 갈등의 부정적인 면만 보지 말고 긍정적인 역할도 기억하세요. 갈등에 접어들기 직전의 불안감이나 갈등에 휩싸였을 때의 괴로움만 생각하지 말고, 폭풍이 지나간 뒤 청명한 하늘과 밝은 태양도 기대하셔야죠.

갈등 관리,
어떻게 할 것인가?

그렇다면, 갈등은 어떻게 관리해야 할까요? 핵심은 갈등의 3요소를 빠짐없이 반영하는 것입니다. 앞에서 돈 때문에 갈등에 빠진 두 친구 이야기 기억하시죠? 그 사례에서 갈등의 3요소는 '나, 너, 주제(돈)'였습니다. '나'라는 것은 갈등의 주체로서 나에 관한 모든 것을 의미합니다. 나의 느낌, 신념, 기대, 정보, 의견, 희망, 욕망, 필요 등등 내게 속한 모든 것입니다. '너' 또한 마찬가지입니다. 갈등의 대상인 너의 느낌, 신념, 기대, 정보, 의견, 희망, 욕망, 필요 등등 네게 속한 모든 것을 말합니다. '주제'는 문자 그대로 갈등의 근원입니다. 돈에서부터 종교적 신념까지 갈등의 근원은 넓고도 다양합니다.

나, 너, 주제를 갈등의 3요소라고 부르는 것은 갈등 상황에 대처할 때 그중 어느 것 하나도 절대로 빼놓아서는 안 된다는 점을 강조하려는 의도입니다. 그러나 갈등 상황에서 이 3요소를 제대로 반영하는 것이 생각만큼 쉽지는 않습니다. 이유는 갈등에 대한 부정적인 선입견과 두려움 때문입니다. 갈등의 주체인 '나'에 대해 이야기하는 자기표현, 갈등의 대상인 '너'에 대한 공감적 경청, 갈등의 근원인 '주제'에 대한 명확한 전달, 이 세 가지를 모두 해내는 사람은 많지 않습니다. 검사와 변호사가 벌이는 첨예한 갈등의 현장을 객관적이고도 냉철하게 지켜보는 판사의 심정이 아니면 어렵습니다. 많은 사람이 이 3요소 가운데 일부 혹은 전체를 생략해 버립니다. 그래서 갈등은 전체 모습이 아닌, 일부분만 부각되어 일그러져 나타납니다.

갈등에 잘못 대처하는 방식을 네 가지로 정리해 보겠습니다. 첫 번째는 갈등이 벌어질 때, 자기 자신을 제외해 버리는 경우입니다. 상대방과 생각이 달라도 표현하지 않고 불쾌해도 전혀 내색하지 않습니다. 자기의 신념, 희망 등은 그냥 포기하고 맙니다. "별것 아니잖아"라며 애써 무시해 버리기 일쑤입니다. 다른 사람들 의견에 "좋죠" "그럼요" "원하시는 대로" "저야, 뭐"라는 말로 쉽게 동의합니다. 자기 이야기를 꺼낼 때는 불필요한 수식어를 많이 붙입니다. 예를 들어, "추측입니다만" "별 얘기는 아닙니다만"이라는 식이죠. 이야기를 마칠 때쯤 "이렇게 생각할 수도 있지 않겠습니까?"라며 새삼스레 문제를 던지는 경우도 많습니다. 눈을 맞추며 이야기하는 경우는 별로 없습니다. 자세는 당당하기보다는 웅크리는 경우가 많고요.

이런 사람 어디서 보았나요? 회사에서 온갖 잡일을 도맡아 하면서도 기를 펴지 못하는 말단 직원, 우리나라 전통적인 어머니들의 모습이 대표적인 경우입니다. 이런 대응 방법의 이름은 '희생placating'입니다.

그 모든 것을 감내할 만큼 수양이 되었다면 희생도 나쁘지 않습니다. 그러나 돌아서서 혼자 끙끙 앓는다면 이는 틀림없이 잘못된 대처 방법입니다. '나 한 사람 입 다물면 집안이 조용할 텐데'라고 생각하기 쉽지만, 그런 생각 밑에는 갈등에 대한 두려움이 깔려 있습니다. 이런 두려움을 대수롭지 않게 넘겨서는 안 됩니다. 억울하다는 감정이 오랫동안 쌓였다 폭발하면 상처가 큽니다. 황혼이혼은 그 대표적인 사례입니다.

혼인 생활을 20년 이상 유지한 부부가 이혼할 때 통상 황혼이혼이라고 합니다. 2014년 『사법연감』에 따르면, 그 해 32만여 쌍이 결혼하고 11만여 쌍이 이혼한 것으로 나타났습니다. 그 가운데 황혼이혼이 차지하는 비율은 점차 늘어 전체 이혼의 28.1%를 차지했습니다. 통계 수치로 보면 황혼 부부 4쌍 중 1쌍 이상이 이혼을 하는 셈입니다. 황혼이혼은 대부분 아내가 신청합니다. 왜 그럴까요? 제 목소리 내지 못하고 숨죽여 살아온 오랜 세월이 원망스러워서가 아닐까요? 그렇다고 아내가 홀로 되면 정말 행복하리라는 보장도 없습니다. 아름다운 노후를 부부가 함께하려면, 젊은 시절부터 갈등에 제대로 대처하는 지혜가 필요합니다.

부득이 희생할 수밖에 없는 경우도 있겠지요. 그런 때도 유의할 점이 있습니다. 우선, 자신이 지금 희생하고 있다는 사실을 본인이 알아야 합니다. 스스로 인식하고 있어야 그런 비정상적인 상황을 오래지 않아 끝낼 수 있습니다. 오래도록 인식하지 못한 채 희생하는 것은 스스로 노예를 자처하는 것과 다르지 않습니다.

또한, 자신의 희생으로 득을 보고 있는 상대도 그 사실을 알아야 합니다. 어머니의 희생으로 자기가 편하게 공부하고 있다는 사실을 모르는 자식은 불효자가 됩니다. 나아가 그런 사람이 결혼해서는 아내의 희생을 당연시하는 커맹이 되어 황혼이혼을 당할지 모릅니다.

갈등에 잘못 대처하는 두 번째 방식으로, 갈등 상황에서 상대를 생략해 버리는 경우를 봅시다. 자신과 다른 상대방의 생각, 의견, 정보, 느낌, 희망, 신념 등 그 어떤 것이든 상대방에게 속하는 것이라면 전부 묵살해 버리는 것입니다. 이런 식으로 대응하는 방식은 '공격pouncing'이라고 부릅니다. 격투기 시합에서 상대 가슴팍에 올라타서 마구 주먹질하는 모습을 떠올려 보세요. 좀 더 실감 나게 표현하자면, 상대방을 '씹는다' 정도 될 것입니다.

공격적인 사람들은 상대를 꾸짖거나 비난하는 말을 많이 합니다. "네 잘못이야!" 혹은 "네가 그랬잖아!"라는 식으로요. 그런 사람은 '나'를 주어로 말하는 경우가 거의 없습니다. 반면에 자기 의견이 옳다는 점을 강조하려고 마치 선언문 읽듯이 말하기도 합니다. "넌 그때 그 일에 손대는 게 아니었어!" 혹은 "내 말을 들었어야지!"라는 식으로 말합니다.

공격적인 사람들은 자기 이야기를 의문문으로 바꿔 말하기도 합니다. "너는 너 자신을 뭐라고 생각하니?" 겉보기엔 묻는 것 같지만, 사실은 "너는 바보야"라는 비난입니다. "넌 지금 무슨 일을 하고 있다고 생각하니?"라는 물음은 "그 바보 같은 짓, 당장 그만두지 못해!"라고 꾸짖는 것과 같습니다. 비꼬는 듯한 말투도 자주 사용합니다. "아주 자알 하는 짓이다. 자알…!" 식으로요. 이런 사람들은 상대방보다 높은 데 서려고 노력합니다. 위압적으로 보이려고 손가락으로 상대를 가리키며 큰 소리를 내는 경우가 많습니다. 상대의 이야기를 듣는다 해도 제대로 경청하지 않습니다. 제 차례가 돌아오길 기다리며 상대의 약점을 찾는 데 골몰합니다. 이를 '공격적 침묵'이라 부릅니다.

공격적인 전략으로 일하면, 일 잘한다는 소리를 들을 수는 있습니다. 자기가 지시하는 대로 아래 직원들이 따르지 않으면 그들을 박살 내서라도 실적을 올릴 테니까요. 그러나 분명한 한계가 있습니다. 공격하는 사람은 언제나 강력한 힘을 추구하기에 그렇습니다. 강력하게 공격하려면 이것저것 복잡하게 생각해서는 안 됩니다. 단순해야 합니다. 공격적인 사람은 '내 말을 들으면 아군, 안 들으면 적군' 식의 이분법적 사고에 빠질 가능성이 큽니다.

이런 사람을 요즘 '단무지'라고 부르더군요. '단순, 무식, 지랄'을 줄인 말입니다. 직급이 높아질수록 판단하고 결정해야 일들이 점점 복잡해지는데 단무지가 높은 직급이라면 어떻게 될까요? 단순하게 생각했다가 큰코다치는 일들이 점점 늘어나게 됩니다. 그들이 뒤늦게 뭔가 잘못됐음을 알아차리고 후회할 때쯤이면, 충성을 맹세했던 사람들이 이미 등을 돌려 버린 뒤일 것입니다.

갈등에 잘못 대처하는 세 번째 방식으로, 자기와 상대를 한꺼번에 생략해 버리는 경우가 있습니다. 갈등 상황이 벌어지면 자기 자신뿐만 아니라, 상대방의 의견, 정보, 희망, 신념 등을 모두 무시해 버리고 오직 갈등의 주제인 '무엇'에만 집중합니다. 이렇게 대처하는 방식을 '계산 computing'이라고 부릅니다. 지극히 냉철하고 객관적인 자세로 빈틈없이 신속하게 일하는 사람을 컴퓨터 같다고들 하지 않습니까? 칭찬일 수도 있지만, 인간미가 없다는 비난일 수도 있습니다.

계산적인 사람들이 자주 입에 올리는 말로는 "흥분하지 말고" "사실만 이야기해" "우리 어른답게 이야기하자" 등을 들 수 있습니다. 이런 분들은 구어체보다는 문어체로 이야기하는 경향이 있습니다. 문자를 써야 지성적이고 진지해 보인다고 생각하는 것 같습니다. 자기 의견을 이야기하면서 객관적인 자료를 인용하는 경우도 많습니다. "전문가의 견해에 따르면…" "오늘 아침 신문기사를 보면…"이라면서요. 말 끝머리에는 습관적으로 "그렇지 않니?" 식의 부가의문을 붙이기도 합니다. 그것은 진정한 의미의 질문이 아니라, 자기 생각이 이성적이고 논리적인 진실이라는 사실에 동의하라는 은근한 압력일 수 있습니다.

이런 사람들은 목소리와 표정에 변화가 거의 없습니다. 소위 포커페이스poker face가 바로 이들입니다. 이들은 크게 노하지도 흥분하지도 않고, 상대를 크게 질책하는 경우도 별로 없습니다. 때로는 자신에게 손해나는 말을 하기도 합니다. 중요한 것은 객관적인 사실뿐이기에 그렇습니다. 상대의 이야기를 들을 때도 그다지 귀를 기울이지 않습니다. 어차피 가치 없는 이야기라는 선입관이 있는 것이죠.

계산적인 사람들은 일을 잘하며 특별히 위기 상황에서 빛을 발합니다. 다른 사람들이 어쩔 줄 몰라 갈팡질팡할 때, 냉철한 판단으로 해결책을 제시할 수 있습니다. 회사에서 임원으로 출세할 확률이 높습니다. 그러나 외롭습니다. 성공했지만 행복하다고 할 수는 없습니다. 그들 안에는 '성숙한 사람은 감정적이어서는 안 된다'는 믿음이 있어서, 감정적인 사람들은 모두 미숙한 인간일 뿐이고, 미숙한 사람들과 함께하는 것은 시간 낭비에 불과합니다. 그래서 회식 자리를 피합니다. 세상에서 가장 편한 자리는 사무실 자기 책상 앞이거든요. 밤늦도록 그들의 모니터는 꺼질 줄을 모릅니다. 대개 이런 분들이 일중독에 빠질 확률이 높습니다.

이쯤에서 진지하게 생각해 봐야 할 물음이 있습니다. 정말 어떤 상황에서도 감정에 흔들리지 않고, 이성적이고, 논리적이고, 냉철한 사람이 성숙한 사람일까요? 세상만사 이성만으로 해결할 수 있다면, 학력 수준이 높을수록 성숙한 인격자가 될 가능성도 크겠지요. 그렇다면, 인공 지능의 사이보그를 성숙한 인간이라 불러야 하지 않을까요? 하지만 세상일은 이성만으로 해결되지 않고 감성이 필요합니다. 진정으로 성숙한 사람은 이성과 함께 감성도 풍부합니다.

갈등에 잘못 대처하는 마지막 네 번째 방식은 '회피distracting'입니다. 갈등 상황에서, 자신과 상대뿐만 아니라 갈등의 주제까지 무시해 버리는 경우입니다. 갈등의 3요소를 모두 배제해 버리는 것이죠. 자신과 상대방의 의견, 정보, 희망, 신념은 물론이고, 심지어 갈등의 주제조차 전혀 생각하지 않습니다. 무조건 피하고 보자는 심산이지요. 마치 육상선

수가 트랙을 벗어나 경기를 포기하는 것과 같다는 의미로 이런 태도를 '디스트랙팅distracting'이라고 합니다.

이런 분들은 갈등이 예상되면 어떻게든 피하려고 여러 가지 방법을 씁니다. 갑작스레 엉뚱한 얘기를 꺼내기도 합니다. 무슨 일이건 진지해지지 않으려고 노력하는 것입니다. 진지한 이야기가 오가다 보면 결국 갈등이 빚어질 것이기에 그렇습니다. 갈등이 벌어질 것 같으면, 그들은 뚱딴지같이 웃음을 터트리며, "아, 글쎄 그런데 그게 말이야…"라며 너스레를 떨기도 합니다. 모든 일을 웃어넘기면 서로가 편하지 않겠느냐고 생각하는 것이죠.

이런 분들과는 여러 번 만나도 깊어지지 않습니다. 속 깊은 이야기를 나누려 하지 않기 때문입니다. 갑자기 화제를 바꾸는 일이 잦으면서, 표정이 자연스럽지 못하고 제스처 또한 과장되기 쉽습니다. 엉뚱한 이야기를 꺼낼 때는 다른 사람들이 방해하지 못하도록 큰 소리로 이야기하는 경우가 많습니다. 그러나 눈을 마주치며 얘기하는 경우는 거의 없습니다. 자신의 속내를 들킬까 봐 조마조마하기 때문입니다.

단순한 친목 모임이라면 이런 분은 환영받을 수 있을 것입니다. 그러나 가정이나 직장이라면 그런 전략은 신중히 생각해 봐야 합니다. 꼭 필요하다고 판단되는 아주 짧은 시간 동안이라면, 회피 전략으로 받아들일 만하지만, 갈등이 벌어질 때마다 회피한다면 문제가 심각해집니다.

지금까지 갈등 상황에서 저지르기 쉬운, 네 가지 상투적인 대처 방안을 살펴보았는데, 이상적인 대처 방안을 소개하기 전에 두 가지 짚고 넘어가야 할 점이 있습니다. 우선, 네 가지 유형을 소개하며 자주 '이런 사람'이라는 표현을 썼습니다만, 이 네 가지 유형에 늘 정확히 들어맞는 사람은 없습니다. 상대와 주제에 따라 행동 유형은 얼마든지 바뀔 수 있습니다. 아내에게는 공격적인 사람이 직장 상사에게는 희생적인 사람으로 돌변할 수 있습니다. 기획 업무에 관해서는 철저히 계산적인 사람이 영업 이야기가 나오면 회피할 수 있습니다. 네 가지 유형이 곧 그 사람의 됨됨이, 곧 인성personality을 의미하는 것은 아닙니다. 특정 주제와 상대에 대한 행동 유형action pattern으로 받아들이는 것이 좋습니다.

다음으로, 특정 주제와 상대에 대한 행동 유형은 자기 삶의 자세와 연결되어 있음을 이해해야 합니다. 희생 전략은 'Lose & Win'의 태도에서 나옵니다. 공격 전략은 'Win & Lose'에, 회피 전략은 'Lose & Lose'에 뿌리를 두고 있습니다. 공격적인 남편은 아내에게는 'Win & Lose'라는 자세로 대하지만, 직장 상사 앞에 가면 반대로 'Lose & Win'이 되어 할 말도 못하고 움츠러듭니다. 행동 유형은 삶의 자세에 뿌리를 둔 만큼 쉽게 변하지 않습니다. "그대 앞에만 서면 나는 왜 작아지는가"라는 한탄은 비단 농담만이 아닙니다. 상사 앞에서 주눅 들지 않으면서 아내에게 군림하지 않는 남편이 되려면 삶의 자세를 바꾸는 것 외에는 방법이 없습니다. 어떤 자세로 바꿔야 할까요? 예, 바로 'Win & Win'입니다.

'Win & Win'이라는 삶의 자세를 가진 사람은 갈등 상황에서 '균형leveling'을 추구합니다. 천칭의 저울이 수평을 유지하듯, 자신과 상대방,

그리고 갈등의 주제 중 어느 하나도 배제하지 않습니다. 그들은 먼저, 갈등의 주체인 자신의 의견과 정보, 느낌, 신념 등을 이야기합니다. 상사 앞에서도 당당히 소신을 밝힙니다. 이야기할 때는 주어로 '너'가 아닌 '나'를 사용합니다. 자기 자신이 소중한 사람이라는 생각이 깔려 있어야 그럴 수 있습니다.

그런 사람은 상대방도 소중하므로, 그 사람 의견이 달라도 귀 기울여 듣습니다. 설령 상대방의 의견에 동의하지는 못한다 해도, 공감하려고 눈을 맞추고 맞장구도 치며 이야기를 듣습니다. 공감하기 어려운 부분은 질문도 해 가며 이해하려고 애씁니다. 동의하느냐, 마느냐는 그다음 일입니다. 주제에 관해서도 분명한 의견을 밝힙니다. 앞서, 명확한 의사 전달을 위한 원칙을 말씀드렸는데요. 그 원칙에 따라 필요하다면 다양한 매체까지 동원하여 이야기합니다. 이론적으로는 이렇게 쉽습니다만, 실천은 또 다른 이야기이죠. 좋은 예를 하나 들겠습니다.

다시 「응답하라 1994」에 나오는 장면입니다. 신촌하숙에 묵은 학생들과 주인 가족들은 시간이 갈수록 서로 친밀해집니다. 하숙생들의 대학 생활도 점점 바빠집니다. 그러다가 하숙생들이 하숙집 주인아주머니 일화에게 소홀히 대하는 일들이 벌어집니다. 친숙함을 넘어 익숙한 단계에서 벌어질 만한 갈등이었습니다. 와이셔츠를 다려 놓지 않았다고 투덜대는 삼천포, 사생활을 보호해 주지 않고 방 청소를 한다며 화를 내는 윤진이 등등. 일화는 미안하다고 이야기했지만, 진심을 몰라주는 하숙생들 때문에 속이 상합니다. 마침 일화의 생일을 맞아 해태가 대표로 편지를 씁니다. 편지를 읽은 일화의 얼굴에 미소가 번집니다.

> 어머니, 겁나게 생일 축하드립니다. 어무니! 가끔씩 저희가 철없이 굴어 갔
> 고 속상하실 때가 많죠 잉? 늘 미안하고 죄송스럽게 생각한다니까요!!! 근디
> 어쩐대요? 이 각박한 서울에서 저희 촌놈들이 기댈 수 있는 사람은 어머니
> 밖에 없는디. 우리의 서울 어무니. 저희는 앞으로도 맘 상하게 할 일이 많을
> 것 같은께요. 어머니도 서운하고 속상한 일 있으시면 그냥 '내 자식이다' 생
> 각하시고 마음껏 패 부러요.
> 비싼 건 아닌디요. 선물은 저희끼리 돈 모아서 산 거예요. 윤진이가 골라서
> 약간 어두울 수도 있겠네요. 아! 옆에서 윤진이가 지그 방에 아무 때나 들어
> 와도 된대요. 아무튼 가시내….
> 어무니 우리는요, 졸업 전까지는 다른 하숙집일랑 애초에 갈 생각이 없거든
> 요. 그랑께 제발 저희 내쫓지 마시고 끝까지 걷어 주세요 잉. 어머니 진짜로
> 사랑합니다. 고향에 계신 우리 엄마만큼요.

이런 과정을 겪어 가며 더욱 친밀한 관계로 나아가는 것이 소통입니
다. 갈등 덕분에 그동안 표현하지 못했던 속마음까지 전할 수 있다면,
갈등은 두려워해야 할 것이 아니라, 생산적인 쪽으로 이용해야 할 우리
의 일상사입니다.

정보사회의 성공 전략, 다시 '사람'이다

『전략의 제왕The Lords of Strategy』(Walter Kiechel, 2010)이라는 책 이야기를 하겠습니다. 이 책은 시대별로 성공 전략이 따로 있다는 전제에서 출발합니다. 가게를 하나 차린다고 합시다. 산업사회 때는 장소를 잘 물색해야 성공합니다. '목 좋은 곳, 혹은 빈 곳에' 가게를 차려야 성공할 수 있다는 말입니다. 위치가 중요하다는 의미에서 이런 전략을 '포지셔닝 positioning' 전략이라고 합니다.

산업사회 후반기가 되면서 가게 없는 빈 곳이 사라집니다. 목 좋은 곳은 임대료가 너무 비싸서 전략을 바꿔야 합니다. 이때 등장한 것이 과정을 중시하는 '프로세스process' 전략입니다. 이 전략의 목표는 '더 빠르고 더 친절하게' 입니다. 고객 만족을 의미하는 CScustomer satisfaction라는 개념이 등장한 것도 이때쯤이죠.

이제는 정보사회입니다. 고객 만족의 비결을 모두가 공유하게 되어

'프로세스' 전략으로는 더 이상 차별성을 갖기 어려운 사회가 되었습니다. 요즘 세대들은 인터넷에 쇼핑몰을 설치해 돈을 벌어들이고 있습니다. 임대료도 없으니 영업만 잘되면 얼마나 수지맞는 장사입니까? 여기서 새로운 '피플people' 전략이 등장합니다. 이 전략의 목표는 '새롭게, 놀랍게'입니다.

여기서 '피플'은 사람person과는 조금 다른 개념으로, 다수의 사람, 즉 인간을 의미합니다. 이 사람들이 새롭고 놀라운 전략을 만들어 내고 함께 실행하는 과정에서 갈등은 피할 수 없는 일입니다. 정보사회의 구호인 '새롭게, 놀랍게'는 변화와 혁신을 의미합니다. 이 두 단어는 결코 환영받는 단어가 아닙니다. 오랜 습관에서 벗어나야 하는 고통을 견디고, 불확실한 성공에 대한 불안감을 이겨내야 하는 까닭입니다. 따라서 갈등이 일어날 수밖에 없고, 갈등에 대한 정확한 인식과 관리 방안을 배워 익히는 것은 정보사회 리더라면 피할 수 없는 과제입니다.

『펭귄을 날게 하라』(한창욱·김영한 지음, 위즈덤하우스, 2007)라는 책이 있습니다. 일본 북해도에 있는 아사히야마라는 작은 동물원 이야기입니다. 일본 최북단에 있는 그 동물원은 근처에 큰 도시가 있는 것도 아니어서, 일단 입지적으로 대단히 불리했습니다. 일본 전국 92개 동물원 가운데 관람객 수가 꼴찌였습니다. 심지어 아사히카와 시의회에서 예산을 축소하는 바람에 문을 닫을 위기에까지 몰리게 되었습니다. 이에 원장을 비롯한 직원들은 동물원을 살리기 위해 머리를 맞댑니다. 그들이 가장 먼저 생각한 것은 고객이 중요시하는 가치였습니다.

여러분이 동물원에 가는 가장 중요한 목적은 무엇인가요? 동물들의 생생한 모습을 보고 싶은 것이 아니겠습니까? 그런데 동물원 동물들은 죄다 철창 안에서 졸고 있는 게 현실입니다. 아사히야마 동물원 직원들은 동물들의 생생한 모습을 보여 주려고 공부하고 토론하기 시작했습니다. 일본 최북단 동물원이라는 약점을 오히려 장점으로 부각할 방안을 궁리했습니다. 결국, 그들은 펭귄을 앞장세우기로 하고 연구를 거듭했습니다.

펭귄이라면 먼저, 뒤뚱거리는 우스꽝스러운 모습을 떠올리기 쉽지만, 헤엄칠 때는 몹시 날렵하다는 특징이 있습니다. 동물원 직원들은 이 점을 부각하기로 했습니다. 그리하여 펭귄이 헤엄치는 모습을 밑에서 볼 수 있는 시설을 만들었습니다. 마치 펭귄이 나는 것처럼 보이도록 한 것입니다. 겨울에는 펭귄이 직접 밖으로 나와 고객들 앞을 걷는 킹펭귄 워크King Penguin Walk 프로그램을 마련했습니다. 추운 겨울에도 고객들이 몰려오도록 한 것이죠. 그 밖에도 바다표범이 좁은 곳을 통과하기를 좋아한다는 습성을 이용해, 관람객 눈앞을 통과하도록 플라스틱 관을 만들었습니다. 키가 큰 기린의 사육장은 밑으로 깊이 파서 관람객이 기린과 눈을 맞추며 직접 먹이를 줄 수 있도록 했습니다.

아사히야마 동물원은 과천에 있는 서울대공원의 5분의 1도 안 될 정도로 규모가 작습니다. 시설이 대단한 것도 아닙니다. 그러나 이제는 전 세계에서 관람객이 몰려오는 유명한 동물원이 되었습니다. 시설은 돈만 있으면 짧은 시간에 일류로 만들 수 있습니다. 그러나 사람은 아닙니다. 여러 사람의 뜻을 모으고 지혜를 모으는 일은 하루아침에 되지 않습니다.

무엇보다 사람이 중요합니다. 그리고 사람보다 몇 배 더 중요한 것은 사람과 사람 사이의 관계입니다. 건물로 이야기하면 사람은 기둥입니다. 좋은 기둥이 있어야 멋진 집을 지을 수 있습니다. 그러나 기둥을 위해 기둥을 세우지는 않습니다. 기둥을 세우는 것은 기둥 사이의 공간을 이용하기 위해서입니다. 회사도 다르지 않습니다. 훌륭한 인재가 필요한 것은 맞지만, 인재를 위해 회사가 존재하는 것은 아닙니다. 사람과 사람 사이, 즉 인간관계를 통해 비전과 미션을 달성하기 위해 존재하는 것이 회사입니다.

앞에서 살펴본 3P, 즉 '포지셔닝' '프로세스' '피플'을 우리말로 바꾸면 공간, 시간, 인간입니다. 놀라운 정보 통신 기술은 시간과 공간의 한계를 무너뜨렸습니다. 이제 남은 것은 인간입니다. 인간, 즉 사람과 사람 사이야말로 정보사회의 승패를 가를 최종 병기입니다.

교통과 통신의 발달로 전 세계가 한 마을처럼 좁혀졌습니다. 지구촌이라고 하지 않습니까? 요즘 젊은 사람은 잘 모르겠지만, 예전의 농촌 마을은 서로서로 도와가며 오손도손 정을 나누며 살았습니다. 이웃집 숟가락 숫자까지 알았습니다. 요즘 아파트에서는 누가 이웃인지도 모르지 않습니까? 그 시절 그 사람들은 모두들 착해서 그렇게 살았고, 요즘 사람들은 착하지 않아서 이렇게 사는 걸까요? 물론 그런 점이 없진 않겠습니다만, 그럴 수밖에 없는 사정이 있었습니다.

예를 들어, 내일 아침 온 동네 사람들이 우리 집 논에서 모내기를 해 주기로 약속했다고 칩시다. 그런데 하필, 오늘 저녁이 김 서방네 할아 버지 제삿날입니다. 제사를 마친 밤늦은 시각, 김 서방은 동네 사람들 을 불러 거나하게 한잔 대접했습니다. 당장 내일 아침, 우리 집 모내기 에 차질이 생기겠지요. 따라서 그다음 해부터는 모내기하려면 이웃집 할아버지 제삿날까지 알아야 했습니다. 그러나 산업사회에 이르러 아 파트 시대가 되면서 앞집, 뒷집, 윗집, 아랫집이 어디서 무얼 해서 먹고 사는지가 우리 생활에 별 영향을 미치지 않게 되었습니다. 그래서 이웃 끼리 데면데면하게 사는 것이 이상한 일이 아니게 된 것이지요.

중요한 삶의 영역이 서로 밀접하게 연관되어 있고 영향을 주고받는 사회에서는 사람과 사람 사이에 관심을 갖지 않을 수 없습니다. 그런 데 정보사회인 지금, 다시 그런 시대가 되었습니다. 정보사회는 한 동 네 정도가 아니라 전 세계가 서로 연관되어 영향력을 밀접하게 주고받 습니다.

대한민국 기업은 과연 정보사회에 적합한 소통을 하고 있을까요? 제 가 보기에는 아직 산업사회를 벗어나지 못한 것 같습니다. 그동안 우 리 사회는 수단과 방법을 가리지 않고 짧은 시간에 성공해야 한다는 강박관념에 밤낮없이 뛰었습니다. '빨리빨리'라는 말을 입에 달고 살 던 시절, 사람에 대한 관심은 사치에 불과했습니다. 과거에는 다른 사 람에게 무관심한 것이 유용한 방식이었는지 모릅니다. 그러나 이제는 아닙니다.

지금까지 살펴본 '커맹들의 일곱 가지 착각'은 대부분 고속 성장을 자랑했던 대한민국 산업사회의 유산입니다. 한때는, 젊은 후배들이 회식 자리를 피한다며 불만을 호소하던 분들이 많았습니다. 말하자면, '폭탄주 문화'를 그리워하는 것입니다. 한 테이블에 서열 순으로 둘러앉아, 소위 병권을 쥔 상사의 지휘 아래 일사불란하게 독한 술을 단숨에 들이켜고 재빨리 다음 사람에게 잔을 넘깁니다. 행여, '몸이 안 좋아서' 혹은 '한약을 먹고 있어서'라고 했다가는 죽음이었습니다. 일사불란한 통일성과 상명하복의 충성을 맹세하는 자리였습니다. 요즘 사람들은 말만 들어도 질색하겠지만, 지금 이런 문화가 완전히 사라진 것은 아닙니다.

　요즘 젊은이들은 폭탄주 문화보다는 와인 문화에 가깝습니다. 심지어 한자리에 둘러앉지도 않습니다. 몇몇이 모여 이야기하다가 자연스레 흩어지고 또 다른 사람들과 어울립니다. 독한 술을 강요하지도 않습니다. "위하여!"를 외치는 풍경도 이들에겐 아주 낯섭니다. 와인 문화는 수직적 지휘와 통제가 아닌 수평적 협조와 참여를 전제로 합니다. 일사불란한 통일성이 아닌 개방적 다양성을 추구합니다. 상명하복의 충성이 아닌 공동체의 신뢰를 목표로 합니다.

　회사에서 직원들에게 했던 방식을 가정에 그대로 적용하면 어떻게 될까요? 그런 사람은 왕따가 되고 말 것입니다. 회사에서는 정보사회의 후배들이 산업사회의 선배들에게 짓눌려 사는 것을 어쩔 수 없이 받아들이지만, 가정에서는 그렇지 않습니다. 정보사회와 산업사회의 중간

쯤에 자리한 기업과는 달리, 아내, 특히 아이들은 완전히 정보사회 사람들이거든요.

대세를 거스르는 자는 망한다고 했습니다. "궁하면 통窮卽通"합니다. 또한, "다하면 변하게 되고, 변하면 통하게 되고, 통하면 오래가리라(窮卽變 變卽通 通卽久)"라고 했습니다. 산업사회가 다해서 정보사회로 변했습니다. 시대정신에 맞추어 변해야 통합니다. 통하면 오래갈 것입니다. 궁과 통 사이에 변화가 있습니다. 이 시대에 맞추어 변화하지 않으면 어떤 국가도 어떤 기업도 어떤 가정도 오래갈 수 없습니다.

대추 한 알

저게

저절로 붉어질 리는 없다.

저 안에 태풍 몇 개,

저 안에 천둥 몇 개,

저 안에 벼락 몇 개,

저 안에 번개 몇 개가 들어서서

붉게 익히는 것일 게다.

저게

저 혼자서 둥글어질 리는 없다.

저 안에 무서리 내리는 몇 밤,

저 안에 땡볕 두어 달,

저 안에 초승달 몇 날이 들어서서,

둥글게 만드는 것일 게다.

대추야,

너는 세상과 통하였구나.

— 장석주

광장과 밀실이 공존하는
소통 사회를 꿈꾸며

프롤로그에서 드린 약속을 지켜야 할 순서가 되었습니다. '커맹들의 일곱 가지 착각' 가운데 몇 가지에 해당해야 커맹이라 할 수 있는지, 답을 드려야 할 때가 왔습니다.

"그중 한 가지만 해당해도 커맹입니다"가 답입니다. 너무 가혹한 것 아니냐는 생각이 드실 것입니다. 그러나 분명한 이유가 있습니다. 그 일곱 가지 착각이 사실은 같은 뿌리에서 비롯되었기에 그렇습니다. 한 가지 착각에만 빠져 있어도 그 착각의 뿌리는 공통된 원인에 닿아 있습니다. 한 가지 착각에만 빠져 있어도 다른 여섯 가지 착각에 빠질 가능성이 크다는 뜻입니다.

모든 착각에 공통된 원인은 무엇일까요? 이 책을 차분히 읽으신 분이라면 어렵지 않게 짐작할 수 있을 것입니다. 일곱 가지 착각 모두 '나만의 성공'에 대한 집착이 그 원인입니다. 여기에 '빠른 시간'이라는 조급함을 더하면 일곱 가지 착각을 한 줄에 꿰어 설명할 수 있습니다. 다시 한 번 일곱 가지 착각을 살펴볼까요?

1. 소통이 스킬인 줄 안다

2. 세상 사람들 모두 자기 같은 줄 안다

3. 혼자만 말 못하고 억울하게 사는 줄 안다

4. 이해는 곧 동의인 줄 안다

5. 설명만 잘하면 알아들을 줄 안다

6. 칭찬은 무조건 좋은 줄 안다

7. 소통만 잘하면 모든 갈등이 해소되는 줄 안다

올바른 소통을 위해서는 차분하게 인성을 함양해야 하는데, 사람들은 그럴 시간이 아까워 스킬에 집중합니다. 모든 판단의 기준은 오직 '나'뿐이기에, 다른 사람은 예외 없이 '이상한' 사람이 될 수밖에 없습니다. 이런 생각을 맘껏 털어놓으면 낭패를 보기 쉬워서인지, 제 뜻을 제대로 표현하며 사는 사람이 별로 없습니다. 그러니 자기 혼자만 말 못하고 억울하게 사는 줄 아는 것은 분명 착각입니다.

혼자만의 성공을 바라는 사람에게 타인에게 공감하는 것은 사치입니다. 성의껏 설명했는데도 상대가 알아듣지 못하면, 그것은 전적으로 상대의 잘못일 뿐이라는 생각. 인간관계를 부드럽게 풀려고 자주 남을 칭찬하지만, 그것 역시 자신의 성공을 위한 수단이라는 마음가짐. 칭찬은 고래도 춤추게 한다는 믿음으로 약이 되는지 독이 되는지도 모르고 무턱대고 칭찬하는 습관. 이런 것들이 대한민국을 커맹 천국으로 만들고 있습니다.

대한민국의 커맹들은 예외 없이 모두 힘들어합니다. 지옥 같은 불통의 고통 속에 빠진 그들은 갈등의 그림자조차 없는 천국을 그리워합니다. 그러면서 소통만이 그런 천국의 문을 여는 열쇠라고 믿습니다. 그런 이들에게 소통이란 과연 무엇일까요?

소통이 모든 갈등의 해결책이라는 생각은 착각입니다. 환상적이지만 비현실적인 생각입니다. 문제는 '나만의 성공'을 향한 집착과 '빨리빨리'라는 조급함입니다. 최소한 대한민국에서는 행복의 반대말이 불행이 아니라 성공인 셈입니다. 이런 근본적인 문제를 손보지 않고서는 일곱 가지 착각에서 벗어날 수 없고, 그 대안으로 본문에서 제시한 일곱 가지 해법 또한 무용지물이 되기 쉽습니다.

진심으로 커맹에서 탈출하기를 바라시나요? 그렇다면 먼저 '나'에 '너'를 더해 '우리'로 사고의 지평을 넓히세요. 다음은 '성공'을 넘어서서 '행복'으로 삶의 목표를 높이세요. 마지막으로 '빨리빨리'라는 조급함을 '오래도록'이라는 여유로움으로 행동의 템포를 늦추세요. 더 높은 곳을 향하여 좀 더 넓게 생각하되, 조급하게 생각하지 말고 천천히 이야기하세요.

커맹이 '나만의 빠른 성공'에서 비롯된 것이라면, 커맹아웃은 '우리 함께 오래도록 누려야 할 행복'입니다. 결국, 커맹아웃은 우리 삶을 업그레이드하라는 요구입니다. 우리가 함께 오래도록 누려야 할 행복은 차근차근 음미하며 키워가야 할 과정에 달려 있습니다. 그 과정이 바로 커뮤니케이션입니다.

증자曾子는 그의 스승 공자의 중심 사상 '인仁'의 핵심을 충忠과 서恕로 요약합니다(『논어』「이인里仁」편 15장). 공자가 주창한 인仁은 사람 인人에 둘二을 더한 것이니 함께하는 소통의 원리라 할 수 있습니다. 우리는 흔히 충忠은 임금님이나 사장님처럼 힘 있는 사람에게 맞추는 것이고, 서恕는 자기가 남에게 베푸는 것으로 생각하기 쉽습니다만, 사실은 정반대입니다. 충은 가운데 '중中'에 마음心을 더한 것으로, 마음의 진실함을 의미합니다. 충신들이 죽음을 무릅쓰고 임금에게 간언을 드리는 이유가 여기에 있습니다. 또한, 용서할 '서恕'의 중심은 자기가 아니라 상대에게 있습니다.

그러나 우리 현실은 어떤가요? 성공을 위해 힘 있는 자에게 고개를 숙이고 동시에 힘없는 자에게 군림합니다. 소신에 찬 충언은 드라마에나 나오는 일이고, 소위 갑질을 합니다. 충언이건 갑질이건 둘 다 중심이 '나' 아닌 '너'에게 맞춰져 있으니 이 땅에 충은 없는 셈입니다. 대신 득실대는 충은 벌레蟲들뿐입니다. 성공에 대한 집착은 공감의 능력을 빼앗아 가고 말았습니다. 희로애락을 함께할 공동체community가 사라졌습니다. 공동체가 부활하지 않으면 말 통하는 문화culture는 만들어질 수 없습니다.

최인훈 작가의 『광장』이라는 소설, 다들 아실 겁니다. 해방 직후와 한국전쟁 전후를 배경으로, 남과 북을 오가며 정의로운 사회를 찾아나서는 주인공 이명준의 짧은 일대기를 그린 소설이지요. 이명준의 눈에 비친 남한의 모습은 부패하고 썩어서, 권모술수가 판을 치는 어두운 밀실이었습니다. 진정한 광장이라 믿었던 북한의 실상 또한 허울 좋은 허상에 불과했습니다. 남과 북을 동시에 비판했다는 이유로 이 소설은 반공을 국시로 했던 이승만 정권에서는 발행될 수 없었습니다. 1960년에 발행된 초판 서문에서, "이 작품을 가능하게 해 준 4.19 영령들에게 감사하다"고 밝힌 데는 그런 사연이 있습니다.

최인훈은 "광장은 군중의 밀실이며, 밀실은 개인의 광장"이라며 인간다운 삶을 위해서는 광장과 밀실이 함께 있어야 한다는 점을 강조합니다. 그러나 남과 북은 그중 하나씩만 가지고 있습니다. 남한은 밀실 천지이고 북한은 광장 천지입니다. 광장과 밀실이 함께하지 못하는 현실에 대해, "광장에서는 폭동의 피가 흐르고, 밀실에서는 광란의 부르짖음이 새어 나온다"라고 표현합니다. 이 대목에서 저는 김일성 광장을 행진하는 북한군의 모습이 떠오르면서 동시에, 1979년 10월 26일 궁정동 안가의 총성이 들리는 듯도 합니다.

대한민국은 밀실의 나라입니다. 대체 어디가 밀실이냐고요? 거리에 나가 둘러보십시오. '방' 자 붙은 것이 다 밀실입니다. 어르신들이 즐겨 찾던 다방에서부터 시작해 노래방, 찜질방, 비디오방, 빨래방 등등등… 모든 것이 밀실입니다. 그러나 광장은 없습니다. 서울광장과 광화문광장이 있습니다만, 자유롭게 의견을 발표하고 토론하는 장소로는 턱없이 부족합니다.

예전에는 공선사후公先私後라고 했지만 이제는 뒤집혔습니다. 대한민국에는 '공익'이 '사익' 앞에서 힘을 쓰지 못합니다. 공교육이 사교육에 의해 이토록 철저히 망가진 나라는 대한민국 빼고는 전 세계 어디에도 없습니다. 모두들 자기 자식만 챙긴 탓입니다. 자식도 부모도 못할 짓입니다. 제 자식부터 챙기는 것은 본능이고, 본능은 생존을 위한 것입니다. 하지만 이제 생존을 벗어나 성공을 거쳐 행복으로 나아가야 합니다. 그러기 위해서는 생존 걱정은 하지 않아도 될 사회적 보장이 필요합니다. 최소한의 생계와 안전을 보장할 만한 시스템을 위해 들이는 돈은 낭비가 아니라, 더 큰 성공을 위한 투자입니다.

생존을 걱정하며 고달픈 하루하루를 사는 우리 국민이 단 한 번 광장의 행복을 만끽한 일이 있었습니다. 그리 길지도 않은, 겨우 한 달 동안의 일이었지만, 그 기억은 아직도 생생합니다. 예, 그렇습니다. 2002년 6월 월드컵 4강 신화의 기적 같은 한 달 동안 우리는 광장의 행복을 누렸습니다. 그때는 온 나라가 다 광장이었습니다. 월드컵 4강이라는 예상 밖의 성적보다 세계를 더 놀라게 했던 것은 바로 길거리 응원이었습니다. 빈부귀천 차별 없이, 모두가 희로애락을 함께했습니다. 그것이 바로 광장입니다.

광장이란 시간, 공간을 같이하는 사람들이 희로애락을 같이 하는 곳입니다. 광장이 있어야 공동체가 이루어집니다. 공동체를 바탕으로 정보사회에 맞는 문화를 만들지 못하면 대한민국은 커맹 천국에서 벗어날 수 없습니다. 광장이 없는 곳은 제각기 자기 살길을 위해 싸우는 약육강식의 살벌한 전쟁터가 될 수밖에 없습니다. 여러분의 가정에, 회사에 광장이 있나요? 저녁상을 물리고 사과 한 접시를 놓고 도란도란 이야기 나누는 그곳이 바로 광장입니다. 요즘은 모두들 자기 방에 틀어박혀 나오지 않습니다. 함께 식사하기도 어렵게 되었습니다. 식구食口가 아닙니다. 공교롭게도 화합의 '화和' 자 역시 벼 '화禾'에 입 '구口' 자를 씁니다. 가정에서도, 사회에서도 소통과 화합은 함께 밥을 먹는 데서 출발하는지 모르겠습니다.

말 통하는 세상 만들기는 광장 만들기에 다름 아닙니다. 오늘 당장 시작할 수 있습니다. "읽어 보니 맞는 말이긴 한데 현실은…"이라며 머뭇거리지 마세요. 이 책이 이론서에 그치지 않고 실용서가 되는 것은 독자 여러분만이 할 수 있는 일입니다. 저는 소통에 관해 많은 강의를 합니다만, 마칠 무렵이면 항상 질문을 받습니다. 불통의 아픔을 겪지 않은 사람이 없는지, 다양한 질문들이 쏟아집니다. 그러나 안타까운 것은 그들 대부분이 간단하면서도 즉각적인 처방을 찾는다는 사실입니다. 저역시 불통의 아픔을 겪어 본 사람인지라, 한때는 소통에 직방이라는 특효약을 찾아다닌 적이 있습니다. 하지만 그런 약은 없습니다.

오늘 당장 소통을 위해 실천에 나서되 성급한 기대를 품지는 마십시오. 소통의 원칙에 따라 꾸준히 나아가다 보면 어느 날, 자기 자신과 주변 사람들이 환하게 웃고 있을 것입니다. 굳이 마지막 처방을 원하는 분들에게, 제가 지은 시로 이 책을 마무리 짓고자 합니다. '시간, 공간, 그리고 인간'의 의미를 생각하며 천천히 읽어 주십시오.

> 수천, 수만, 수십 억
> 그 영원한 시간 속에 바로 지금
>
> 끝없는 우주 가운데
> 같은 은하계
> 같은 태양계
> 같은 지구
> 같은 나라
>
> 그리고
> 같은 가정, 직장에서
> 당신을 만난 것은
>
> 1조에 1조를 곱하고 다시 10억을 곱한
> 확률보다도 더한 '기적'입니다
> 당신은 진정
> 하늘이 내게 허락한
> 큰 '축복'입니다

이 책에 도움을 주신 분들

이 책에 무상으로 저작물을 사용하게 해 주신 다음 저작권자 분들에게
감사의 말씀 드립니다.

김수현(방송 작가)_「엄마가 뿔났다」대본 중

문유석(서울동부지법 부장판사)_ 신문 기사

배지수(와이즈요양병원 원장)_「시끄러운 동네 꼬마들을 간단히 쫓아내는 방법」

유홍준(작가)_『나의 문화유산 답사기』(창비) 중

이우정(방송 작가)_「응답하라 1994」대본 중

이윤기(작가)_『조르바를 춤추게 하는 글쓰기』(웅진지식하우스) 중

임의진(목사, 시인)_ 시「마중물」

차영란(은평고등학교 교사)_ 노량진녀 사진

하진형(경남 지방경찰청 계장)_ 신문 기사

한비야(월드비전 세계시민학교 교장)_「여행은 세계인으로 거듭나는 과정」중

커맹아웃_ 커뮤니케이션 바보들의 7가지 착각

초판   1쇄 발행   2016년 7월 4일

지은이   박영근
펴낸곳   리마커블
펴낸이   김일희

책임편집   오경희
디자인   최인경

주문처   신한전문서적
전화   031-919-9851
팩시밀리   031-919-9852

리마커블은 ㈜퍼플카우콘텐츠그룹의 단행본 출판 브랜드입니다.

출판신고 2008년 03월 04일 제2008-000021호
주소   서울특별시 마포구 연남동 568-39 칼라빌딩 402호 (우)03991
대표전화 070-4202-9369
팩시밀리 02-6442-9369
이메일   4best2go@gmail.com

ISBN   978-89-97838-93-6 03320

책값은 뒤표지에 있습니다.
잘못된 책은 구입한 곳에서 바꾸어 드립니다.

잊을 수 없는 책, 리마커블!